PRZEŻYĆ

YEONMI PARK

WE WSPÓŁPRACY Z MARYANNE VOLLERS

PRZEŻYĆ

DROGA DZIEWCZYNY Z KOREI PÓŁNOCNEJ DO WOLNOŚCI

przełożył Tomasz Wyżyński

Wydawnictwo Czarna Owca
Warszawa 2015

Tytuł oryginału
IN ORDER TO LIVE
A North Korean Girl's Journey to Freedom

Redakcja
Hanna Śmierzyńska

Korekta
Igor Mazur

Konsultacja sinologiczna
Olgierd Uziembło

Zdjęcie na okładce
© Beowulf Sheridan

Adaptacja okładki
Magdalena Zawadzka/Aureusart

Mapa
John Gilles

DTP
Marcin Labus

Redaktor prowadzący
Anna Brzezińska

Wydanie I

Druk i oprawa
OPOLGRAF S.A.
Wydrukowano na papierze Creamy 70 g, vol. 2.0,
dystrybuowanym przez: ZiNG

ISBN 978-83-8015-246-5

Wydawnictwo
CZARNA OWCA
ul. Alzacka 15a, 03-972 Warszawa
www.czarnaowca.pl
Redakcja: tel. 22 616 29 20; e-mail: redakcja@czarnaowca.pl
Dział handlowy: tel. 22 616 29 36; e-mail: handel@czarnaowca.pl
Księgarnia i sklep internetowy: tel. 22 616 12 72; e-mail: sklep@czarnaowca.pl

Dla mojej rodziny
i wszystkich walczących o wolność

Opowiadamy historie, by przeżyć.
Joan Didion

Ułan Bator
MONGOLIA
Pustynia Gobi
Erlien
MONGOLIA WEWNĘTRZNA
Pekin
Rzeka Żółta
SZANTUN

N
W
E
S
0
100
200
300
400
km
CHINY
ROSJA
Changchun
Władywostok
Hunchun
Onsong
Yanbian
Changbai
Czhongdzin
Yangshanzhen
Chaoyang
Shenyang
Jinzhou
Hiesan
Jalu
ludao
KOREA
PÓŁNOCNA
Hamhyng
Kowon
Songnam-ri
Pjongjang
Wonsan
Dalian
Morze
Japońskie
Zatoka
Zachodniokoreańska
Seul
Inczhon
Czhonan
Jesan
KOREA
POŁUDNIOWA
Qingdao
JAPONIA
Morze Żółte
Wyspa Dzedzu-do

SPIS TREŚCI

Część druga

Część trzecia

Przeżyć

Prolog

W nocy z 31 marca na 1 kwietnia 2007 roku moja matka i ja gramoliłyśmy się po stromym, kamienistym brzegu skutej lodem rzeki Jalu, która oddziela Koreę Północną od Chin. Było ciemno i zimno. Nad nami i poniżej krążyły patrole, a co sto metrów znajdowały się posterunki graniczne obsadzone przez żołnierzy gotowych zastrzelić każdego, kto próbuje przekroczyć granicę. Nie miałyśmy pojęcia, co nas czeka, ale rozpaczliwie pragnęłyśmy się przedostać do Państwa Środka. Miałyśmy nadzieję, że zdołamy tam przeżyć.

Miałam trzynaście lat, a ważyłam zaledwie dwadzieścia osiem kilogramów. Jeszcze tydzień wcześniej leżałam w szpitalu w swoim rodzinnym mieście Hiesan przy granicy z Chinami, ponieważ zachorowałam na ostre zapalenie jelit, które lekarze mylnie zdiagnozowali jako zapalenie wyrostka robaczkowego. W dalszym ciągu czułam straszliwy ból po operacji i byłam tak osłabiona, że ledwo trzymałam się na nogach.

Północnokoreański przemytnik, który miał przeprowadzić nas przez granicę, nalegał, byśmy wyruszyli tej nocy. Przekupił kilku strażników, by udali, że nas nie widzą, ale nie mógł opłacić wszystkich pilnujących w tym rejonie, więc musieliśmy zachowywać wyjątkową ostrożność. Szłam za nim w ciemności, lecz tak kiepsko trzymałam się na nogach, że potknęłam się i zjechałam z brzegu na pośladkach, pociągając za sobą niewielką lawinę kamieni. Odwrócił się i szepnął gniewnie, żebym nie hałasowała, ale było już za późno. Zauważyliśmy sylwetkę północnokoreańskiego żołnierza wspinającego się po stoku. Jeśli był to jeden z przekupionych strażników granicznych, to prawdopodobnie nas nie rozpoznał.

– Wracajcie! – krzyknął. – Wynoście się stąd!

Przewodnik ruszył w jego stronę i usłyszałyśmy, że rozmawiają ściszonymi głosami. Wrócił sam.

– Chodźmy – powiedział. – Pośpieszcie się!

Była wczesna wiosna, robiło się coraz cieplej i lód na zamarzniętej rzece zaczynał się topić. Przechodziliśmy Jalu w wąskim, stromym miejscu, osłoniętym w ciągu dnia przed słońcem, więc tafla lodowa w dalszym ciągu powinna być wystarczająco gruba, by wytrzymać nasz ciężar – przynajmniej taką miałyśmy nadzieję. Przewodnik zatelefonował z komórki do kogoś na drugim, chińskim brzegu rzeki, a potem szepnął:

– Biegniemy!

Popędził naprzód, ale ja nie mogłam poruszyć nogami i tylko ściskałam dłoń matki. Sparaliżował mnie strach. Przewodnik wrócił do nas, chwycił mnie za ręce i pociągnął po lodzie. Kiedy dotarliśmy do przeciwległego brzegu, zaczęliśmy biec i zatrzymaliśmy się dopiero, gdy nie mogli nas już zauważyć strażnicy graniczni.

Brzeg rzeki był ciemny, ale przed nami płonęły światła Changbai w Chinach. Szybko zerknęłam za siebie na kraj, w którym się urodziłam. Jak zwykle nie było prądu i widziałam tylko czarny, martwy horyzont. Serce łomotało mi w piersi, gdy dotarliśmy do niewielkiej szopy na skraju płaskich, pustych pól.

Kiedy uciekałam z Korei Północnej, nie marzyłam o wolności. Nie rozumiałam nawet, co to jest. Wiedziałam tylko, że jeśli moja rodzina pozostanie w kraju, prawdopodobnie umrzemy – z głodu, wskutek chorób, nieludzkich warunków w obozie pracy. Głód stał się niemożliwy do zniesienia; byłabym gotowa zaryzykować życie dla miski ryżu.

Nie chodziło tylko o przetrwanie. Matka i ja szukałyśmy mojej starszej siostry, Eunmi, która uciekła do Chin kilka dni wcześniej i nie dawała znaku życia. Miałyśmy nadzieję, że kiedy przejdziemy przez rzekę, będzie na nas czekała. Zamiast niej powitał nas łysy mężczyzna w średnim wieku, członek koreańskiej mniejszości narodowej licznie zamieszkującej strefę przygraniczną Chin. Powiedział coś do mojej matki, a potem wyprowadził ją przed szopę. Usłyszałam jej błagania: *Anyo! Anyo!* Nie! Nie!

Wiedziałam, że stało się coś strasznego. Znalazłyśmy się w złym miejscu, może jeszcze gorszym niż kraj, który opuściłyśmy.

Jestem szczęśliwa z dwóch powodów: że urodziłam się w Korei Północnej i że uciekłam z Korei Północnej. Oba te wydarzenia ukształtowały moją osobowość i nie zamieniłabym swojego losu na zwykłe, spokojne życie. Ale opowieść o tym, jak stałam się tą osobą, którą jestem dzisiaj, jest znacznie bardziej skomplikowana.

Podobnie jak dziesiątki tysięcy Koreańczyków z Północy, uciekłam z ojczyzny i osiedliłam się w Korei Południowej, gdzie mieszkańcy Korei Północnej są ciągle uważani za obywateli, chociaż od blisko siedemdziesięciu lat oddziela nas zamknięta granica i wzajemna wrogość. Koreańczycy z Północy i Południa są tym samym narodem, mówią tym samym językiem – choć na Północy nie istnieją słowa takie jak „centrum handlowe", „wolność", a nawet „miłość", przynajmniej w znaczeniu nadawanym temu pojęciu przez resztę świata. Jedyną prawdziwą „miłością", jaką wolno nam wyrażać, jest cześć dla Kimów, dynastii dyktatorów rządzących Koreą Północną od trzech pokoleń. Reżim blokuje wszystkie informacje z zewnętrznego świata, zabrania dystrybucji zagranicznych filmów, zagłusza sygnały radiowe. Nie ma internetu ani Wikipedii. Książki wypełnia propaganda, z której wynika, że żyjemy w najwspanialszym kraju na świecie, choć przynajmniej połowa Koreańczyków z Północy cierpi skrajne ubóstwo i jest chronicznie niedożywiona. Moja dawna ojczyzna nie nazywa się nawet Koreą Północną – uważa się za Joseon, prawdziwą Koreę, socjalistyczny raj zamieszkany przez dwadzieścia pięć milionów ludzi, którzy mają służyć tylko Ukochanemu Przywódcy, Kim Dzong Unowi. Wielu uciekinierów z Korei Północnej, którzy nie chcieli się pogodzić ze swoim losem i umrzeć za Przywódcę, ma z tego powodu poczucie dezercji. Reżim uważa nas za zdrajców. Gdybym próbowała wrócić, zostałabym skazana na śmierć.

Blokada informacyjna działa w dwie strony: władze dbają, by do mieszkańców kraju nie docierały zagraniczne media, i nie chcą, by świat zewnętrzny poznał prawdę o Korei Północnej. Kraj ten bywa nazywany Pustelniczym Królestwem, bo jest całkowicie odcięty od świata. Tylko uciekinierzy mogą opowiedzieć, co naprawdę dzieje się za ściśle strzeżonymi granicami. Ale do niedawna nasze opowieści nie budziły większego zainteresowania.

Przybyłam do Korei Południowej wiosną 2009 roku jako piętnastolatka bez grosza przy duszy, z zaliczonym odpowiednikiem dwóch klas szkoły podstawowej. Pięć lat później byłam na drugim roku studiów na prestiżowej uczelni w Seulu, specjalizując się w prawie karnym, i czułam coraz silniejsze przekonanie, że kraj, w którym się urodziłam, zasługuje na sprawiedliwość.

Wiele razy i na wielu forach opowiadałam historię swojej ucieczki z Korei Północnej. Opisywałam, jak handlarze żywym towarem zwabili matkę i mnie do Chin, gdzie matka pozwoliła się zgwałcić, by uchronić mnie przed zakusami pośrednika. Znalazłszy się na terenie Chin, bezskutecznie szukałyśmy mojej siostry. Ojciec przekroczył granicę, by przyłączyć się do naszych poszukiwań, lecz po kilku miesiącach zmarł na nieleczonego raka. W 2009 roku matkę i mnie uratowali chrześcijańscy misjonarze, którzy pomogli nam przekroczyć granicę chińsko-mongolską. Przez długą, zimową noc szłyśmy po lodowatej pustyni Gobi, podążając za gwiazdami ku wolności.

To wszystko prawda, ale nie cała.

Dotychczas tylko moja matka wiedziała, co się wydarzyło w ciągu dwóch lat, które upłynęły między nocą, gdy uciekłyśmy do Chin przez rzekę Jalu, a dniem, kiedy przybyłyśmy do Korei Południowej, by rozpocząć nowe życie. Nie opowiedziałam prawie nic ze swojej historii innym uciekinierom i obrońcom praw człowieka, których poznałam w Korei Południowej. Wierzyłam, że jeśli pominę milczeniem swoją niechlubną przeszłość, to ona jakoś przestanie istnieć. Wmówiłam sobie, że wiele rzeczy nigdy się nie zdarzyło, a o reszcie nauczyłam się nie pamiętać.

Niemniej kiedy zaczęłam pisać tę książkę, zdałam sobie sprawę, że bez całej prawdy moje życie będzie pozbawione siły, prawdziwego sensu. Z pomocą matki wspomnienia naszego życia w Korei Północnej i Chinach wróciły niczym sceny z dawno zapomnianego koszmaru. Część obrazów pojawiła się ze straszliwą wyrazistością, inne były niewyraźne lub wymieszane jak talia kart bezładnie rozsypana na podłodze. Proces pisania stał się procesem przypominania i próbą nadania sensu wspomnieniom.

W porządkowaniu mojej wizji świata pomagało nie tylko pisanie, lecz również czytanie. Po przybyciu do Korei Południowej uzyskałam dostęp do przekładów arcydzieł literatury światowej i zaczęłam je pochłaniać. Z czasem mogłam już je czytać po angielsku. Kiedy zaczęłam pisać własną książkę, natknęłam się na słynne zdanie pisarki Joan Didion: „Opowiadamy historie, by przeżyć". Chociaż obie pochodzimy z tak odmiennych kultur, czuję w sercu prawdę tych słów. Rozumiem, że czasem trzeba przekształcić własne wspomnienia w opowieść, która nadaje sens pozornie niewytłumaczalnym wydarzeniom: jest to sposób, by przeżyć.

W czasie swojej wędrówki byłam świadkiem straszliwych krzywd, które ludzie wyrządzali innym, ale widziałam także czułość, dobroć i poświęcenie w najgorszych możliwych warunkach. Wiem, że można zatracić część człowieczeństwa, by przeżyć. Ale wiem też, że iskra ludzkiej godności nigdy całkowicie nie gaśnie, że wolność i potęga miłości mogą sprawić, iż zapłonie na nowo.

Oto opowieść o wyborach, których dokonałam, by przeżyć.

Część pierwsza

Korea Północna

Rozdział pierwszy

Ptaki i myszy słyszą twoje szepty

Rzeka Jalu, kręta jak smoczy ogon, oddziela Chiny od Korei Północnej i wpada do Morza Żółtego. W Hiesan płynie doliną w górach Paektu, obok dwustutysięcznego miasta rozciągającego się wśród łagodnych wzgórz i na wysokim płaskowyżu pokrytym polami, zagajnikami i grobami. Rzeka, zwykle płytka i niegroźna, zamarza w zimie, która trwa przez większą część roku. To najzimniejsza część Korei Północnej, gdzie temperatury spadają niekiedy do minus czterdziestu stopni Celsjusza. Przeżywają tylko najodporniejsi.

Hiesan było moim domem.

Po drugiej stronie rzeki znajduje się chińskie miasto Changbai, gdzie mieszka wielu ludzi pochodzenia koreańskiego. Rodziny żyjące po obu stronach granicy handlują ze sobą od pokoleń. Jako dziecko często stawałam w ciemności i patrzyłam przez rzekę na światła Changbai, zastanawiając się, jak wygląda życie poza granicami mojego miasta. W podnieceniu obserwowałam kolorowe sztuczne ognie rozpryskujące się na aksamitnym, czarnym niebie podczas świąt i obchodów chińskiego Nowego Roku.

Po naszej stronie granicy nigdy nie wystrzeliwano fajerwerków. Czasami, gdy schodziłam nad rzekę, by napełnić wiadra wodą, i wilgotny wiatr wiał w moim kierunku, czułam zapach pysznego jedzenia, klusek smażonych w głębokim tłuszczu w kuchniach na drugim brzegu. Ten sam wiatr przynosił głosy chińskich dzieci bawiących się po przeciwnej stronie rzeki.

– Hej, ty! Jesteś głodna? – krzyczeli chłopcy po koreańsku.

– Nie! Zamknij się, tłusty Chińczyku! – wołałam w odpowiedzi.

Kłamałam. Byłam bardzo głodna, ale mówienie o tym niczego by nie zmieniło.

Przyszłam na świat za wcześnie.

Poród matki zaczął się już w siódmym miesiącu ciąży. Urodziłam się 4 października 1993 roku, ważąc niespełna półtora kilograma. Lekarz ze szpitala w Hiesan powiedział matce, że nic nie może dla mnie zrobić, bo jestem za mała.

– Przeżyje albo umrze – stwierdził. – Nie potrafimy tego przewidzieć.

Decyzję, czy przeżyć, pozostawiono mnie.

Matka owijała mnie kocami, ale stale byłam zimna jak lód. W końcu rozgrzała kamień i podłożyła go pod zawiniątko, w którym spoczywałam. Dzięki temu ocalałam. Po kilku dniach rodzice zabrali mnie do domu. Czekali.

Dwa lata wcześniej urodziła się moja siostra Eunmi, więc teraz ojciec, Park Jin Sin, liczył na syna. W patriarchalnej Korei Północnej najważniejszy jest męski potomek. Jednak szybko zapomniał o rozczarowaniu. Zwykle najsilniejsza więź łączy dziecko z matką, ale ojciec zawsze potrafił mnie uspokoić, gdy płakałam. W jego objęciach czułam się bezpieczna i kochana. Ojciec i matka od początku mnie zachęcali, żebym była z siebie dumna.

Kiedy byłam malutka, mieszkaliśmy w parterowym domu na stoku wzgórza wznoszącego się nad torami kolejowymi, które biegły łukiem przez miasto niczym rdzawy sierp.

Nasz dom, mały i zimny, przylegał do domu sąsiadów i słyszeliśmy wszystko, co się u nich działo. Słyszeliśmy także myszy, które piszczały i szeleściły na strychu. Ale czułam się jak w raju, bo nasza rodzina była razem.

Moje pierwsze wspomnienia to mrok i zimno. W zimie najchętniej siadaliśmy w domu w okolicach niewielkiego paleniska, na którym paliliśmy drewno, węgiel lub cokolwiek się do tego nadawało. Gotowaliśmy potrawy na ogniu; pod cementową podłogą znajdowały się kanały odprowadzające dym do drewnianego komina po drugiej stronie domu. Ten tradycyjny system ogrzewania miał utrzymywać ciepło, lecz sprawdzał się w lodowate noce. Dlatego pod koniec dnia matka rozkładała obok paleniska gruby koc i wszyscy wchodziliśmy pod przykrycie – najpierw mama, potem ja, później siostra, a na końcu ojciec, zawsze zajmujący najzimniejsze miejsce. Po zachodzie słońca panował całkowity mrok. W naszej części Korei Północnej tygodniami, czasem miesiącami nie działała elektryczność, a świece były bardzo drogie. Dlatego bawiliśmy się w ciemności. Czasem żartowaliśmy pod kocem.

– Czyja to stopa? – pytała matka, trącając jedną z nas palcem nogi.

– Moja! Moja! – wołała Eunmi.

W zimie, a nawet w lecie, rano i wieczorem, w Hiesan wszędzie snuły się dymy z kominów. Znaliśmy wszystkich mieszkańców okolicznych domów. Jeśli z czyjegoś komina nie wydobywał się dym, pukaliśmy do drzwi, by sprawdzić, czy wszystko w porządku.

Niewybrukowane drogi biegnące między domami były za wąskie dla samochodów, ale nie stanowiło to problemu, bo bardzo rzadko widywaliśmy samochody. Ludzie z sąsiedztwa poruszali się pieszo, a nieliczni, których było na to stać, na rowerach lub motorowerach. Po deszczu uliczki stawały się śliskie od błota; dzieci z sąsiedztwa lubiły się wtedy bawić w berka. Byłam niższa i wolniejsza od reszty rówieśników, więc z trudem się przystosowywałam i nie potrafiłam biegać tak szybko jak inne dzieci.

Kiedy zaczęłam chodzić do szkoły, Eunmi czasem stawała w mojej obronie i biła się ze starszymi uczniami. Ona również nie była zbyt wysoka, za to sprytna i szybka. Chroniła mnie i bawiła się ze mną. Gdy spadł śnieg, wspinała się ze mną na wzgórza w okolicach domu, sadzała sobie między kolanami i obejmowała rękami. Po czym zjeżdżałyśmy na siedzeniach, śmiejąc się i krzycząc. Byłam szczęśliwa, że jestem częścią świata siostry.

Latem wszystkie dzieci chodziły kąpać się w rzece Jalu, ale ja nigdy nie nauczyłam się pływać. Siedziałam na brzegu i patrzyłam, jak inni pluskają się w wodzie. Eunmi albo moja najlepsza przyjaciółka Yong Ja czasem zauważały, że siedzę sama, i przynosiły mi ładne kamyki znalezione w rzece. Czasem brały mnie na ręce i wnosiły do rzeki, a potem pomagały wrócić na brzeg.

Yong Ja była w tym samym wieku co ja i mieszkałyśmy w tej samej części miasta. Lubiłam ją, bo obie byłyśmy równie pomysłowe w tworzeniu sobie zabawek. Na targu można było czasem kupić lalki i inne rzeczy, lecz zwykle były one za drogie. Wobec tego lepiłyśmy z gliny małe naczynia i zwierzątka, czasem nawet mikroskopijne czołgi do zabawy w wojnę, bardzo popularnej w Korei Północnej. Ale my, dziewczynki, miałyśmy bzika na punkcie papierowych lalek: spędzałyśmy długie godziny na wycinaniu ich z grubego papieru, robiłyśmy sukienki i chustki ze ścinków tkanin.

Czasami moja matka robiła nam wiatraczki, które umieszczałyśmy na metalowej kładce nad torami kolejowymi nazywanej przez nas Mostem Obłoków. Wiele lat później, gdy życie stało się znacznie cięższe i bardziej skomplikowane, mijałam ten most i przypominałam sobie, jakie byłyśmy szczęśliwe, patrząc na wiatraczki kręcące się w podmuchach wiatru.

Kiedy byłam mała, nie otaczał mnie słyszalny w tle mechaniczny hałas jak w Korei Południowej i Stanach Zjednoczonych. Nie było odgłosów śmieciarek, klaksonów samochodów, dzwonków komórek. Słyszałam tylko dźwięki wydawane przez ludzi: kobiety zmywały naczynia, matki wołały dzieci, kiedy rodziny zasiadały do posiłku, rozlegał się brzęk łyżek lub stukot pałeczek do ryżu uderzających w miseczki. Czasem słyszałam, jak rodzice strofują moje przyjaciółki. W tamtych czasach wokół nie rozlegała się muzyka, nikt nie wpatrywał się w smartfony. Jednak ludzie byli sobie bliscy, co rzadko się zdarza we współczesnym świecie, w którym teraz żyję.

W naszym domu w Hiesan prawie nigdy nie było bieżącej wody, więc matka prała ubrania w rzece. Po powrocie kładła je na ciepłej podłodze, by wyschły.

Ponieważ w naszym osiedlu rzadko włączano elektryczność, po zapaleniu się świateł ludzie byli tak szczęśliwi, że śpiewali, klaskali i krzyczeli. Świętowaliśmy pojawienie się prądu nawet w środku nocy. Kiedy człowiek ma bardzo mało, mogą go uszczęśliwić nawet najdrobniejsze rzeczy – jest to jedna z nielicznych cech życia w Korei Północnej, których mi brakuje. Oczywiście światła nigdy nie paliły się długo. W chwili gdy gasły, mówiliśmy po prostu: „Och, koniec", i kładliśmy się spać.

Nawet jeśli elektryczność działała, napięcie było bardzo niskie i wiele rodzin miało urządzenia wspomagające zasilanie urządzeń domowych. Często wywoływały one pożary i pewnej marcowej nocy zdarzyło się to w naszym domu pod nieobecność rodziców. Byłam jeszcze maleńka i pamiętam tylko, że się obudziłam i zaczęłam płakać, a ktoś wyniósł mnie na dwór wśród dymu i płomieni. Nie wiem, czy uratowała mnie siostra, czy sąsiadka. Matka przybiegła natychmiast, gdy ktoś powiedział jej o pożarze, lecz ja i siostra byłyśmy już bezpieczne w domu sąsiadki. Nasz dom spłonął, ojciec jednak szybko go odbudował własnymi rękoma.

Później posadziliśmy rośliny w naszym niewielkim, otoczonym płotem ogródku. Matka i siostra nie interesowały się ogrodnictwem, ale ojciec je uwielbiał, podobnie jak ja. Zasialiśmy dynię, kapustę, ogórki i słoneczniki. Ojciec posadził wzdłuż płotu piękną odmianę fuksji, którą nazywaliśmy „kolczykami". Uwielbiałam wkładać sobie za uszy długie, delikatne kwiaty i udawać, że to kolczyki. Matka pytała ojca, dlaczego marnuje na kwiaty cenne miejsce, ale on puszczał to mimo uszu.

W Korei Północnej ludzie żyją blisko natury i potrafią przewidywać pogodę na następny dzień. Nie mieliśmy internetu i zwykle nie mogliśmy oglądać państwowej telewizji z powodu braku prądu. Dlatego musieliśmy sami prognozować pogodę.

W długie letnie wieczory sąsiedzi siadali wokół swoich domów w chłodnym powietrzu. Nie było krzeseł; siadaliśmy na ziemi i patrzyliśmy w niebo. Jeśli ujrzeliśmy w górze miliony gwiazd, ktoś mówił: „Jutro będzie słonecznie". Wszyscy pomrukiwali na znak zgody. Gdy widzieliśmy tylko tysiące gwiazd, ktoś inny zauważał: „Jutro będzie pochmurno". Tak wyglądała nasza lokalna prognoza pogody.

Najlepszym dniem miesiąca był Dzień Klusek, gdy matka kupowała w mieście świeże, wilgotne kluski wytwarzane maszynowo. Musiały starczyć na jak najdłużej, więc suszyliśmy je na ciepłej podłodze kuchni. Było to święto dla mojej siostry i mnie, bo zawsze udawało się nam podkraść i zjeść kilka klusek, wciąż jeszcze miękkich i słodkich. Kiedy byłam małą dziewczynką, przed klęską głodu w połowie lat dziewięćdziesiątych, przychodziły do nas przyjaciółki i dzieliłyśmy się z nimi kluskami. W Korei Północnej istnieje zwyczaj, by się wszystkim dzielić. Ale później, gdy nadeszły trudne czasy dla naszej rodziny i kraju, matka zabroniła nam wpuszczać dzieci do domu. Nie stać nas było na dzielenie się jedzeniem.

Kiedy dobrze się nam powodziło, jedliśmy posiłki złożone z ryżu, kimchi, fasoli i zupy z wodorostów. Ale w okresach biedy nie mogliśmy sobie pozwolić na takie potrawy. Czasami w ogóle obywaliśmy się bez posiłków; często jedliśmy tylko chudy kleik z jęczmienia lub pszenicy, fasolę albo czarne, przemarznięte ziemniaki, które matka tarła i robiła knedle nadziewane kapustą.

Kraj, w którym się wychowałam, różnił się od Korei Północnej z lat sześćdziesiątych i siedemdziesiątych, gdy rodzice byli dziećmi. W tamtych czasach państwo dbało o podstawowe potrzeby obywateli – zapewniało ubrania, opiekę zdrowotną, żywność. Po zakończeniu zimnej wojny kraje komunistyczne wspierające reżim północnokoreański przestały nam pomagać i kontrolowana przez państwo gospodarka się załamała. Koreańczycy z Północy nagle musieli radzić sobie sami.

Byłam zbyt mała, by zdawać sobie sprawę, jak rozpaczliwa stała się sytuacja dorosłych. Moja rodzina próbowała się przystosować do ogromnych zmian, jakie zaszły w kraju w latach dziewięćdziesiątych. Kiedy moja siostra i ja zapadłyśmy w sen, rodzice często rozmawiali ze sobą, zastanawiając się, co zrobić, byśmy wszyscy nie umarli z głodu.

Szybko zrozumiałam, że nie wolno powtarzać niczego, co podsłuchałam. Nauczono mnie nigdy nie wyrażać własnego zdania, nigdy niczego nie kwestionować. Miałam po prostu robić, mówić i myśleć to, co nakazują władze. Szczerze wierzyłam, że nasz Ukochany Przywódca, Kim Dzong Il, potrafi czytać w moich myślach i że zostanę ukarana, jeśli przyjdzie mi do głowy coś złego. A jeśli nawet sam Kim Dzong Il mnie nie usłyszy, to wszędzie są szpiedzy, którzy podsłuchują pod oknami i obserwują dzieci na boisku szkolnym. Wszyscy należeliśmy do inminbanu, czyli wspólnoty sąsiedzkiej, i kazano nam donosić o każdym, kto powiedział coś niewłaściwego. Żyliśmy w ciągłym strachu i wszyscy – również moja matka – mieli osobiste doświadczenia dowodzące, jak niebezpiecznie jest coś powiedzieć.

Kiedy 8 lipca 1994 roku zmarł Kim Ir Sen, miałam zaledwie dziewięć miesięcy. Mieszkańcy Korei Północnej czcili osiemdziesięciodwuletniego Wielkiego Przywódcę jak Boga. Kim Ir Sen przez blisko pięćdziesiąt lat rządził krajem żelazną ręką, a jego fanatyczni zwolennicy – w tym moja matka – szczerze wierzyli, że jest nieśmiertelny. Po jego śmierci nastąpił okres manifestacyjnej żałoby; towarzyszył jej niepokój o losy kraju. Następcą zmarłego został syn Wielkiego Przywódcy, Kim Dzong Il, lecz wszyscy odczuwali straszliwą pustkę pozostawioną przez Kim Ir Sena.

Matka przywiązała mnie do pleców i dołączyła do tysięcy żałobników, którzy w okresie oficjalnej żałoby codziennie gromadzili się na placu przed pomnikiem Kim Ir Sena w Hiesan, by płakać i lamentować z powodu śmierci Ukochanego Przywódcy. Zostawiali przed pomnikiem kwiaty i czarki z wódką ryżową na znak smutku i czci dla zmarłego.

W tamtym czasie odwiedził nas stryj Yong Soo, jeden z krewnych ojca z północno-wschodnich Chin, gdzie mieszka wielu Koreańczyków. Jako cudzoziemiec nie okazywał należytej czci Wielkiemu Przywódcy i kiedy matka wróciła spod pomnika, opowiedział jej niedawno usłyszaną historię. Władze w Pjongjangu ogłosiły, że Kim Ir Sen zmarł na atak serca, ale według Yong Soo jeden z jego chińskich przyjaciół słyszał od północnokoreańskiego policjanta, że to nieprawda. Jak twierdził, prawdziwą przyczyną śmierci była *hwa-byung* – oznacza to w przybliżeniu „chorobę wywołaną przez stres psychiczny lub emocjonalny" i jest pospolitym określeniem stosowanym w Korei Północnej i Południowej. Yong Soo słyszał, że doszło do rozbieżności poglądów między Kim Ir Senem a Kim Dzong Ilem na temat planów starszego Kima, by rozpocząć negocjacje z Koreą Południową...

– Przestań! – przerwała matka. – Nie mów ani słowa więcej! – To, że stryj ośmielił się opowiadać plotki o naszych przywódcach, zdenerwowało ją do tego stopnia, iż zachowała się niegrzecznie wobec gościa i kazała mu milczeć.

Następnego dnia, gdy poszła z przyjaciółką pod pomnik, by znowu złożyć pod nim kwiaty, zauważyły, że ktoś zniszczył część darów.

– Ach, na świecie są tacy źli ludzie! – zauważyła przyjaciółka.

– Masz rację! – potwierdziła matka. – Nie uwierzyłabyś, jakie ohydne plotki rozpuszczają nasi wrogowie. – Później opowiedziała przyjaciółce o kłamstwach, które usłyszała.

Następnego dnia, kiedy przechodziła przez Most Obłoków, zauważyła oficjalnie wyglądający samochód zaparkowany w zaułku poniżej naszego domu. Stała wokół niego liczna grupa mężczyzn. Natychmiast zrozumiała, że wkrótce stanie się coś strasznego.

Przybysze byli cywilnymi agentami budzącej grozę *bo-wi-bu*, czyli Narodowej Agencji Bezpieczeństwa, która kieruje obozami dla więźniów politycznych i prowadzi śledztwa w sprawach działalności antypaństwowej. Wszyscy wiedzieli, że funkcjonariusze *bo-wi-bu* mogą zabrać człowieka, a potem ginie po nim wszelki ślad. Co gorsza, nie pochodzili z Hiesan; wysłano ich z centrali w Pjongjangu.

Agent dowodzący grupą czekał na matkę pod naszymi drzwiami i zaprowadził ją do domu sąsiada, który wypożyczył go funkcjonariuszom na całe popołudnie. Oboje usiedli i agent spojrzał na nią oczami przypominającymi czarne szkiełka.

– Wiesz, dlaczego tu jestem? – spytał.

– Tak, wiem – odpowiedziała matka.

– Gdzie słyszałaś tę plotkę?

Wyjaśniła, że opowiedział ją stryj męża pochodzący z Chin, który z kolei słyszał ją od przyjaciela.

– Co o tym myślisz? – spytał agent.

– To okropne, złe kłamstwo! – odparła szczerze matka. – Rozpuszczają je nasi wrogowie, którzy próbują zniszczyć największy naród na świecie!

– Jaki błąd popełniłaś, jak sądzisz? – spytał beznamiętnie.

– Powinnam była to zgłosić organizacji partyjnej, towarzyszu. Źle postąpiłam, mówiąc o tym prywatnej osobie.

– Nie. Mylisz się – odrzekł. – Nigdy nie powinnaś wypowiedzieć tych słów.

Matka była pewna, że czeka ją śmierć. Powtarzała, że bardzo żałuje, i błagała, by darował jej życie przez wzgląd na dwoje małych dzieci. Prosiła, aż zmęczyły jej się ręce, jak mówimy w Korei.

– Nie wolno ci nigdy o tym wspominać – powiedział w końcu agent ostrym głosem, który sprawił, że matka poczuła lodowaty chłód. – Ani przyjaciółkom, ani mężowi, ani dzieciom. Rozumiesz, co się stanie, jeśli to zrobisz?

Matka rozumiała. Bardzo dobrze.

Później przesłuchał stryja Yong Soo, który nerwowo czekał z rodziną w naszym domu. Matka uważa, że jej nie ukarano, bo Yong Soo potwierdził, iż bardzo się rozgniewała, gdy powtórzył plotkę.

Po zakończeniu przesłuchań agenci odjechali samochodem. Stryj wrócił do Chin. Kiedy ojciec spytał matkę, czego chciała od niej tajna policja, powiedziała, że nie może o tym rozmawiać, i nigdy więcej nie wspominała o całej sprawie. Ojciec umarł, nie zdając sobie sprawy, jak blisko katastrofy wówczas się znaleźliśmy.

Wiele lat później, gdy matka opowiadała mi tę historię, w końcu zrozumiałam, dlaczego wysyłając mnie do szkoły, nigdy nie mówiła: „Powodzenia!", czy nawet: „Strzeż się nieznajomych", lecz zawsze powtarzała: „Uważaj, co mówisz".

W większości krajów matki zachęcają dzieci, by zadawały jak najwięcej pytań, ale nie w Korei Północnej. Kiedy byłam dostatecznie duża, by coś rozumieć, matka ostrzegła mnie, że muszę uważać, co mówię.

– Pamiętaj, Yeonmi-ya, nawet gdy myślisz, że jesteś sama, ptaki i myszy słyszą twoje szepty – powiedziała łagodnie.

Nie chciała mnie przestraszyć, ale poczułam w sercu trwogę. Spojrzałam w mrok.

Rozdział drugi

Niebezpieczna historia

Myślę, że gdyby mój ojciec urodził się w Korei Południowej albo Stanach Zjednoczonych, zostałby milionerem. Ale przyszedł na świat w Korei Północnej, gdzie liczą się tylko koneksje rodzinne i lojalność wobec partii, a ciężka praca nie zapewnia żadnych korzyści i jest ciągłą walką o przetrwanie.

Park Jin Sik urodził się 4 marca 1962 roku w Hamhyng, mieście portowym i ośrodku przemysłu, w rodzinie wojskowego o dobrych koneksjach politycznych. Powinno mu to zapewnić znakomity start życiowy, ponieważ w Korei Północnej perspektywy każdego człowieka zależą od przynależności do jednej z kast, tak zwanego songbunu. Kiedy Kim Ir Sen zdobył władzę po drugiej wojnie światowej, zniszczył tradycyjny system feudalny, w którym społeczeństwo dzieliło się na właścicieli ziemskich i chłopów, szlachtę i lud, duchownych i uczonych. Kazał badać pochodzenie wszystkich obywateli, zebrać informacje o ich przodkach na kilka pokoleń wstecz. W systemie opartym na songbunie każdy człowiek należy do trzech głównych kast o różnym stopniu lojalności wobec reżimu.

Najwyższe miejsce w hierarchii zajmuje tak zwany twardy rdzeń, klasa złożona z zasłużonych rewolucjonistów – chłopów, weteranów wojennych lub krewnych ludzi, którzy walczyli bądź oddali życie za Koreę Północną – oraz osób o sprawdzonej lojalności wobec rodziny Kima. Tworzą oni aparat utrzymujący reżim przy władzy. Druga kasta, nazywana „podstawową", składa się z warstw społecznych uznanych za chwiejne: byłych mieszkańców Południa bądź ludzi mających tam rodziny, dawnych kupców, intelektualistów lub zwykłych ludzi, którzy nie mogą liczyć na pełne zaufanie nowych władz. W końcu najniższą klasą są „wrogowie": dawni właściciele ziemscy i ich potomstwo, kapitaliści, byli żołnierze południowokoreańscy, chrześcijanie i wyznawcy innych religii, rodziny więźniów politycznych i inne osoby uznawane za wrogów państwa.

Bardzo trudno awansować do wyższej kasty, ale niezwykle łatwo spaść, bez własnej winy, na najniższy poziom. Jak przekonał się mój ojciec i jego rodzina, po utracie statusu związanego z songbunem traci się wszystko, co się osiągnęło.

Ojciec mojego ojca, Park Chang Gyu, wychował się na wsi w pobliżu Hiesan, gdy Korea była japońską kolonią.

Naród koreański istnieje od przeszło czterech tysięcy lat i w tym czasie przechodził różne koleje losu. Według legendy historia Korei rozpoczyna się w 2333 roku przed naszą erą, od królestwa Joseon, co oznacza „Krainę Poranka". Mimo poetyckiej nazwy w mojej ojczyźnie rzadko panował pokój. Półwysep Koreański leży w miejscu, gdzie ścierają się wpływy wielkich imperiów i w ciągu wieków królowie Korei musieli odpierać najeźdźców z Mandżurii, Mongolii i innych krajów. Później, na początku dwudziestego wieku, posługując się groźbami i dyplomacją, Koreę powoli wchłonęło rozszerzające się imperium japońskie, aż w końcu w 1910 roku zaanektowało cały kraj. Było to dwa lata przed urodzeniem się pierwszego przywódcy Korei Północnej, Kim Ir Sena, i jedenaście lat przed narodzinami mojego dziadka Parka.

Japończycy byli despotycznymi kolonialistami próbującymi zniszczyć koreańską kulturę i zmienić nas w obywateli drugiej kategorii na naszej własnej ziemi. Zabronili używania języka koreańskiego, przejęli gospodarstwa rolne i przedsiębiorstwa przemysłowe. Doprowadziło to do aktów oporu przeciwko ich rządom, które okupanci brutalnie stłumili. Rodzice Kim Ir Sena, podobnie jak wielu innych Koreańczyków, uciekli przez północną granicę do Mandżurii, wchodzącej wówczas w skład imperium chińskiego. Kiedy na początku lat trzydziestych Japończycy opanowali również Mandżurię, nasz przyszły Wielki Przywódca wstąpił do oddziału partyzanckiego walczącego z japońskimi okupantami. Ale na początku drugiej wojny światowej zaciągnął się do armii sowieckiej i (jak się później dowiedziałam) spędził wojnę w bazie wojskowej z dala od terenu walk, choć północnokoreańska propaganda głosi coś przeciwnego, przypisując mu główny udział w pokonaniu Japończyków.

Na początku drugiej wojny światowej dziadek Park pracował w wydziale finansowym japońskiego zarządu miasta Hiesan. Poznał tam swoją przyszłą żonę, Jung Hye Soon, która również pracowała w ratuszu. Była sierotą wychowaną przez ciotkę i przed poznaniem dziadka miała bardzo trudne życie. Ich związek był nietypowy, bo w odróżnieniu od wielu koreańskich małżeństw, aranżowanych przez rodziny, moi dziadkowie znali się i lubili przed ślubem.

Dziadek pracował w administracji w czasie całej drugiej wojny światowej. Po kapitulacji Japonii 15 sierpnia 1945 roku do północnej części Korei wkroczyła armia sowiecka, a wojska amerykańskie opanowały Południe – co zapoczątkowało cierpienia mojego kraju trwające przeszło siedemdziesiąt lat. Wzdłuż 38. równoleżnika arbitralnie nakreślono linię dzielącą kraj na dwie strefy administracyjne: Koreę Północną i Południową. Amerykanie przywieźli samolotem do Seulu antykomunistycznego emigranta o nazwisku Syng-man Li, który stanął na czele Republiki Koreańskiej, obejmując funkcję prezydenta. Na Północy przywódcą Koreańskiej Republiki Ludowo-Demokratycznej, czyli KRLD, został Kim Ir Sen, w owym czasie major wojsk sowieckich.

Sowieci szybko powołali do armii wszystkich mężczyzn zdolnych do służby, by stworzyć północnokoreańskie siły zbrojne. Mój dziadek przestał pracować w ratuszu i został oficerem Armii Ludowej.

W 1949 roku zarówno Stany Zjednoczone, jak i Związek Sowiecki wycofały wojska z Korei i przekazały półwysep marionetkowym rządom. Miało to opłakane skutki. Kim Ir Sen, stalinista i ultranacjonalistyczny dyktator, postanowił zjednoczyć kraj i w lecie 1950 roku otrzymane od Rosjan czołgi oraz tysiące żołnierzy zaatakowały Południe. W Korei Północnej wmawia się ludziom, że wojnę rozpoczęli amerykańscy imperialiści, a nasi żołnierze dzielnie walczyli, by odeprzeć obcą inwazję. W rzeczywistości wojska amerykańskie wróciły do Korei tylko po to, by bronić Południa – wspierane przez oficjalny kontyngent ONZ – po czym szybko odrzuciły armię Kim Ir Sena aż nad rzekę Jalu i opanowały prawie cały kraj. Amerykanów zatrzymały dopiero masy chińskich żołnierzy, którzy przekroczyli granicę i dotarli aż do 38. równoleżnika. W czasie tej bezsensownej wojny zginęły lub odniosły rany trzy miliony Koreańczyków, miliony ludzi uciekły ze swoich domów, a większa część kraju legła w ruinie.

W 1953 roku obie strony postanowiły zakończyć działania zbrojne, lecz nigdy nie podpisały traktatu pokojowego. Do dziś dnia jesteśmy oficjalnie w stanie wojny, a rządy zarówno Korei Północnej, jak i Korei Południowej uważają się za jedynych legalnych przedstawicieli całej Korei.

W czasie wojny koreańskiej dziadek Park pełnił funkcję oficera finansowego i nie oddał ani jednego strzału. Po podpisaniu rozejmu pozostał w wojsku i przenosił się wraz z rodziną z bazy do bazy. Stacjonował w Hamhyng, około trzystu kilometrów od Hiesan, gdy urodził się mój ojciec – czwarty z piątki dzieci i najmłodszy syn. Później, kiedy dziadek przeszedł w stan spoczynku, władze osiedliły go wraz z rodziną w Hiesan. Służba oficerska i przynależność do rządzącej Koreańskiej Partii Pracy dawały mu dobry *songbun*, toteż otrzymał pracę jako kierownik finansowy sklepu zaopatrującego rodziny wojskowych. Przez pewien czas, gdy gospodarka Korei Północnej szybko się rozwijała, mojej rodzinie powodziło się względnie dobrze.

W latach pięćdziesiątych i sześćdziesiątych Chiny i Związek Sowiecki wspomagały finansowo Koreę Północną, by pomóc w jej odbudowie. W górach Północy znajdują się pokłady węgla i rud; zawsze była to bogatsza, bardziej uprzemysłowiona część kraju. Odrodziła się szybciej niż Południe, które miało charakter bardziej rolniczy i wolniej przezwyciężało skutki wojny. Ale sytuacja zmieniła się w latach siedemdziesiątych i osiemdziesiątych, gdy Korea Południowa stała się krajem przemysłowym, a sowiecki system gospodarczy Korei Północnej zaczął się załamywać. W kraju obowiązywało centralne planowanie i cała produkcja przemysłowa była kontrolowana przez państwo. Nie istniała własność prywatna – przynajmniej oficjalnie – a wszystkie gospodarstwa rolne skolektywizowano, chociaż ludzie mogli hodować trochę warzyw i sprzedawać je na ściśle nadzorowanych targowiskach. Władze zapewniały wszystkim pracę, płaciły pensje, racjonowały większość artykułów spożywczych i przemysłowych.

Kiedy moi rodzice dorastali, system dystrybucji był w dalszym ciągu subsydiowany przez Związek Sowiecki i Chiny, toteż niewielu ludzi głodowało. Jednak naprawdę dobrze powodziło się tylko elicie. Z drugiej strony w wielu dziedzinach podaż nie zaspokajała popytu: brakowało importowanej odzieży, elektroniki i zagranicznej żywności. Chociaż uprzywilejowane warstwy społeczeństwa mogły kupić wiele z tych towarów w specjalnych sklepach prowadzonych przez państwo, ceny były zbyt wysokie dla przeciętnych ludzi. Zwykły człowiek, który chciałby zdobyć zagraniczne papierosy, alkohol lub japońskie torebki, musiał je kupować na czarnym rynku. Towary te najczęściej docierały z północy, z Chin.

Mojego ojca powołano do wojska około 1980 roku, gdy dobiegał dwudziestego roku życia. Podobnie jak większość młodych Koreańczyków z klasy średniej lub wyższej, musiał służyć w armii przez dziesięć lat, choć dzięki odpowiednim koneksjom można było skrócić ten okres do zaledwie dwóch. Jednak niespełna rok po powołaniu do wojska ojciec ciężko zachorował: nabawił się zapalenia wyrostka robaczkowego, który pękł. Przeszedł cztery lub pięć operacji z powodu komplikacji wywołanych zakażeniem, po czym jego kariera wojskowa definitywnie się skończyła. Mogło to mieć katastrofalne skutki, bo Koreańczycy z Północy, którzy nie odbyli służby wojskowej, zwykle nie mogą liczyć na dobrą pracę. Kiedy wrócił do Hiesan i nie miał czym się zająć, dziadek podsunął mu pomysł podjęcia studiów w zakresie finansów. Ojcu udało się dostać na trzyletnie studia w szkole ekonomicznej w Hiesan. Reszcie rodziny również się powiodło. Park Jin, starszy brat ojca, uczęszczał do szkoły medycznej w Hiesan, a najstarszy brat, Park Dong Il, pracował jako nauczyciel w szkole średniej w Hamhyng. Starsza siostra wyszła za mąż i wyjechała do Pjongjangu, gdzie pracowała jako kelnerka, a młodsza chodziła do szkoły w Hiesan.

Jednak w 1980 roku doszło do katastrofy. Park Dong Ila oskarżono o zgwałcenie jednej z uczennic i próbę zabójstwa żony. Nigdy nie poznałam szczegółów tamtych wydarzeń i nie wiem, czy zarzuty były prawdziwe, lecz brata ojca skazano na dwadzieścia lat ciężkich robót. Uniknął egzekucji tylko dzięki koneksjom dziadka Parka. Przestępców kryminalnych często zwalnia się z obozów przed śmiercią, by oszczędzić władzom konieczności odsyłania zwłok do domu. Po odbyciu dwunastu lat kary Dong Il został zwolniony z przyczyn zdrowotnych i wrócił do Hiesan. Żaden z członków rodziny nigdy nie wspominał o jego przeszłości. Zapamiętałam go jako drobnego, milczącego mężczyznę; zawsze był dla mnie dobry. Umarł, gdy byłam małą dziewczynką.

W Korei Północnej istnieje zasada, że jeśli jeden z członków rodziny popełni poważne przestępstwo, wszyscy jego krewni są uważani za kryminalistów. Mój ojciec i jego rodzina nagle stracili korzystny status społeczny i polityczny.

Trzy główne kasty *songbun* dzielą się na przeszło pięćdziesiąt podgrup, a władze monitorują i nieustannie zmieniają status każdego dorosłego. Dzięki sieci donosicieli w miejscu zamieszkania i inwigilacji przez policję władze mają szczegółowe informacje o każdym obywatelu i jego rodzinie. Wszystkie te dane są przechowywane w biurach miejscowej administracji i wielkich krajowych organizacji politycznych; wykorzystuje się je, by określić, gdzie dana osoba może mieszkać, gdzie chodzić do szkoły, gdzie pracować. Ludzie o wysokim songbunie mogą wstąpić do rządzącej Koreańskiej Partii Pracy. Pozwala to podjąć studia na dobrym uniwersytecie i dostać dobrą pracę. Mając zły *songbun*, można skończyć w kołchozie i do końca życia harować na polach ryżowych. I umrzeć z głodu w razie kiepskich zbiorów.

Po skazaniu najstarszego syna za próbę zabójstwa nic nie mogło uratować kariery dziadka Parka. Wkrótce po wysłaniu Dong Ila do obozu zwolniono dziadka z pracy w sklepie dla rodzin wojskowych, nie podając żadnych oficjalnych przyczyn. Na szczęście młodsi synowie mniej ucierpieli wskutek skandalu i zdołali skończyć studia. Mój stryj Park Jin uzyskał dyplom lekarza i został profesorem Uniwersytetu Medycznego w Hiesan, a później dyrektorem pomaturalnej szkoły medycznej. Był znakomitym studentem i zręcznym graczem politycznym, więc zdołał odnieść sukces mimo problemów rodziny. Ojciec uzyskał dyplom w zakresie planowania gospodarczego i rozpoczął pracę w biurze finansowym władz lokalnych w Hiesan. Ale zaledwie po roku przeprowadzono reorganizację miejscowej administracji i stracił posadę. Zły *songbun* wreszcie go dopadł.

Ojciec zrozumiał, że nie ma przyszłości, jeśli nie wstąpi do Koreańskiej Partii Pracy. Postanowił zostać robotnikiem w miejscowej odlewni, gdzie, ciężko pracując, mógłby dowieść swojej lojalności wobec reżimu. Zdołał nawiązać dobre stosunki z wpływowymi ludźmi w swoim zakładzie pracy, w tym z szefem miejscowej organizacji partyjnej. Wkrótce został przyjęty.

W owym czasie ojciec zaczął się zajmować prowadzeniem interesów, by zarobić dodatkowe pieniądze. Wymagało to odwagi, ponieważ prowadzenie handlu poza kontrolą państwa było nielegalne. Ale ojciec odznaczał się nietypowymi cechami: miał w sobie wrodzonego ducha przedsiębiorczości i coś, co można nazwać zdrową pogardą dla zakazów. Szczęśliwie żył we właściwym czasie i we właściwej części kraju, więc jego interesy rozkwitały. Przynajmniej przez pewien czas.

Hiesan miało długie tradycje przygranicznego handlu z Chinami. Na miejscowym czarnym rynku, niewielkim, lecz sprawnie działającym, można było kupić wszystko, od suszonych ryb po elektronikę. W latach osiemdziesiątych kobietom pozwolono sprzedawać żywność i wyroby rękodzielnicze na prowizorycznych targach, ale prawdziwym czarnorynkowym handlem zajmowali się wyspecjalizowani zawodowcy. Mój ojciec dołączył do nielicznej, lecz rosnącej grupy czarnorynkowych handlarzy potrafiących wykorzystywać luki w upaństwowionej gospodarce. Zaczął od drobnej spekulacji. Odkrył, że na czarnym rynku w Hiesan karton najwyższej jakości papierosów kosztuje od siedemdziesięciu do stu wonów, w głębi Korei Północnej zaś każdy pojedynczy papieros można sprzedać za siedem do dziesięciu wonów. W owym czasie kilogram ryżu kosztował dwadzieścia dwa wony, z czego wynika, że papierosy były bardzo drogie.

Władze ograniczyły możliwość podróżowania po Korei Północnej i wyjazd z Hiesan wymagał załatwienia wielu biurokratycznych formalności. Na początku ojciec musiał uzyskać zezwolenie na nieobecność w fabryce, w której pracował. Przekupywał lekarza, by wypisał mu zwolnienie, po czym mówił kierownikowi, że musi na kilka dni wyjechać z miasta na leczenie. Kierownik wydawał mu zaświadczenie. Później ojciec szedł na policję i za łapówkę otrzymywał zezwolenie na podróż.

Jeździł pociągiem do niewielkich miast, gdzie nie istniał rozwinięty czarny rynek. Ukrywał papierosy w torbach, na ciele, w każdej kieszeni. Bez przerwy się przemieszczał, by nie namierzyła go policja, stale szukająca kontrabandy. Czasem policjanci odkrywali papierosy albo zmuszali go do oddania pieniędzy, grożąc mu metalowym prętem. Wtedy przekonywał ich, że puszczenie go wolno, by coś zarobił, leży w ich obopólnym interesie, bo po powrocie zrewanżuje im się papierosami. Często się zgadzali. Miał wrodzony talent do handlu.

Chociaż wiedziałam, że wolałby prowadzić bezpieczniejsze, bardziej konwencjonalne życie jako wysoki urzędnik państwowy, los sprawił, że stało się inaczej. W każdym innym kraju ojciec zostałby biznesmenem. Ale nie w Korei Północnej. Był to po prostu sposób, by przeżyć. I uczynił go przestępcą.

Rozdział trzeci

Jaskółki i sroki

Ojciec zaczął od handlu papierosami, szybko jednak zajął się również chińskimi ubraniami, na które był wielki popyt. Latem 1989 roku pojechał do Kowon, niewielkiego miasta w pobliżu wschodniego wybrzeża Korei Północnej, by sprzedać swoje towary, i tam odwiedził przyjaciela Byeon Min Sika, innego ambitnego młodego człowieka poznanego w Hiesan. I tam właśnie poznał młodszą siostrę przyjaciela, Keum Sook. Moją matkę.

Była cztery lata młodsza od ojca i miała równie niski *songbun*, także nie ze swojej winy. Jej ojciec musiał się zmagać z przeciwnościami, bo miał brata w więzieniu, a matka uchodziła za podejrzaną, ponieważ jej dziadek ze strony ojca posiadał ziemię w czasie, gdy Korea była japońską kolonią. Piętno przetrwało trzy pokolenia i kiedy moja matka przyszła na świat w 1966 roku, automatycznie uznano ją za „wroga klasowego", który nie mógł liczyć na przywileje należne elicie.

Ojciec matki, Byeon Ung Pook, pochodził z północnej części prowincji Hamgiong w najdalszej północnej części Korei.

Jego rodzina nie była zbyt bogata, ale posiadała dość ziemi, by zostać uznana za posiadaczy ziemskich. W 1931 roku, gdy urodził się mój dziadek Byeon, rodzina zubożała. W tym samym roku Japończycy postanowili rozszerzyć swoje imperium, najeżdżając i okupując trzy chińskie prowincje tworzące Mandżurię, na północ od granicy z Koreą.

W 1933 roku, gdy mój dziadek Byeon miał dwa lata, cała rodzina przeprowadziła się do Hunchun w Chinach, naprzeciwko Hamgiong nad rzeką Tumen. W chwili wybuchu drugiej wojny światowej chodził do szkoły, ale pod koniec konfliktu trafił do wojska. Matka nie wiedziała, w której armii służył, bo dziadek nigdy o tym nie mówił.

Po zakończeniu wojny pozostał w Chinach, lecz często odwiedzał Koreę Północną. W 1949 roku, tuż przed wybuchem wojny koreańskiej w 1950 roku, przyjechał do Onsong, miasta pogranicznego, gdzie jego ojciec miał kiedyś ziemię. Spotkał tam grupę ludzi jadących do Związku Sowieckiego pracować przy wyrębie lasów. Zjadł z nimi suto zakrapianą kolację. W końcu ich opuścił i ruszył pieszo do zajazdu, w którym się zatrzymał, ale był tak pijany, że położył się na torach kolejowych i zasnął. Obudził się następnego dnia w szpitalu w Onsong bez ręki i nogi, nie mając pojęcia, jak się tam znalazł. Powiedziano mu, że gdy spał, przejechał go pociąg i że przeżył tylko dzięki dróżnikowi, który go znalazł i odtransportował do lekarza.

Dziadek Byeon został w Korei Północnej na leczeniu. Stracił całą rękę, ale kikut nogi był dość długi, by umocować drewnianą protezę. Nauczył się z nią chodzić bez kul inwalidzkich. Doszedł do siebie, gdy wojna koreańska już się kończyła. Utrata ręki i nogi mogła w gruncie rzeczy uratować mu życie, bo prawie na pewno trafiłby do wojska i wziął udział w walkach, które pochłonęły przeszło trzy miliony istnień ludzkich.

Stany Zjednoczone zrzuciły na Koreę Północną więcej bomb niż w trakcie całej kampanii na Pacyfiku podczas drugiej wojny światowej. Lotnictwo amerykańskie bombardowało każde miasto, dopóki nie zniknęły wszystkie większe budynki warte zniszczenia. Później bombardowano tamy, by zatopić pola uprawne. Szkody były niewyobrażalne i nikt nie wie, ile milionów cywili zginęło od bomb lub zostało okaleczonych.

Po wojnie rząd północnokoreański stworzył ośrodki opieki nad inwalidami, którzy nie mieli rodzin mogących się nimi zająć. W jednym z takich ośrodków w Onsong dziadek poznał przyszłą żonę, Hwang Ok Soon. Była sierotą z wioski leżącej obecnie w Korei Południowej, a jej ojciec należał do partyzantki walczącej z Japończykami w czasach kolonialnych. Kiedy miała dziesięć lat, został aresztowany i słuch o nim zaginął. Babcia Hwang, opuszczona przez rodzinę, zaczęła pracować jako robotnica rolna w Tumen w Chinach, będącym częścią imperium japońskiego.

Wróciła do rodzinnego kraju po kapitulacji Japonii, gdy Korea odzyskała niepodległość. W czasie podziału Korei mieszkała niestety na komunistycznej Północy. W 1952 roku pracowała w fabryce amunicji w portowym mieście Czhongdzin nad Morzem Japońskim i podczas nalotu bombowego została ranna w nogę, którą musiano amputować.

Wysłano ją do ośrodka opieki nad inwalidami, by wyzdrowiała i zaczęła się posługiwać drewnianą nogą. Była ciągle młoda i niezamężna, ale wydawało się mało prawdopodobne, by zechciał ją poślubić zdrowy mężczyzna. Liczyła na to, że znajdzie męża znajdującego się w podobnej sytuacji. Dziadek Byeon miał podobną koncepcję, bo odwiedzał ośrodki opieki w północnej części kraju i szukał kandydatki na żonę. Babcia opowiadała mi, że zauważyła go idącego korytarzem i ogarnęło ją współczucie. Ten mężczyzna źle wygląda, pomyślała. Nigdy nie znajdzie żony, jeśli za niego nie wyjdę.

Wzięli ślub tuż po zakończeniu wojny i babcia pojechała z dziadkiem pięćset kilometrów na północ, do jego domu w Hunchun w Chinach. W 1956 roku zaszła w ciążę i urodziła starszą siostrę mojej matki. Była nieszczęśliwa i tęskniła za Koreą. Chociaż spędziła jakiś czas w Chinach, nigdy nie nauczyła się mówić po chińsku. Bardzo brakowało jej owoców morza, zwłaszcza ośmiornic przyrządzanych według przepisów z Czhongdzin. W końcu nie mogła dłużej wytrzymać, postanowiła opuścić męża i szukać ośmiornic. Bywała niezwykle emocjonalna i odznaczała się żelazną wolą. Kiedy podjęła jakąś decyzję, nikt nie mógł jej skłonić do zmiany zdania. Dziadek nie miał wyboru i musiał pojechać razem z nią.

Czhongdzin było niegdyś małą wioską rybacką, ale Japończycy przekształcili ją w ruchliwy port, a władze północnokoreańskie odbudowały zniszczoną infrastrukturę. Dziadkowie zgadzali się, że Czhongdzin, duży ośrodek przemysłowy i baza wojskowa, nie jest dobrym miejscem do wychowywania dzieci. Oboje byli lojalnymi zwolennikami Kim Ir Sena i uważali, że mieszkańcy terenów przygranicznych mają kapitalistyczną mentalność. Nie chcieli, by ich dzieci stykały się z przemytnikami i innymi przestępcami.

Pojechali koleją na południe w głąb kraju, by znaleźć miejsce, gdzie mogliby się osiedlić. W ten sposób rodzina mojej matki zamieszkała w Kowon, niewielkim mieście rolniczym w delcie rzeki otoczonej górami. Były tam pola ryżowe i sady, a dzieciom nie groziła demoralizacja, jak w ruchliwych miastach na pograniczu Chin. Mogliby być tam szczęśliwi, lecz przybyli do Kowon w okresie, gdy Kim Ir Sen zaczął oczyszczać Koreę Północną z wrogów klasowych. Badano przeszłość wszystkich obywateli, by sprawdzić, czy są lojalni, i przypisać im odpowiedni *songbun*. Niestety, dziadek odpowiadał szczerze na pytania przesłuchującego i wyznał, że jego ojciec miał ziemię w Onsong. Od tej pory miał zły *songbun*; nie mógł wstąpić do partii ani niczego w życiu osiągnąć. Skierowano go do pracy w fabryce guzików.

W 1957 roku urodziła się w Kowon starsza siostra mojej matki, a po niej przyszło na świat jeszcze troje dzieci – dwóch chłopców i moja matka, najmłodsza, urodzona 16 czerwca 1966 roku. Wszyscy wyrośli na wiernych zwolenników reżimu, podobnie jak ich rodzice.

Matka była znakomitą uczennicą, miała talent do śpiewu, grała na akordeonie i gitarze. W północnokoreańskich filmach propagandowych często pojawiają się piękne kobiety ubrane w tradycyjny *hanbok* – kolorową suknię związaną wysoko w talii nadającą im wygląd kwiatów unoszących się w powietrzu – i śpiewają wysokimi głosami smutne pieśni, które doprowadzają publiczność do łez. Moja matka była w tym świetna.

Jako dziewczynka marzyła o karierze zawodowej śpiewaczki, ale nauczyciele uważali, że powinna wstąpić na uniwersytet. Ojciec również starał się ją odwieść od pomysłu zostania artystką. Skupiła się na nauce i wkuwała na pamięć wiersze ku czci Wielkiego Przywódcy i jego syna, Kim Dzong Ila, który miał zostać jego następcą.

Koreanki z Północy o jej statusie rzadko zdobywają wyższe wykształcenie. Matka jednak miała tak znakomite wyniki w nauce, że przyjęto ją na studia w pobliskim mieście Hamhyng. Gdyby mogła wybierać, chciałaby zostać lekarką. Ale tylko dzieci z lepszych rodzin miały wpływ na wybór kierunku studiów. Kierownictwo szkoły postanowiło, że powinna studiować chemię nieorganiczną, i tak się stało. Kiedy uzyskała dyplom, partia wysłała ją z powrotem do Kowon, do miejscowej fabryki chemicznej. Początkowo pracowała jako niskiej rangi asystentka przygotowująca składniki substancji zapachowych dodawanych do mydła i pasty do zębów. Kilka miesięcy później pozwolono jej przejść na lepszą posadę w innej fabryce, która produkowała ubrania na eksport do Związku Sowieckiego.

Mimo rozczarowań nigdy nie kwestionowała prawa reżimu do kontrolowania swojego życia. W odróżnieniu od Koreańczyków z Północy mieszkających w pobliżu granic nigdy nie stykała się ze światem ani zagranicznymi ideami. Wiedziała tylko to, czego nauczył ją reżim, i pozostała dumną, czystą rewolucjonistką. A ponieważ miała duszę poetki, czuła ogromny emocjonalny związek z oficjalną propagandą. Szczerze wierzyła, że Korea Północna to centrum świata i że Kim Ir Sen oraz Kim Dzong Il dysponują nadprzyrodzonymi zdolnościami. Uważała, że Kim Ir Sen każe słońcu wschodzić i że kiedy Kim Dzong Il urodził się w chacie na świętej górze Paektu (w rzeczywistości urodził się w Rosji), na niebie pojawiła się podwójna tęcza i nowa, jasna gwiazda. Przeszła takie pranie mózgu, że po śmierci Kim Ir Sena wpadła w panikę. Czuła się tak, jakby umarł Bóg. W jaki sposób ziemia może dalej wirować wokół własnej osi? – zastanawiała się. Prawa fizyki, których uczyła się na studiach, były mniej ważne od propagandy wbijanej jej do głowy przez całe życie. Dopiero po wielu latach zrozumiała, że Kim Ir Sen i Kim Dzong Il to po prostu ludzie, którzy naśladowali Józefa Stalina, swój wzorzec osobowy, i zmusili ludzi, by ich czcili niczym bóstwa.

Latem 1989 roku, gdy matka poznała ojca, w dalszym ciągu mieszkała w rodzinnym domu i pracowała w fabryce odzieżowej. Kiedy ojciec przyjeżdżał do Kowon prowadzić interesy na czarnym rynku, zatrzymywał się u jej brata, Min Sika. Ponieważ Min Sik również mieszkał z rodzicami, ojciec i matka dość często się widywali, ale nie rozmawiali ze sobą i wymieniali tylko uprzejme powitania.

W owym czasie w Korei Północnej nie istniały „randki". W naszej kulturze zawsze panowały niezwykle konserwatywne poglądy na relacje między mężczyznami a kobietami. Ludzie wychowani na Zachodzie mogą myśleć, że romansowanie jest czymś naturalnym, ale to nieprawda. Człowiek uczy się tego z książek i filmów albo na podstawie obserwacji. Kiedy moi rodzice byli młodzi, nie mieli takich wzorców. Nie potrafili nawet mówić o swoich uczuciach. Musieli się domyślać, co czuje ukochany, na podstawie wyrazu oczu albo tonu głosu. Najbardziej śmiałym gestem było potajemne trzymanie się za ręce.

Nie wiem, co myślał ojciec, gdy poznał matkę, lecz z pewnością wyglądała pięknie. Była smukła, miała silne ramiona, wysokie kości policzkowe i ładną, bladą twarz. Odznaczała się inteligencją i silną wolą, co z pewnością fascynowało ojca.

On sam nie zrobił na niej wielkiego wrażenia. Wyglądał przeciętnie i nie był zbyt wysoki. Ale Min Sik powiedział matce, że ojciec jest wystarczająco zdolny, by zapewnić byt rodzinie. O ludziach takich jak mój ojciec mówi się, że „przeżyliby nawet na gołej skale", co oznacza, że są zaradni i odporni niezależnie od okoliczności.

Zgodnie z tradycją małżeństwo zostało uzgodnione przez rodziny.

Mój dziadek Park pojechał z ojcem w podróż handlową do Kowon. Doszli do wniosku, że bezpieczniej jest podzielić towar między siebie, bo gdyby ich przeszukano, żaden nie miałby przy sobie zbyt dużo papierosów lub pieniędzy. Kiedy przybyli bezpiecznie na miejsce, zatrzymali się u Min Sika i jego rodziny.

Dziadek Park szybko zauważył, że matka wymienia znaczące spojrzenia z jego synem. Usiadł z moją babką, by omówić sprawę małżeństwa. Rodziny mojego ojca i mojej matki uważały, że młodzi dobrze do siebie pasują, ponieważ oboje mieli zły *songbun*. Jak mawiają Koreańczycy, jaskółkę trzeba kojarzyć z jaskółką, a srokę ze sroką. Kiedy dobito targu, Jin Sik i Keum Sook dowiedzieli się, że są zaręczeni. Koniec historii.

Wesele miało bardzo tradycyjny charakter. Moja matka włożyła tradycyjny *hanbok,* a ojciec przybył do domu jej rodziców, gdzie przygotowano wielki stół z jedzeniem dla najbliższej rodziny i przyjaciół. Później matka pojechała pociągiem do Hiesan na podobne przyjęcie w domu ojca. Nie było żadnej oficjalnej ceremonii. Rodzice po prostu poszli z dowodami osobistymi na komisariat policji i zarejestrowali małżeństwo. To wszystko.

Jest jeszcze jedno koreańskie przysłowie: „Nitka podąża za igłą". Zwykle mężczyzna jest igłą, a kobieta nitką, więc kobieta przeprowadza się do domu męża. Nie przyjmuje jego nazwiska. Dla wielu kobiet to jedyny przejaw niezależności w życiu.

Rozdział czwarty

Krwawe łzy

W pierwszych latach małżeństwa moim rodzicom dobrze się powodziło. Wprowadzili się do niewielkiego domu obok stacji kolejowej, przydzielonego przez wojsko mojemu dziadkowi, gdy przeszedł na emeryturę. Budynek był bardzo zaniedbany, ale ojciec zaczął go remontować dla rozrastającej się rodziny. Mama prawie natychmiast zaszła w pierwszą ciążę; moja siostra Eunmi przyszła na świat w styczniu 1991 roku.

Ojciec odszedł z odlewni i znalazł inną pracę, dzięki czemu mógł teraz opuszczać biuro nawet na kilka dni z rzędu i zajmować się handlem. Oprócz papierosów kupował na czarnym rynku w Hiesan cukier, ryż i inne towary, po czym jeździł po całym kraju i sprzedawał je z zyskiem. Kiedy handlował w Wonsan, porcie nad Morzem Japońskim, przywoził suszone węgorze piaskowe – maleńkie, cienkie rybki, które Koreańczycy uwielbiają jeść jako przystawkę. Sprzedawał je z dużym zyskiem w naszej prowincji, położonej daleko od morza, i było na nie mnóstwo chętnych.

Matka mieszkała przez całe życie w centralnych rejonach kraju, z dala od wpływów zewnętrznych, więc nic nie wiedziała o czarnym rynku. Nie rozumiała nawet, na czym polega prowadzenie interesów. Całkowicie się to zmieniło w latach dziewięćdziesiątych, gdy katastrofa gospodarcza sprawiła, że wszyscy mieszkańcy Korei Północnej zaczęli handlować, by przeżyć. Wcześniej Koreańczycy z Północy gardzili kapitalizmem, a większość ludzi uważała, że wspominanie o pieniądzach w czasie kulturalnej rozmowy to oznaka złego wychowania.

Teraz została żoną człowieka, który zarabiał na życie, zajmując się handlem. Musiała się do tego przyzwyczaić. Ale podobnie jak wielu lojalnych Koreańczyków z Północy, potrafiła oddzielić ideologię od codziennego życia i nie dostrzegać dzielących je sprzeczności. Nauczyła się umiejętnie prowadzić handel. Z początku mogło jej się to wydawać nienaturalne, ale w końcu zrozumiała, że ojciec jest bardziej bystry i zdolny od innych ludzi, więc podążyła za jego przykładem. Wkrótce po ślubie zaczęła mu pomagać w handlu produktami w Hiesan, zarówno legalnie, jak i na czarnym rynku.

Chociaż rodzicom powodziło się lepiej od większości sąsiadów, nigdy nie należeli do tak zwanej elity – źródłem prawdziwego bogactwa były kontakty z wysoko postawionymi członkami władz. Jednak rodzice mogli sobie pozwolić na wakacyjny wyjazd do pełnej pomników stolicy Korei Północnej, Pjongjangu. Eunmi była wtedy dzieckiem, a moja matka ubierała się w modne sukienki przemycane z Chin. Uwielbiała markowe torebki (chociaż były to tylko chińskie podróbki), japońskie bluzki i dobre kosmetyki. Wiele lat później, po naszej ucieczce, żartowałam, że stała się Paris Hilton Korei Północnej. Jednak nigdy nie zachowywała się ekstrawagancko, miała po prostu doskonałe wyczucie stylu.

Mimo zamożności matka nigdy nie przestała pracować i nic nie było dla niej za trudne. Rąbała drewno nawet w zaawansowanej ciąży, gdy miała urodzić Eunmi. Lekarze mówili, że właśnie dlatego urodziła dziecko w ósmym miesiącu. Uważamy, że ja również jestem wcześniaczką urodzoną jeszcze bardziej przed czasem, bo matka w siódmym miesiącu ciąży dźwigała węgiel kładką nad torami kolejowymi w Hiesan.

Przenoszenie węgla stanowiło część nielegalnej działalności mojego dziadka Parka. Straciwszy posadę w sklepie dla wojskowych, znalazł pracę jako dozorca w jednostce wojskowej w Hiesan. Znajdowało się w niej składowisko węgla i pozwalał rodzicom go kraść. Zakradali się w środku nocy i nieśli węgiel na plecach przez ciemne miasto. Była to ciężka praca i musieli iść szybko, bo gdyby schwytali ich niewłaściwi policjanci – tacy, których nie dałoby się przekupić – mogliby zostać aresztowani. Pewnej nocy na kładce matka poczuła silne bóle i następnego dnia urodziła dziecko wielkości kurczaka: mnie.

Korea Północna uważa, że dziadek Park i rodzice byli przestępcami. Ojciec zajmował się handlem w celu osiągnięcia zysku; w innych krajach tacy ludzie są po prostu nazywani biznesmenami. Przekupywał urzędników – których pobory nie wystarczały na wyżywienie rodzin – by swobodnie podróżować po kraju. Mój dziadek i rodzice kradli mienie należące do państwa, to prawda, jednak państwo ukradło wszystko narodowi. Pozbawiło go wolności.

Jak się okazało, rodzice po prostu wyprzedzili swoją epokę. W 1993 roku, gdy się urodziłam, scentralizowana gospodarka leżała w gruzach, a korupcja, łapówkarstwo, kradzież i kapitalistyczny handel stały się w Korei Północnej normą. Po zakończeniu kryzysu nie zmieniło się tylko jedno: brutalna, totalitarna władza reżimu.

Kiedy byłam dzieckiem, każdy kolejny miesiąc utwierdzał rodziców w przekonaniu, że życie w Korei Północnej staje się coraz trudniejsze, lecz nie wiedzieli, dlaczego tak się dzieje. W kraju nie było dostępu do zagranicznych mediów, a w gazetach pisano tylko o sukcesach reżimu albo przypisywano wszelkie problemy spiskom wrogów. A tak naprawdę chodziło po prostu o to, że komunistyczne mocarstwa, które stworzyły Koreę Północną, przestały ją finansować. Krach rozpoczął się w 1990 roku, gdy rozpadł się Związek Sowiecki i Moskwa przestała stosować „przyjazne kursy przeliczeniowe" w eksporcie do Korei Północnej. Bez dotowanych paliw i innych towarów gospodarka Korei Północnej zamarła. Władze nie były w stanie utrzymać produkcji nawozów sztucznych i nie miały paliwa do ciężarówek, by dostarczały importowane nawozy do kołchozów. Produkcja rolna drastycznie spadła. Jednocześnie Rosja prawie zupełnie wstrzymała pomoc żywnościową. Chiny pomagały jeszcze przez kilka lat, ale one również szybko się zmieniały i nawiązywały coraz ściślejsze stosunki z krajami kapitalistycznymi – na przykład z Koreą Południową i Stanami Zjednoczonymi – więc w końcu ograniczyły dotacje i zaczęły żądać twardej waluty w zamian za eksportowane towary. Korea Północna nie spłacała długów wobec banków i nie mogła od nikogo nic pożyczyć.

W chwili śmierci Kim Ir Sena w 1994 roku w północnej części kraju panował głód. Drastycznie ograniczono przydziały żywności, zresztą i te czasem w ogóle nie docierały.

Zamiast zmienić politykę i rozpocząć reformy, Korea Północna postanowiła zignorować kryzys. Reżim odmówił przyjęcia pomocy zagranicznej, nie był zainteresowany inwestycjami, kazał za to ludziom jeść dwa posiłki dziennie, by oszczędzać żywność. W swoim noworocznym orędziu w 1995 roku nowy Ukochany Przywódca, Kim Dzong Il, wezwał naród koreański do cięższej pracy. Oznajmił, że chociaż 1994 rok przyniósł

„krwawe łzy", powinniśmy powitać rok 1995 „z energią, determinacją, mając jeden wspólny cel – uczynić ojczyznę krajem bardziej zamożnym".

Niestety, problemów kraju nie dało się rozwiązać łzami i potem. Gospodarka całkowicie się załamała, a ulewne deszcze wywołały straszliwe powodzie, które zniszczyły większość zbiorów ryżu. Kim Dzong Il nazwał narodową kampanię walki z głodem Ciężkim Marszem, posługując się określeniem, którym opisywano trudy znoszone przez pokolenie jego ojca w czasie walki z japońskimi imperialistami. Tymczasem w najtrudniejszym okresie z głodu i chorób zmarł co najmniej milion Koreańczyków z Północy.

Krach gospodarczy zniszczył podstawowe więzi społeczne. Poprzednio państwo zaspokajało wszystkie potrzeby obywateli, a teraz stwierdziło, że musimy ratować się sami. Kiedy do kraju zaczęła wreszcie docierać zagraniczna pomoc żywnościowa przeznaczona dla ofiar głodu, reżim przeznaczył ją dla wojska, którego potrzeby były zawsze najważniejsze. Jedzenie docierające do władz lokalnych sprzedawano na czarnym rynku, zamiast rozdawać potrzebującym. Nagle wszyscy mieszkańcy Korei Północnej musieli nauczyć się handlować, by nie umrzeć z głodu. Reżim zdał sobie sprawę, że nie ma wyboru i musi tolerować istnienie nieoficjalnego rynku. W końcu Kim Dzong Il zezwolił na budowę stałych targowisk zarządzanych przez państwo.

Nowa rzeczywistość oznaczała katastrofę dla mojego ojca. Teraz, gdy wszyscy handlowali na targowiskach, tak zwanych jangmadangach, powstała zbyt wielka konkurencja, by mógł zarobić na życie. Tymczasem zaostrzono kary za handel na czarnym rynku. Moi rodzice bardzo starali się przystosować do nowych warunków, mieli jednak kłopoty ze sprzedawaniem towarów i popadali w coraz większe długi. Ojciec próbował prowadzić różne interesy. Matka i jej przyjaciółki przerabiały starą odzież na ubrania dla dzieci, posługując się zabytkową maszyną do szycia z napędem nożnym. Nosiłam je ja i siostra, a resztę przyjaciółki matki sprzedawały na targu.

Niektórzy ludzie mieli krewnych w Chinach i mogli się ubiegać o pozwolenie na złożenie im wizyty. Mój stryj Park Jin co najmniej raz pojechał do Chin, lecz ojciec tego nie zrobił, bo władze krzywo na to patrzyły i później uważniej przyglądałyby się jego interesom. Prawie wszyscy wyjeżdżający wracali z towarami, które sprzedawali na prowizorycznych straganach na skraju jangmadangu. Opowiadali, że w chińskich śmietnikach można znaleźć zdumiewające rzeczy – nawet ubrania w dobrym stanie. W Korei Północnej nic się nie marnowało i nie wyobrażaliśmy sobie, że można wyrzucić coś, co da się jeszcze raz wykorzystać, nawet puste plastikowe butelki i torby oraz metalowe puszki. Traktowaliśmy je jak skarby.

Dla małego dziecka istnieje tylko to, co ogląda własnymi oczyma. Życie sprowadza się do rodziców, krewnych i sąsiadów. Wydawało mi się normalne, że czasem mamy co jeść, a kiedy indziej spożywamy tylko jeden posiłek dziennie i idziemy spać głodni.

Próbując ratować nas przed katastrofą, rodzice często zostawiali mnie i siostrę w domu. Jeśli matka nie znalazła nikogo, kto mógłby się nami zająć, zakładała na drzwi metalową sztabę, byśmy były bezpieczne. Czasem wychodziła na cały dzień, aż wreszcie zachodziło słońce i w domu robiło się ciemno. Moja siostra, która bała się mroku, zaczynała płakać. „Siostro, nie płacz. *Umma* niedługo wróci" – mówiłam. Ale po pewnym czasie mnie też opuszczała odwaga i płakałyśmy razem. Kiedy słyszałyśmy głos za drzwiami, podbiegałyśmy do nich, szlochając z ulgą. Zastając nas w takim stanie po powrocie do domu, matka miała wyrzuty sumienia. Ale jeśli przynosiła trochę jedzenia, wszystko natychmiast szło w niepamięć.

W wolnym świecie dzieci marzą o tym, kim chcą zostać, gdy dorosną; zastanawiają się, jak wykorzystają swoje zdolności. Kiedy miałam cztery lub pięć lat, marzyłam tylko o jednym: kupić tyle chleba, ile chcę, i zjeść do ostatniego okruszka. Głodny człowiek myśli wyłącznie o jedzeniu. Nie rozumiałam, dlaczego matka wraca do domu z pieniędzmi i oszczędza je na później. Zamiast chleba jadłyśmy odrobinę owsianki i ziemniaków. Siostra i ja zgadzałyśmy się, że gdy dorośniemy, wydamy wszystkie pieniądze na chleb, aż najemy się do syta. Dyskutowałyśmy nawet, ile zdołamy zjeść. Eunmi mówiła, że zjadłaby wiadro chleba, a ja odpowiadałam, że dziesięć wiader. Jeśli ona mówiła, że dziesięć, wtedy odpowiadałam, że ja sto. Byłam przekonana, że mogłabym zjeść górę chleba i jeszcze nie zaspokoiłabym głodu.

Najgorsze były zimy. Nie miałyśmy bieżącej wody, a rzeka zamarzała. W mieście znajdowała się jedna publiczna pompa, z której można było nabrać wody, ale należało stać godzinami w kolejce. Pewnego dnia, gdy miałam około pięciu lat, matka musiała coś załatwić na mieście, więc zabrała mnie ze sobą i postawiła w ogonku. Była szósta rano i wciąż jeszcze było ciemno. Stałam na mrozie przez cały dzień, a matka wróciła dopiero po zmroku. Pamiętam swoje zziębnięte ręce; ciągle widzę w wyobraźni wiadro i długą kolejkę ludzi przede mną. Matka przeprosiła mnie za to, co się stało, i o nic jej nie obwiniam; musiała mnie tam zostawić. Dla matki jest to ciągle bolesna historia, która tkwi głęboko w jej sercu. Do dziś dnia ma poczucie winy, że nie potrafiła się cieszyć moim dzieciństwem, bo była zbyt zajęta zdobywaniem dla nas jedzenia.

Mimo antykapitalistycznej ideologii głoszonej przez reżim w Korei Północnej jest mnóstwo lichwiarzy, którzy bogacą się na udzielaniu pożyczek na miesięczny procent. Moi rodzice pożyczyli od nich trochę pieniędzy na dalszy handel, ale nie mogli ich spłacić po gwałtownym spadku cen na czarnym rynku; dużo ich towarów skonfiskowano lub skradziono. Każdego wieczoru podczas posiłku do domu przychodzili ludzie żądający zwrotu długów. Krzyczeli, grozili. W końcu ojciec nie mógł tego dłużej wytrzymać. Znał lepszy sposób zarabiania pieniędzy, ale był on bardzo niebezpieczny. Miał w Pjongjangu znajomego, który mógł dostarczać cenne metale – złoto, srebro, miedź, nikiel i kobalt – sprzedawane później z zyskiem Chińczykom.

Matka była przeciwna. Kiedy ojciec handlował węgorzami piaskowymi i papierosami, najgorsze, co mogło go spotkać, to utrata wszystkich zysków na łapówki albo krótki pobyt w obozie reedukacyjnym. „To jeszcze nic wielkiego, ale przemyt kradzionych metali może kosztować życie" – mówiła. Przeraziła się jeszcze bardziej, gdy ojciec powiedział, jak zamierza przewozić kontrabandę do Hiesan. Do każdego pociągu pasażerskiego w Korei Północnej doczepiano specjalny wagon towarowy, tak zwany wagon towarowy nr 9. Wagony te były przeznaczone do wyłącznego użytku Kim Dzong Ila – dostarczały mu luksusowe potrawy, owoce i cenne artykuły z różnych części Korei Północnej, przesyłano nimi również podarunki i niezbędne artykuły dla wyższych dostojników partyjnych w całym kraju. Dobra transportowane w specjalnych wagonach znajdowały się w zapieczętowanych drewnianych skrzyniach, których nie mogła otwierać nawet policja. Przeszukiwano każdą osobę wchodzącą do wagonu. Lecz ojciec znał człowieka pracującego w obsłudze specjalnych wagonów, ten zaś zgodził się przemycać w jednym z nich metale z Pjongjangu do Hiesan.

Matka długo oponowała, ale wreszcie wyraziła zgodę na plan ojca. Był to jedyny sposób, by przeżyć.

Rozdział piąty

Ukochany Przywódca

Między 1998 a 2002 rokiem mój ojciec spędzał większość czasu w Pjongjangu, zajmując się przemytem. W ciągu roku zwykle przebywał dziewięć miesięcy poza domem i z rzadka na krótko do nas wpadał, gdy wracał pociągiem do Hiesan z nowym transportem metali. Matka szybko nauczyła się prowadzić interesy na miejscu: odbierała paczki i przekazywała je przemytnikom, którzy sprzedawali je za chińską granicą.

Kiedy ojciec miał niepowodzenia w interesach, znowu cierpieliśmy nędzę i głód, ale najczęściej wszystko układało się dobrze. Przebywając w mieście, urządzał przyjęcia dla miejscowych urzędników, w tym szefów partii, którzy za łapówki przymykali oko na jego nieobecność w oficjalnej pracy. Matka gotowała duże posiłki złożone z ryżu i kimchi, piekła mięso zwane *bulgogi*, szykowała inne specjały, a ojciec napełniał wszystkim kieliszki ryżową wódką i importowanym likierem. Był znakomitym gawędziarzem z dużym poczuciem humoru. Zapadałam w sen, słuchając dźwięku jego głosu i ryków śmiechu mężczyzn siedzących przy stole.

Cieszyłam się, że mamy co jeść, że stać nas na nowe buty i mundurki szkolne.

Byłam najmniejszym dzieckiem w pierwszej klasie i na pewno nie najbystrzejszym. Wiem o tym, bo w Korei Północnej ustawia się dzieci według wzrostu i sadza w klasach w zależności od wyników testów. Nauka czytania i pisania przychodziła mi z trudem, potrzebowałam specjalnej pomocy. Myśl, że jestem jedną z najgorszych uczennic w klasie, tak mi dokuczała, że czasami po prostu nie chciałam iść do szkoły.

Cechował mnie upór, może tym większy, że wszystkie moje osiągnięcia były okupione ciężką pracą. Koniecznie chciałam nauczyć się czytać, zrozumieć skomplikowane znaki pokrywające arkusze papieru.

Kiedy ojciec przebywał w domu, czasami sadzał mnie na kolanach i czytał na głos książki dla dzieci. Uwielbiałam go słuchać, ale w Korei Północnej wszystkie książki publikuje państwo i mają one tematy polityczne. Zamiast budzących dreszcz grozy bajek ojciec czytał mi opowieści o okropnej krainie o nazwie Korea Południowa, gdzie bose, bezdomne dzieci żebrzą na ulicach. Dopiero po przyjeździe do Seulu zdałam sobie sprawę, że te książki w istocie rzeczy opisują życie w Korei Północnej. Nie zdawaliśmy sobie sprawy, że to tylko propaganda.

Kiedy w końcu nauczyłam się czytać, nie mogłam się oderwać od książek. Większość z nich opowiadała o naszych przywódcach, o ich ciężkiej pracy i poświęceniach dla narodu. Bardzo lubiłam biografię Kim Ir Sena. Opisywała ona, jak cierpiał jako młody człowiek, walcząc z japońskimi imperialistami, gdy musiał jeść żaby i spać na śniegu.

Każdy przedmiot nauczany w szkole – matematyka, nauki przyrodnicze, czytanie, muzyka – zawierał elementy propagandowe. Syn Kim Ir Sena, Ukochany Przywódca Kim Dzong Il, był niewiarygodnie lojalny wobec ojca i stanowił przykład dla uczniów. Czytaliśmy w klasie opowieści o tym, że Kim Ir Sen był tak zajęty przewodzeniem narodowi, iż musiał czytać dokumenty w czasie jazdy samochodem. Sprawiało mu to trudność, bo auto podskakiwało na wybojach. Ale młody Kim Dzong Il wysypał drogę piaskiem, by ojcu jechało się gładko i wygodnie.

Nasz Ukochany Przywódca miał nadnaturalne zdolności. Jego biografowie twierdzili, że potrafi kontrolować pogodę za pomocą myśli i w czasie trzyletnich studiów na Uniwersytecie im. Kim Ir Sena napisał tysiąc pięćset książek. Nawet jako dziecko był genialnym strategiem, a gdy uczestniczył w grach militarnych, jego drużyna zawsze wygrywała, bo za każdym razem wymyślał nowe, błyskotliwe taktyki. Opowieść ta skłoniła moich kolegów z klasy w Hiesan do organizowania gier militarnych. Ale nikt nigdy nie chciał być w drużynie amerykańskich imperialistów, ponieważ zawsze przegrywali bitwę.

W szkole śpiewaliśmy pieśń o ofiarnej pracy Kim Dzong Ila, który jeździ po kraju i udziela robotnikom mądrych rad. Śpi w samochodzie i je tylko skromne posiłki złożone z gałek ryżu. „Prosimy, prosimy, Ukochany Przywódco, odpocznij! – śpiewaliśmy przez łzy. – Wszyscy płaczemy z troski o Ciebie!"

Kult Kima propagowano za pomocą filmów fabularnych i dokumentalnych oraz programów nadawanych przez jedyną stację telewizyjną należącą do państwa. Kiedy na ekranie ukazywały się uśmiechnięte twarze przywódców, w tle rozlegała się podniosła, sentymentalna muzyka. Za każdym razem bardzo mnie wzruszała. Koreańczykom z Północy wpaja się w dzieciństwie, że powinni czcić przodków i starszych; to część naszej kultury odziedziczona po konfucjanizmie. Traktowaliśmy Kim Ir Sena jako ukochanego dziadka, a Kim Dzong Ila jako ojca.

Raz Kim Dzong Il ukazał mi się nawet we śnie. Uśmiechał się, tulił mnie i częstował cukierkami. Obudziłam się bardzo szczęśliwa i przez długi czas wspomnienie tego snu było największą radością mego życia.

Jang Jin Sung, sławny uciekinier z Korei Północnej i poeta, który pracował w północnokoreańskim biurze propagandy, nazywa to zjawisko „dyktaturą emocjonalną". W Korei Północnej rządowi nie wystarcza kontrola nad tym, gdzie człowiek chodzi, czego się uczy, gdzie pracuje i co mówi. Władze chcą panować nad ludzkimi emocjami, zmieniają ludzi w niewolników państwa, niszcząc ich indywidualność i zdolność do reagowania na sytuacje w oparciu o doświadczenie.

Ta dyktatura, zarówno emocjonalna, jak i fizyczna, obejmuje każdą dziedzinę życia. Indoktrynacja rozpoczyna się w chwili, gdy dziecko zaczyna mówić i matka zabiera je na plecach na zebrania *inminban*, w których przynajmniej raz w tygodniu muszą uczestniczyć wszyscy mieszkańcy Korei Północnej. Człowiek dowiaduje się, że jego przyjaciele są „towarzyszami" i właśnie tak powinien się do nich zwracać. Ludzie uczą się, że powinni myśleć identycznie.

Kiedy dziecko idzie do szkoły, uczy się Dziesięciu Prawideł propagowanych przez reżim, odpowiednika Dziesięciorga Przykazań. (Prawidło pierwsze: „Musimy z całych sił dążyć do zjednoczenia społeczeństwa na podstawie rewolucyjnej ideologii Wielkiego Przywódcy Towarzysza Kim Ir Sena". Prawidło drugie: „Szanuj Wielkiego Przywódcę Towarzysza Kim Ir Sena i okazuj Mu absolutną lojalność". [...] Prawidło dziesiąte: „Musimy przekazywać z pokolenia na pokolenie rewolucyjne osiągnięcia Wielkiego Przywódcy Towarzysza Kim Ir Sena, rozwijać je i wypełnić do końca"). Uczy się zasad *dżucze*, czyli narodowej samowystarczalności. I dowiaduje się, że ma śmiertelnie nienawidzić wrogów państwa.

W klasach i podręcznikach szkolnych znajdowało się mnóstwo obrazków przedstawiających groteskowych amerykańskich żołnierzy z błękitnymi oczami i wielkimi nosami; dokonywali oni egzekucji ludności cywilnej lub ginęli z rąk dzielnych koreańskich dzieci uzbrojonych w piki i bagnety. Niekiedy w czasie przerw w nauce ustawialiśmy się w szeregach, po czym kolejno biliśmy lub dźgaliśmy manekiny przebrane w amerykańskie mundury. Byłam przerażona, że Amerykanie znowu nas zaatakują i że będą mnie okrutnie torturować, aż umrę.

W drugiej klasie przerabialiśmy proste działania arytmetyczne, lecz nie w taki sposób jak w innych krajach. W Korei Północnej nawet arytmetyka jest narzędziem propagandowym. Typowe zadanie wygląda następująco: „Jeśli zabijesz jednego amerykańskiego bandytę, a twój przyjaciel dwóch, ilu amerykańskich bandytów zginie?".

Nigdy nie mogliśmy mówić po prostu „Amerykanin" – sugerowałoby to zbyt wielki szacunek. Należało używać określeń „amerykański bandyta", „jankeski diabeł" albo „jankes z wielkim nochalem". Jeśli ktoś tak nie mówił, był krytykowany za miękkość wobec wroga.

Mówiąc o Kim Ir Senie albo Kim Dzong Ilu, należało zawsze poprzedzać ich imiona tytułami albo przymiotnikami wyrażającymi nieskończoną miłość i szacunek. Pewnego dnia, gdy moja matka przygotowywała jedzenie w kuchni, wzięłam gazetę i czytałam przez dłuższy czas, aż nagle zdałam sobie sprawę, że przeczytałam tylko tytuły naszego przywódcy: „Umiłowany Towarzysz Kim Dzong Il, Sekretarz Generalny Koreańskiej Partii Pracy, Przewodniczący Narodowego Komitetu Obrony Koreańskiej Republiki Ludowo-Demokratycznej i Naczelny Dowódca Koreańskiej Armii Ludowej, oznajmił dzisiaj...".

Moim zdaniem ojciec oparł się wszechobecnej propagandzie i zachował niezależność myślenia. Matka twierdzi, że zdawał sobie sprawę, co reżim robi ze społeczeństwem. Tylko raz usłyszałam, jak narzeka, ale nie rozumiałam wtedy, co ma na myśli. Oglądaliśmy dziennik telewizyjny i jak zwykle pokazywano Kim Dzong Ila dokonującego inspekcji jakiejś jednostki wojskowej. Spiker czytał, że Ukochany Przywódca bardzo cierpi wskutek zimna, by udzielić światłych rad wiernym żołnierzom, gdy nagle ojciec warknął:

– Sukinsyn! Wyłącz telewizor!

– Uważaj, co mówisz przy dzieciach! – zasyczała wściekle matka. – Nieważne, co myślisz. Narażasz nas wszystkich na niebezpieczeństwo.

Nie miałam pojęcia, że ojciec mówi o Kim Dzong Ilu. Nie wyobrażałam sobie, by ktokolwiek mógł krytykować reżim lub przywódców narodu. Było to nie do pomyślenia.

Mój ojciec nie był jedynym człowiekiem, który zaczął myśleć inaczej.

Kilka przecznic dalej, na hałaśliwym jangmadangu, rozkwitał kapitalizm. Kilka lat wcześniej na targu pojawiało się kilka starych kobiet sprzedających słodycze i warzywa wyhodowane we własnych ogródkach. W tej chwili dach z blachy falistej przykrywał rzędy straganów, gdzie sprzedawano wszystko, od ciastek ryżowych po chińskie buty sportowe. Jeśli ktoś miał odpowiednie kontakty, mógł kupić zegarki elektroniczne i odtwarzacze DVD; handlowali nimi północnokoreańscy sprzedawcy działający w szarej strefie między legalnym a nielegalnym rynkiem.

Przemytnicy szmuglujący towary z Chin mieszkali w niskich domach za rynkiem, wzdłuż brzegu rzeki. Poznałam dobrze tę okolicę. Kiedy ojciec był w mieście z metalami z Pjongjangu, chował je czasami w moim małym tornistrze szkolnym, a potem niósł mnie na barana z naszego domu do budy jednego z przemytników. Stamtąd ktoś zanosił paczkę do chińskich handlarzy po drugiej stronie rzeki Jalu. Przemytnicy czasem przechodzili na drugi brzeg, w bród albo po lodzie, a niekiedy spotykali się ze swoimi chińskimi odpowiednikami w połowie drogi. Robili to w nocy, dając sobie znaki latarkami. Było ich tak wielu, że każdy stosował specjalny szyfr – jeden, dwa, trzy błyski – by się nie pomylić.

Żołnierze pilnujący granicy uczestniczyli w przemycie i zawsze pobierali swoją dolę. Chociaż władze przymykały oczy na nielegalny handel, istniało wiele rzeczy, których nie wolno było kupować lub sprzedawać. Złamanie przepisów mogło mieć fatalne konsekwencje.

W Korei Północnej przeprowadza się publiczne egzekucje mające umacniać lojalność społeczeństwa wobec reżimu i uświadamiać skutki nieposłuszeństwa. Kiedy byłam mała, na rynku w Hiesan przeprowadzono egzekucję młodego człowieka, który zabił i zjadł wołu. Jedzenie wołowiny bez specjalnego zezwolenia to przestępstwo. Woły stanowią własność państwa i są zbyt cenne, by stanowić pokarm; wykorzystuje się je do orki i jako zwierzęta pociągowe. Każdy, kto zabija wołu, kradnie własność państwową.

Młody człowiek popełnił kilka drobnych przestępstw, jednak najpoważniejsze polegało na zabiciu zwierzęcia. Chorował na gruźlicę i nie miał co jeść, ale policji to nie obchodziło. Egzekucję ogłoszono w całym mieście, po czym skazańca przyprowadzono na rynek i przywiązano do grubego słupa sznurami biegnącymi na wysokości piersi, kolan i kostek. Stanęło przed nim trzech żołnierzy i zaczęło strzelać z karabinów. Próbowali przestrzelić sznury, co zajęło dużo czasu. W końcu im się udało i martwy mężczyzna osunął się na ziemię. Moja matka spoglądała z przerażeniem, jak zabierają zwłoki, wsadzają do worka i wywożą na ciężarówce. Zamarła ze zgrozy i przez pewien czas nie mogła się poruszyć. Nie potrafiła uwierzyć, że w jej własnym kraju życie ludzkie jest mniej warte od życia zwierzęcia. Nawet pies byłby traktowany z większym szacunkiem.

W Korei Północnej istnieje niezliczona lista przestępstw. Władze obsesyjnie pilnują, by na teren kraju nie przedostały się skażone idee, toteż wszystkie zagraniczne media są całkowicie zabronione. Chociaż wiele rodzin ma telewizory, radia i odtwarzacze wideo, wolno oglądać tylko państwowe programy informacyjne i filmy propagandowe, które są niewiarygodnie nudne. Istnieje ogromne zapotrzebowanie na zagraniczne filmy i południowokoreańskie seriale telewizyjne, choć nigdy nie wiadomo, kiedy policja może zrobić nalot, szukając zagranicznych filmów. Najpierw wyłącza elektryczność (jeśli, rzecz jasna, prąd w ogóle jest), by kasety wideo lub płyty DVD zostały uwięzione w odtwarzaczach, a następnie wpada do domu. Oczywiście ludzie nauczyli się radzić sobie z tym problemem: mają dwa odtwarzacze i jeśli słyszą, że zbliża się ekipa policyjna, szybko je zamieniają. Za przemyt lub dystrybucję nielegalnych filmów wideo grozi surowa kara. Zdarzały się przypadki rozstrzelania przez pluton egzekucyjny – w celu zastraszenia społeczeństwa.

Radia i telewizory trafiają do odbiorców szczelnie zamknięte, zaplombowane i nastawione fabrycznie na odbiór państwowych stacji radiowych i telewizyjnych. Jeśli ktoś próbuje w nich grzebać, może zostać aresztowany i wysłany na reedukację do obozu pracy, jednak wielu ludzi i tak to robi. Na terenach przygranicznych można czasami odbierać chińską telewizję. Najbardziej interesowały mnie reklamy jedzenia, egzotycznych przysmaków, jak mleko i ciasteczka. W Korei Północnej nigdy nie piliśmy mleka! Dopiero po ucieczce dowiedziałyśmy się, że mleko pochodzi od krów. Patrząc na te niewiarygodne rzeczy, ja i moje przyjaciółki rozumiałyśmy, że Chińczycy są bogatsi, ale nigdy nie przyszło nam do głowy, że nasze życie mogłoby być inne.

Często słyszę pytanie, dlaczego Koreańczycy z Północy ryzykują pójście do więzienia, oglądając chińskie reklamy, południowokoreańskie opery mydlane lub stare zawody wrestlingowe. Moim zdaniem dlatego, że w Korei Północnej życie jest ponure i bezbarwne, a ludzie udręczeni, więc rozpaczliwie szukają jakiejkolwiek ucieczki. Kiedy ktoś ogląda film, spędza dwie godziny w krainie wyobraźni. Wraca odświeżony, zapomniawszy na chwilę o codziennych kłopotach.

Mój stryj Park miał odtwarzacz wideo i jako mała dziewczynka chodziłam do jego domu oglądać hollywoodzkie filmy. Żona stryja zasłaniała okna i zabraniała komukolwiek o tym mówić. Uwielbiałam *Kopciuszka*, *Królewnę Śnieżkę* i filmy z Jamesem Bondem. Kiedy miałam siedem lub osiem lat, pojawił się film, który zmienił moje życie: *Titanic*. Byłam zdumiona, że to opowieść sprzed stu lat. Ludzie żyjący w 1912 roku mieli lepszą technologię od większości Koreańczyków z Północy! Ale przede wszystkim nie mogłam uwierzyć, że ktoś nakręcił film o takiej wyuzdanej historii miłosnej. W Korei Północnej autorzy zostaliby rozstrzelani. Nie wolno pokazywać żadnych prawdziwych historii o ludziach, wyłącznie propagandę o Przywódcy. W *Titanicu* bohaterowie mówili o miłości i człowieczeństwie. Byłam zdumiona, że Leonardo DiCaprio i Kate Winslet chcą umrzeć w imię miłości, a nie dla reżimu. Zafascynowała mnie idea, że ludzie mogą kształtować własny los. Piracka kopia hollywoodzkiego filmu pozwoliła mi po raz pierwszy poznać smak wolności.

Chociaż filmy przemycane z zagranicy pozwalały mi ujrzeć cząstkę zupełnie innego świata, nigdy nie wyobrażałam sobie, że mogłabym żyć jak ich bohaterowie. Nie patrzyłam na ludzi pojawiających się na ekranie jak na prawdziwe osoby; nie zazdrościłam im. Wtłaczana nam do głów propaganda uodporniła mnie na wiedzę, która mogłaby mieć związek z moim życiem. Znieczuliła mnie również na cierpienia otaczających mnie ludzi, gdy klęska głodu zbierała straszliwe żniwo.

Mieszkańcy Korei Północnej cały czas myślą dwutorowo: w ich głowach biegną jednocześnie dwie narracje. Pierwsza to oficjalna interpretacja bieżących wydarzeń, druga to rzeczy widziane na własne oczy. Dopiero po ucieczce z Korei Północnej i przeczytaniu *Roku 1984* George'a Orwella poznałam termin opisujący ten szczególny stan: dwójmyślenie. Chodzi o to, by nauczyć się jednocześnie wierzyć w dwa sprzeczne poglądy – i nie zwariować.

Dwójmyślenie sprawia, że rankiem można wykrzykiwać slogany potępiające kapitalizm, a po południu iść na targ i kupować kosmetyki przemycane z Korei Południowej.

Dzięki dwójmyśleniu można wierzyć, że Korea Północna jest socjalistycznym rajem, najlepszym krajem na świecie pełnym szczęśliwych, pozbawionych trosk ludzi, a jednocześnie oglądać filmy i programy telewizyjne pokazujące zwykłych obywateli wrogich krajów żyjących w niewyobrażalnym dobrobycie.

Dzięki dwójmyśleniu można oglądać w Hiesan filmy propagandowe pokazujące wydajne fabryki, domy towarowe wypełnione żywnością i przyzwoicie ubranych ludzi w wesołych miasteczkach i wierzyć, że nie są to obrazy z innej planety.

Dzięki dwójmyśleniu można powtarzać w szkole hasło: „Dzieci to skarb narodu", a później wracać do domu obok sierocińca, z którego smutno spoglądają wychudzone dzieci z brzuchami wzdętymi z głodu.

Może gdzieś w głębi serca czułam, że coś jest nie tak. Ale my, Koreańczycy z Północy, jesteśmy mistrzami kłamstwa, nawet wobec siebie. Zamarznięte niemowlęta pozostawione w zaułkach przez zagłodzone matki nie pasowały do mojego światopoglądu, więc nie potrafiłam przetworzyć tego, co widziałam. Codziennie widziałam trupy leżące na stosach śmieci i płynące w dół rzeki, słyszałam głosy obcych ludzi wołających o pomoc, lecz nie reagowałam.

Są obrazy, których nigdy nie zapomnę. Pewnego dnia późnym popołudniem ja i siostra znalazłyśmy obok stawu zwłoki młodego człowieka. Ludzie chodzili tam po wodę; prawdopodobnie doczołgał się do brzegu, by się napić. Był nagi, miał otwarte oczy i usta, a na jego twarzy malowało się straszliwe cierpienie. Widziałam już wiele trupów, ale ten był najstraszniejszy, najbardziej przerażający ze wszystkich, ponieważ z brzucha wylewały mu się wnętrzności – może wyszarpane przez psy. Czułam się bardzo zażenowana, gdy leżał przede mną, odarty z odzieży i godności. Nie byłam w stanie znieść jego widoku, więc chwyciłam siostrę za rękę i pobiegłyśmy do domu.

Matka starała się pomagać ludziom, jeśli mogła. Czasami do naszych drzwi pukali bezdomni włóczędzy i żebrali o jedzenie. Pamiętam młodą kobietę, która przyszła do nas z córką.

– Jest mi tak zimno, jestem taka głodna – mówiła. – Ale jeśli dacie mi jedzenie, oddam je dziecku. – Matka rozumiała jej uczucia, bo sama miała dzieci. Zaprosiła kobietę z córką do domu i podała im jedzenie na dwóch talerzach. Obserwowałam je uważnie, bo dziewczynka była prawie w moim wieku. Były bardzo grzeczne i jadły powoli, chociaż głodowały. Często się zastanawiam, czy przeżyły i czy ciągle są w Korei Północnej.

Na ulicach było tylu zrozpaczonych ludzi błagających o pomoc, że należało zapieczętować swoje serce, bo inaczej ból byłby nie do zniesienia. Po jakimś czasie człowiek przestaje się przejmować cudzymi tragediami. Właśnie tak wygląda piekło.

Prawie każdy z moich znajomych stracił w czasie głodu kogoś z rodziny. Na początku umierali najmłodsi i najstarsi. Później mężczyźni, mający mniej rezerw wewnętrznych od kobiet. Głodujący ludzie stopniowo więdną, aż w końcu przestają być odporni na choroby albo zmienia im się skład chemiczny krwi i serce przestaje bić.

Moja rodzina również cierpiała; raz powodziło nam się lepiej, raz gorzej. W 1999 roku ojciec próbował przemycać metale z Pjongjangu ciężarówkami, ale wiązały się z tym zbyt duże koszty – musiał płacić kierowcom, kupować benzynę, wręczać łapówki na wielu punktach kontrolnych, toteż w końcu stracił wszystkie pieniądze. Matka na kilka miesięcy przeniosła się ze mną i siostrą do krewnych, a tymczasem ojciec znów zaczął korzystać z pociągów i odrobił straty.

Po przyjeździe do Kowon okazało się, że rodzina mojej matki również ledwo wiąże koniec z końcem. Dziadek Byeon zmarł przed kilku laty, a moja babcia mieszkała w rodzinnym domu ze swoim starszym synem, Min Sikiem. Przebywał tam również najmłodszy syn, Jong Sik, który trafił przed laty do więzienia za kradzież mienia państwowego. Zachorował w obozie pracy na gruźlicę, która jest w Korei Północnej endemiczna. Teraz, gdy brakowało żywności, czuł się coraz gorzej i marniał w oczach.

Moja babka zapraszała do domu wiele dzieci z sąsiedztwa i jadła bardzo niewiele, by wszystkie nakarmić. Martwiła się, że jest ciężarem dla syna, choć prawie nic nie jadła i kości miała cienkie jak ptak.

Kochałam swoją drobną babcię Hwang z drewnianą nogą. Nigdy się na mnie nie gniewała, nawet gdy płakałam i naprzykrzałam się, by mnie nosiła na barana. Zawsze się do mnie uśmiechała i potrafiła cudownie gawędzić; siedziałam z nią całymi godzinami, gdy opowiadała o swoim dzieciństwie w Seulu. Opisywała piękną wyspę Dzedzu-do na południowym wybrzeżu, gdzie kobiety potrafią świetnie nurkować, wstrzymując oddech na kilka minut, i zbierają jedzenie na dnie oceanu. Byłam bardzo zaciekawiona, gdy opisała mi bezkresny, błękitny ocean i baraszkujące w nim delfiny. Nigdy nie widziałam oceanu ani nie słyszałam o czymś takim jak delfiny. Kiedyś spytałam: „Babciu, jakie jest największe zwierzę na świecie?". Odpowiedziała, że wieloryb, który wydmuchuje powietrze przez dziurę w grzbiecie, aż tryska fontanna. Nigdy nie widziałam obrazków przedstawiających wieloryby, ale wydawały się czymś, co mogłoby mi się podobać.

Większość jej opowieści pochodziła z czasów Joseon, gdy nie istniała Korea Północna ani Korea Południowa, tylko jeden kraj, jeden naród. Mówiła, że mamy tę samą kulturę i te same tradycje jak Południe. Opowiedziała mi nawet o swojej wizycie w Seulu, choć w Korei Północnej nie wolno wymawiać nazwy tego miasta. O takich złych miejscach po prostu się nie mówi. Wiedziałam o istnieniu stolicy Korei Południowej tylko z propagandowych artykułów prasowych opisujących antyimperialistyczne demonstracje organizowane przez uciemiężone masy. Jednak babcia zaszczepiła we mnie ciekawość tego miejsca, które tak głęboko kochała. „Przyjdź kiedyś na mój grób i powiedz, że Północ i Południe są zjednoczone" – rzekła.

Wizyta w Kowon okazała się smutna, ponieważ wielu ludzi umierało z głodu. Babcia zażywała dużo lekarstw, opium na starcze bóle i pigułki, które pomagały zasnąć i zapomnieć o cierpieniach otaczających ludzi. Pewnego ranka, nim wyszłam się bawić, zauważyłam, że bierze mnóstwo lekarstw, znacznie więcej niż zwykle.

– Dlaczego zażywasz tyle lekarstw, babciu? – spytałam.

Była bardzo spokojna i uśmiechnęła się do mnie.

– Babcia chce się po prostu dobrze wyspać – odpowiedziała. – Potrzebuje odpoczynku.

Po południu z domu dobiegły straszliwe krzyki. Wuj Jong Sik wołał babcię po imieniu. Kiedy wpadliśmy do środka, potrząsał nią w łóżku i szlochał:

– Obudź się! Obudź się! Odpowiedz...!

Ale leżała nieruchomo i nie słyszała nawet najgłośniejszych krzyków.

Po kilku miesiącach wuj również zmarł. Czasem ciągle słyszę jego głos, gdy krzyczy do matki, by się obudziła. To jedna z tych rzeczy, które chciałabym zapomnieć, choć wiem, że nigdy nie zdołam.

Rozdział szósty

Miasto marzeń

W 2000 roku, kiedy skończyłam siedem lat, ojcu świetnie się powodziło. Po pogrzebie babki wróciliśmy do Hiesan i wkrótce staliśmy się bogaci – przynajmniej według standardów północnokoreańskich. Jedliśmy ryż trzy razy dziennie i mięso dwa lub trzy razy w miesiącu. Mieliśmy pieniądze na wizyty u lekarzy, nowe buty, artykuły toaletowe, takie jak szampon i pasta do zębów, na które nie mogli sobie pozwolić zwykli obywatele Korei Północnej. W dalszym ciągu nie mieliśmy telefonu, samochodu ani motocykla, lecz przyjaciele i sąsiedzi uważali, że żyjemy w luksusie.

Wracając z podróży w interesach, ojciec przywoził nam mnóstwo prezentów. Kupował siostrze i mnie nowe ubrania i książki; matka dostawała perfumy i puder. Ale najbardziej ekscytującym zakupem dokonanym na czarnym rynku był pochodzący z lat osiemdziesiątych zestaw Nintendo do gier wideo.

Najbardziej lubiłam *Super Mario Bros*. Kiedy działała elektryczność, przez wiele godzin poruszałam na ekranie maleńkimi postaciami przy akompaniamencie skocznej, wesołej muzyki elektronicznej, która jeszcze dziś wywołuje na mojej twarzy uśmiech, gdy ją słyszę. Rodzice uwielbiali grać w tenisa i potrafili ostro ze sobą współzawodniczyć. Zabawnie było patrzeć, że zachowują się jak dzieci; trzymali w rękach kontrolery i głośno obrzucali się żartobliwymi wyzwiskami. Mieli również obsesję na punkcie filmów wideo przedstawiających kobiece walki zapaśnicze, które oglądali razem w ciemnym pokoju, gdy ja i siostra położyłyśmy się spać. Słyszałyśmy ich krzyki: „Wal ją mocniej!". Ulubienicą matki była ogromna blondynka, która pokonywała wszystkie rywalki. Ale nie lubiłam oglądać tych filmów z powodu ich brutalności. Wystarczało mi to, co widziałam na ulicach i w domu.

Małżeństwo rodziców było skomplikowane i pełne namiętności. Ojciec i matka szanowali się nawzajem i byli dobrymi partnerami. Potrafili razem się śmiać. Kiedy ojciec był trzeźwy, dobrze traktował matkę – po pijanemu zachowywał się zupełnie inaczej.

Społeczeństwo północnokoreańskie jest z natury brutalne i skłonne do przemocy, takie są również stosunki między mężczyznami a kobietami. Kobieta powinna słuchać ojca i męża, mężczyźni zawsze mają pierwszeństwo. Kiedy dorastałam, kobiety nie mogły siedzieć przy jednym stole z mężczyznami. W domach wielu sąsiadów i kolegów ze szkoły ojcowie mieli specjalne miseczki i łyżki. Mężowie często bili żony. Mąż jednej z naszych sąsiadek był tak brutalny, że w czasie jedzenia bała się nawet stuknąć pałeczkami do ryżu, bo mógłby ją uderzyć za robienie hałasu.

W porównaniu z innymi mężczyznami ojciec był człowiekiem oświeconym. Pozwalał matce, siostrze i mnie siedzieć ze sobą przy stole, szanował nas. Pił tylko od czasu do czasu i rzadko bił matkę. Ale czasem to robił. Nie usprawiedliwiam jego postępowania, lecz wyjaśniam uwarunkowania kulturowe – północnokoreańskich mężczyzn uczono, że są lepsi od kobiet, podobnie jak uczono ich, że mają okazywać posłuszeństwo Przywódcy.

Różnica polegała na tym, że moja matka tego nie akceptowała. W odróżnieniu od wielu Koreanek z Północy, które płakały i przepraszały, stawała do walki. Miała silny charakter, silniejszy od ojca, i nie potrafił jej okiełznać. Kiedy ich bójki wymykały się spod kontroli, wybiegałam z domu i prosiłam sąsiadów, by ich rozdzielili. Czasem się bałam, że się pozabijają.

W czasie najgorszych bójek matka niekiedy groziła, że weźmie z ojcem rozwód, ale szybko się godzili. Była naprawdę bliska odejścia od ojca dopiero wtedy, gdy w jego życiu pojawiła się inna kobieta.

Kiedy ojciec zaczął prowadzić handel w Pjongjangu, potrzebował miejsca, gdzie mógłby się zatrzymać, i kogoś, kto pomagałby mu w interesach. W stolicy mieszkała jego starsza siostra i to ona przedstawiła go samotnej kobiecie o imieniu Wan Sun, zbliżającej się do trzydziestki. Mogła pełnić rolę jego asystentki, a do tego mieszkała wraz z rodziną w dużym mieszkaniu z jednym pokojem do wynajęcia. Ojciec mieszkał tam przez dziewięć miesięcy w roku.

Jak się okazało, ich relacje nie ograniczały się tylko do wspólnych interesów, chociaż ojciec zawsze temu zaprzeczał. To, że zamożny i wpływowy mężczyzna ma kochankę, nie jest w Korei Północnej niczym nadzwyczajnym. Po pewnym czasie Wan Sun zakochała się w ojcu i zapragnęła go poślubić. Jednak najpierw musiała się pozbyć matki. Przypominało to trochę intrygę z trzeciorzędnej południowokoreańskiej opery mydlanej – i prawie się udało.

W sierpniu 2001 roku matka postanowiła pojechać na kilka miesięcy do Pjongjangu, a ojciec miał spędzić z nami trochę czasu w Hiesan. Naturalnie zatrzymała się w mieszkaniu Wan Sun; sprzedała trochę towarów na czarnym rynku i kupiła metale, by zabrać je do Hiesan. Nie wiedziała, że Wan Sun wydzwania do ojca, donosząc mu, że matka spotyka się z innymi mężczyznami. Niestety ojciec uwierzył w te kłamstwa i w czasie następnej rozmowy telefonicznej oskarżył matkę o zdradę. Nie rozumiała, dlaczego wygaduje takie rzeczy. Była tak zdenerwowana i wściekła, że zagroziła mu rozwodem.

Tym razem mówiła poważnie. Zamiast wrócić do Hiesan, pojechała następnym pociągiem do Kowon w odwiedziny do brata, Min Sika, by przemyśleć następne posunięcie.

Kiedy matka nie wróciła do domu, ojciec zrozumiał, że popełnił błąd, i był bardzo nieszczęśliwy. Zaczął codziennie pić, co nie było w jego stylu. Pewnego popołudnia, mniej więcej dwa tygodnie po wyjeździe matki do Kowon, usłyszałam pukanie do drzwi i zobaczyłam na progu nieznajomą kobietę w modnym miejskim stroju. Było to moje pierwsze spotkanie z Wan Sun. Dowiedziała się, że matka postanowiła się rozwieść z ojcem, i przyjechała pierwszym pociągiem do Hiesan. Nie miałam pojęcia, co się dzieje, ale wszystko wydawało się bardzo dziwne.

Później przeżyłam jeszcze większe zaskoczenie. W drzwiach pojawiła się głowa mojej przyjaciółki Yong Ja, która zaprosiła mnie do swojego domu, by się pobawić. Kiedy weszłam do środka, czekała tam na mnie matka. Byłam szczęśliwa, że ją widzę, i rzuciłam się jej w objęcia.

– Yeonmi-ya! Tak za tobą tęskniłam! – powiedziała.

Ciągle nie rozumiałam, dlaczego wyjechała, a później wróciła bez uprzedzenia, lecz później wyjaśniła, co się stało. Jej brat zgodził się przyjąć ją pod swój dach, gdyby rozwiodła się z ojcem – ale tylko bez dzieci. Nie mogła nas zostawić i w czasie rozstania z ojcem zaczęła sobie przypominać jego pozytywne cechy. Dlatego wróciła do Hiesan, by się pogodzić.

– Co słychać u ojca, Yeonmi? – spytała.

– Jest teraz w domu z panią z Pjongjangu – odrzekłam.

– Zostań tutaj i nie wracaj do domu, aż cię poproszę – powiedziała.

Po dotarciu do naszego domu zobaczyła Wan Sun siedzącą na macie na podłodze i rozmawiającą z ojcem. Nie wiem, kto był bardziej zaskoczony, gdy matka stanęła w drzwiach – ojciec czy jego przyjaciółka. Matka podbiegła do Wan Sun, kopnęła ją w tyłek i wrzasnęła:

– Wynoś się z mojego domu!

Wan Sun wstała i uderzyła matkę w twarz, po czym ojciec musiał powstrzymać matkę, by nie rozszarpała jej na kawałki. Powiedział Wan Sun, że powinna odejść, a matka zatrzasnęła za nią drzwi.

Był początek listopada, a chuda dziewczyna z Pjongjangu nie była przygotowana na lodowate zimno. Nosiła lekki płaszcz i cienkie, niepraktyczne buty. Stała przed naszym domem jak widmo, drżąc z zimna, i błagała, by ojciec ją wpuścił.

Tymczasem ojciec prosił matkę, by zmieniła zdanie i nie rozwodziła się z nim. W dalszym ciągu przysięgał, że nic go nie łączy z dziewczyną, która mu pomagała. Matka nie wiedziała, w co wierzyć. Ale rozumiała, że rodzina jest ważniejsza od tej kobiety, więc postanowiła zostać. Wan Sun odjechała następnym pociągiem do Pjongjangu.

Jeśli spytać kogoś na wsi w Korei Północnej: „O czym marzysz?", większość ludzi odpowiedziałaby: „Raz w życiu zobaczyć Pjongjang".

Miałam osiem lat, gdy to marzenie się spełniło.

Tylko najbardziej uprzywilejowani obywatele mogą mieszkać i pracować w stolicy. Aby odwiedzić Pjongjang, potrzeba specjalnego zezwolenia. Jednak przeciętni Koreańczycy z Północy znają Pjongjang jak własne podwórko, ponieważ w setkach książek i filmów propagandowych jest on przedstawiany jako perfekcyjne ucieleśnienie naszego socjalistycznego raju. Uważamy Pjongjang za mistyczną świątynię, pełną olbrzymich pomników, wśród których odbywają się ekscytujące uroczystości – połączenie placu Czerwonego, Jerozolimy i Disneylandu.

Ojciec od dawna przebywał poza domem, poprosił więc każdą z córek, by spędziła z nim jeden miesiąc lata. Ja miałam pojechać pierwsza. Myśl, że zobaczę ojca i miasto marzeń, była tak ekscytująca, że nie mogłam spać już na tydzień przed jego przyjazdem. Szczególnie podniecające było to, że w lecie 2002 roku Korea Północna po raz pierwszy urządziła sławny festiwal Arirang, ogromne obchody mające demonstrować potęgę wojskową i kulturalną kraju. Nie mogłam uwierzyć, że naprawdę zobaczę to wszystko na własne oczy. Opowiadałam o planowanej podróży wszystkim sąsiadkom i koleżankom z klasy. Niektórzy rodzice prosili mnie, bym nie chwaliła się przed ich dziećmi, bo one również będą chciały pojechać do Pjongjangu.

Spakowałam wszystkie najlepsze ubrania, w tym koszulkę z nadrukiem „Princess" i pantofle zapinane na pasek. Ojciec i ja odjechaliśmy rannym pociągiem do stolicy. Chociaż odległość wynosiła zaledwie trzysta sześćdziesiąt kilometrów, podróż trwała kilka dni, ponieważ pociąg stawał po drodze z powodu przerw w dostawach prądu. Wzięliśmy ze sobą jedzenie i podróżowaliśmy wagonem sypialnym, ale większość pasażerów spała na twardych ławkach. Kiedy pociąg wjechał w końcu na dworzec w Pjongjangu, powitała nas Wan Sun. W dalszym ciągu nie rozumiałam, dlaczego doszło do kłótni, gdy kilka miesięcy wcześniej odwiedziła nas w Hiesan; tak naprawdę ledwo ją pamiętałam. Ale kiedy wzięła ojca pod rękę, dziecięca intuicja podpowiedziała mi, że coś jest nie tak. Jednak to uczucie szybko minęło, gdy moją uwagę przyciągnęły oszałamiające widoki i dźwięki stolicy.

Wszystko mnie zdumiewało. Tego dnia po raz pierwszy jechałam autobusem miejskim i ze zdziwieniem spostrzegłam, że ludzie podróżują także metrem i prywatnymi samochodami. Jeszcze nigdy nie widziałam taksówki; ojciec nauczył mnie wymawiać to słowo i wyjaśnił, co to jest. Jeszcze bardziej zwariowany był nowy napój kupiony przez ojca. Był bardzo kolorowy i znajdował się w butelce, a kiedy wypiłam łyk, nie miał łagodnego smaku – poczułam w ustach pieczenie, jakby poraził mnie prąd elektryczny.

– Nie smakuje mi, *abuji* – powiedziałam. Zaczęły mi łzawić oczy.

– Daj spokój! – odparł cichym głosem. – Nie zachowuj się jak dziewczyna ze wsi! Z czasem polubisz lemoniadę. – Ale gazowany napój tak mnie przeraził, że nie chciałam go więcej pić.

Pjongjang wydawał mi się krainą z baśni. Wszyscy byli czyści i dobrze ubrani. Zgodnie z rozkazem Kim Dzong Ila kobiety musiały chodzić w sukienkach. W Hiesan wiele kobiet lekceważyło oficjalne zasady ubierania się i nosiło bardziej praktyczne luźne spodnie, ale nie w tym eleganckim mieście. Jego mieszkańcy wydawali mi się grzeczniejsi i bardziej wyrafinowani od ludzi mieszkających na dalekiej północy; mówili cichymi, uprzejmymi głosami, które brzmiały inaczej niż twardy, gardłowy akcent używany w naszych stronach.

W Pjongjangu wszystko wydawało się nowe i czyste: ogromne budynki i szerokie, nienagannie utrzymane bulwary kompletnie różniły się od zniszczonych bloków mieszkalnych, zaśmieconych zaułków i brudnych bocznic kolejowych Hiesan. W stolicy prawie nie było żebraków, z wyjątkiem gromadek dzieci nazywanych *kotjebi*, które widuje się na targach i dworcach kolejowych w całej Korei Północnej. Różnica polegała na tym, że gdy prosiły o pieniądze lub jedzenie w Pjongjangu, natychmiast pojawiali się policjanci i rozkazywali im odejść.

Ojciec przez cały czas prosił, bym trzymała go mocno za rękę. Obawiał się, że się zgubię, bo nie mogłam oderwać wzroku od otaczających nas gigantycznych gmachów. Kiedy zabrał mnie wieczorem na przejażdżkę autobusem, bym zobaczyła światła w centrum Pjongjangu, o mało nie postradałam zmysłów. W Hiesan oświetlano w nocy tylko pomnik Kim Ir Sena, a tutaj wszystkie ważne budynki jarzyły się jak pochodnie. Wszędzie wisiały transparenty propagandowe, czasem nawet neony z napisem: „Pjongjang, serce Korei". Neony znajdowały się również nad wejściami do restauracji, co zrobiło na mnie ogromne wrażenie.

Odwiedziliśmy wszystkie znane miejsca, o których czytałam lub które widziałam w telewizji. Ojciec pokazał mi sławny hotel Riugiong, złożoną ze stu czterech pięter piramidę w centrum miasta, zaprojektowaną jako najwyższy hotel na świecie, lecz nieukończoną (w dalszym ciągu taka pozostaje). Pozowałam z ojcem do fotografii przed strzelistymi fontannami w parku Mansudae na Wzgórzu Słońca, gdzie złożyłam kwiaty u stóp gigantycznego pomnika Kim Ir Sena z brązu. Wielki Przywódca uśmiechał się do ludzi z wysokości dwudziestu trzech metrów nad ogromnym placem. Był ubrany w długi płaszcz i trzymał jedną rękę w górze, jakby wskazywał narodowi drogę. Mój ojciec, zawsze skłonny do żartów, odezwał się do Wan Sun:

– Nieźle byłoby zabrać ten płaszcz i sprzedać go w Chinach, co? – Po czym dodał: – Albo chociaż jeden z butów.

Ojciec potrafił mówić zdumiewające rzeczy. Teraz rozumiem, że przypominał trochę Winstona Smitha z *Roku 1984*, człowieka, który rozumiał, jak działa propaganda Wielkiego Brata i jak naprawdę wygląda sytuacja w kraju. Ale wtedy ciągle dzieliły mnie lata od zrozumienia, że Kimowie nie są bóstwami.

W Pjongjangu wypełniały mnie podniosłe uczucia: to tu żył kiedyś Wielki Przywódca; to tu mieszkał teraz jego syn, Kim Dzong Il. Świadomość, że oddycham tym samym powietrzem, budziła we mnie dumę i poczucie wyjątkowości – i właśnie tak powinnam się czuć.

Pewnego dnia wybraliśmy się na dwugodzinną przejażdżkę statkiem do miejsca urodzenia Kim Ir Sena w Mangyongdae, lecz po drodze zmieniliśmy zdanie i poszliśmy do dobrej chińskiej restauracji w pobliżu. Jeszcze nigdy nie byłam w restauracji, w której siedzi się na krzesłach. W Hiesan można czasami coś zjeść na targu, jest kilka lokali podobnych do restauracji, ale zawsze siedzi się na ziemi. Siedzenie na krześle z oparciem wydawało mi się dziwne – do dziś dnia wolę siedzieć na podłodze, jeśli mam taką możliwość. Ale bardzo podobało mi się zamawianie różnych potraw u kelnerki, która później je przede mną stawiała. Po raz pierwszy w życiu jadłam wtedy chleb, który był miękki i delikatny, a nie czarny i twardy. W końcu poznałam smak smażonych klusek, których zapach przynosił wiatr zza rzeki w Hiesan, jednak nie byłam przyzwyczajona do przypraw i prawie zaczęłam żałować, że nie zamówiłam normalnego kimchi. Ale cienko pokrojona wieprzowina i inne chińskie dania okazały się pyszne. W przyszłości, kiedykolwiek byłam głodna, po tysiąckroć jadłam ten posiłek w wyobraźni. Żałowałam tylko, że nie zamówiłam więcej jedzenia.

Mieszkanie Wan Sun znajdowało się na dziesiątym piętrze wysokiego budynku w dzielnicy Songyo we wschodniej części Pjongjangu. Po raz pierwszy w życiu jechałam tam windą. Widywałam windy w filmach i południowokoreańskich operach mydlanych, ale czułam się bardziej przerażona niż podekscytowana. Elektryczność w budynku działała, lecz w korytarzach i windzie wyłączono światła, by oszczędzać energię. Trzymałam mocno rękę ojca, gdy weszliśmy do holu, a potem pojechaliśmy do mieszkania.

W środku było dużo okien i lamp, więc wszystko widziałam. Mieszkanie składało się z trzech sypialni, łazienki, kuchni i dużej jadalni. Ojciec i macocha Wan Sun spali w jednej sypialni, Wan Sun z dwiema młodszymi siostrami w drugiej, a ja z ojcem w trzeciej. Tak przynajmniej było w czasie mojej wizyty. Kiedy po raz pierwszy przyszliśmy do mieszkania, ojciec wyciągnął się na łóżku po długiej podróży. Wan Sun usiadła obok niego, dotykając go bokiem. Poczułam się niezręcznie, bo widziałam rodziców zachowujących się w ten sam sposób. Dlatego wcisnęłam się między nich i przytuliłam do ojca.

Niemal każdego ranka wyrywał nas ze snu głośny hymn narodowy dobiegający z odbiornika radiowego dostarczonego przez państwo. Taki odbiornik jest w każdym domu w Korei Północnej i nie można go wyłączyć. Odbiera tylko jedną stację radiową i w ten sposób reżim może indoktrynować ludzi nawet w ich własnych mieszkaniach. Rankiem nadawano wiele entuzjastycznych pieśni, jak „Silny, kwitnący naród", które przypominały nam, jakimi jesteśmy szczęśliwcami, że żyjemy w dumnym, socjalistycznym kraju. Byłam zaskoczona, że w Pjongjangu bez przerwy słychać audycje radiowe. W domu elektryczność była zwykle wyłączona, więc budziliśmy się sami.

W Pjongjangu o siódmej rano zawsze pukała do drzwi mieszkania kobieta, która krzyczała: „Wstawać! Pora sprzątania!". Była to przewodnicząca *inminban*, czyli wspólnoty mieszkańców obejmującej wszystkich lokatorów domu. W Korei Północnej każdy musi wcześnie wstawać i przez godzinę zamiatać i szorować korytarze lub porządkować otoczenie domu. Wspólne prace społeczne mają podtrzymywać rewolucyjnego ducha i zwartość społeczeństwa. Reżim chce, by ludzie byli komórkami jednego wielkiego organizmu, w którym żadna jednostka nie może istnieć samodzielnie. Zawsze musimy robić wszystko jednocześnie. W południe, kiedy radio wydaje głośny pisk – biiip! – wszyscy zaczynają jeść posiłek. Nie ma od tego ucieczki.

Kiedy mieszkańcy Pjongjangu kończą poranne sprzątanie, stają w kolejkach do autobusów i jadą do pracy. W owym czasie w północnych prowincjach do pracy chodziło mniej ludzi, bo nie było nic do roboty. Fabryki i kopalnie przestały działać; niczego nie produkowano. Nawet jeśli mężczyźni szli do swoich biur albo taśm montażowych, po prostu pili lub grali w karty. Ale w Pjongjangu wszystko wyglądało inaczej. Każdy wydawał się zajęty. Pewnego razu młodsza siostra Wan Sun zabrała mnie do fabryki, w której pracowała; wytwarzano tam gumę na opony samochodowe. Była to jedyna funkcjonująca fabryka w Korei Północnej, jaką widziałam.

W czasie swojego miesięcznego pobytu w Pjongjangu miałam inne ekscytujące przygody. Dostaliśmy bilety na kilka ogromnych przedstawień podczas festiwalu Arirang na gigantycznym Stadionie Pierwszego Maja. Byłam zachwycona spektakularnymi widowiskami, które łączyły w sobie elementy dramatu, muzyki i gimnastyki. Największe wrażenie zrobiły na mnie dzieci szkolne – było ich od trzydziestu do pięćdziesięciu tysięcy – które przez wiele miesięcy przygotowywały się do występu. Siedziały na trybunach za sceną i unosiły kolorowe kwadraty, tworząc coś w rodzaju żywego fresku: przed publicznością pojawiały się szybko zmieniające się sceny i slogany gloryfikujące reżim. Dopiero znacznie później zdałam sobie sprawę, jak męczące musiało to być dla dzieci występujących godzinami w widowisku bez najkrótszej przerwy na posiłek czy wyjście do toalety. Cóż, nauczono nas, że zaszczytem jest cierpieć dla przywódców, którzy sami tyle wycierpieli dla narodu. Gdybym mogła, z dumą dołączyłabym do tych dzieci.

Po raz pierwszy w życiu odwiedziłam również zoo, widziałam małpy, tygrysy, niedźwiedzie i słonie. Miałam wrażenie, że wkroczyłam na karty jednej z moich książek z obrazkami. Najbardziej ekscytującym zwierzęciem, jakie zobaczyłam, był paw. Nie przypuszczałam, że takie ptaki istnieją naprawdę, myślałam, że to twór wyobraźni rysownika. Ale kiedy samiec pawia rozłożył swój wspaniały ogon, o mało nie krzyknęłam. Nie wyobrażałam sobie, że w świecie, w którym żyję, może istnieć coś równie pięknego.

Mijały tygodnie i Wan Sun starała się być dla mnie szczególnie miła, więc po pewnym czasie ją polubiłam. Ojciec bardzo dobrze ją traktował. Kiedy ją poznał, chorowała na gruźlicę, pospolitą nawet wśród elity. Zadbał, by dobrze się odżywiała i brała odpowiednie lekarstwa. W czasie mojej wizyty w Pjongjangu była już prawie wyleczona. Teraz, zastanawiając się nad przeszłością, myślę, że miałam do niej żal z powodu ojca, a jednocześnie wolałam nie zauważać tego, co rzucało się w oczy. Postępowałam tak w wielu sprawach.

Kiedyś obudziłam się w środku nocy i usłyszałam głosy sprzeczających się ludzi. Ojciec nie spał w łóżku w naszym pokoju, lecz znajdował się w sypialni Wan Sun, która płakała i usiłowała go błagać.

– Dlaczego się nie rozwiedziesz? – usłyszałam jej głos. – Zaopiekuję się Yeonmi, jest mała. Eunmi może zostać z matką.

– Przestań gadać! – szepnął gniewnie ojciec. – Obudzisz ją!

Później ojciec kazał mi przyrzec, że po powrocie do Hiesan nie powiem o niczym matce.

Pod koniec mojego pobytu w Pjongjangu ojca bardzo rozbolał brzuch i postanowił się zgłosić na badania do szpitala prowadzonego przez Czerwony Krzyż. Lekarze nie potrafili ustalić, co mu dolega, poszedł więc do najnowocześniejszego szpitala w stolicy, gdzie leczą się elity. Nawet najlepsi doktorzy w kraju nie mogli zdiagnozować przyczyny bólów brzucha, toteż zrezygnował z prób poszukiwania pomocy lekarskiej i postanowił wrócić ze mną do domu.

Pojechaliśmy pociągiem do Hiesan z ostatnim transportem metali. Mijaliśmy kolejne stacje; góry stawały się strome, a krajobraz surowy i ubogi. Kiedy wyglądałam przez okno i widziałam wychudzonych wieśniaków grzebiących motykami w ziemi w poszukiwaniu ziaren zboża, jasne światła i czyste ulice Pjongjangu wydawały się snem.

Podczas postojów na stacjach za oknami pojawiały się bezdomne dzieci, *kotjebi*, stukały w szyby i żebrały. Widziałam, jak biegną, by podnieść odpadki wyrzucane przez pasażerów, nawet zapleśniałe ziarna ryżu. Ojciec martwił się, że się rozchorują, i mówił, że nie powinniśmy im dawać śmieci. Widziałam, że niektóre dzieci były w moim wieku, a wiele jeszcze młodszych. Ale nie mogę powiedzieć, bym czuła współczucie lub litość, tylko zwykłą ciekawość, że potrafią jeść zgniłą żywność. Kiedy pociąg zaczął wyjeżdżać z dworca, kilkoro z nich ciągle czepiało się poręczy, z całych sił próbując nie odpaść, i spoglądało na mnie oczyma, w których nie było ciekawości ani nawet gniewu. Widziałam w nich tylko czystą wolę życia, zwierzęcy instynkt przetrwania w sytuacji, gdy nie ma żadnej nadziei.

Zanim dotarliśmy do Hiesan, pociąg zatrzymał się nagle między stacjami. Ludzie mówili, że jedno z bezdomnych dzieci wdrapało się na dach wagonu i zginęło, dotknąwszy przewodu trakcyjnego. Opóźnienie wynikło z konieczności usunięcia ciała, czym niektórzy pasażerowie wydawali się zirytowani. Poza tym incydent nie wzbudził większego zainteresowania.

Na dworcu czekała na nas matka, a ojciec poszedł zapłacić policjantowi pilnującemu wagonu towarowego numer dziewięć i odebrać paczkę. Byłam bardzo szczęśliwa z powrotu do rodzinnego miasta; nareszcie widziałam nasz dom i ogródek ze słonecznikami. Bardzo tęskniłam za matką i nie mogłam się doczekać, kiedy opowiem jej o wszystkim, co się zdarzyło w Pjongjangu.

– Widziałaś Wieżę Dżucze, Yeonmi-ya? – spytała matka, robiąc dla mnie ciastko ryżowe. – I wszystkie pomniki?

– Tak, *Umma*! Chodziliśmy wszędzie z Wan Sun.

– Naprawdę? – odezwała się matka bardzo chłodnym tonem.

– Tak! – zawołałam. – I byliśmy w zoo!

Eunmi pojechała z ojcem do Pjongjangu, a pod koniec lata wróciła z nim do domu. Ojciec zadzwonił z Hiesan do Wan Sun i usłyszał niepokojące nowiny. Okazało się, że pomagała na boku innemu przemytnikowi z Pjongjangu, a on na nią doniósł. Policja zabrała ją na komendę, lecz uciekła w czasie przerwy w przesłuchaniu. Zaczęła się ukrywać.

Przed powrotem ojca do Pjongjangu matka ostrzegła go, by trzymał się z dala od Wan Sun. Powiedziała, że dziewczyna wpadła w tarapaty.

Ale ojciec nie posłuchał.

Rozdział siódmy

Najciemniejsze noce

Pod koniec października 2002 roku ojciec pojechał do Pjongjangu i wkrótce zebrał kolejny ładunek metali. Brakowało mu tylko sznurka i worka z grubego płótna, by zapakować paczkę do wysłania pociągiem do Hiesan. Sznurek i worki były trudne do zdobycia nawet w stolicy, lecz ojciec znał kogoś, kto zwykle potrafił je załatwić.

Ignorując przestrogi matki i własne złe przeczucia, po przyjeździe do Pjongjangu skontaktował się z Wan Sun. Najwyraźniej ciągle pomagała mu w interesach, ponieważ poszła kupić worek i sznurek, a tymczasem ojciec czekał na pobliskim rynku. Jednak nie wiedzieli, że dom jest obserwowany przez detektywów z biura prokuratora – dysponuje on własnymi wywiadowcami – prawdopodobnie wskutek donosu, że ma się tam pojawić Wan Sun, a może również ojciec.

Czekał mniej więcej godzinę, a kiedy Wan Sun nie wróciła, poszedł jej szukać. Detektywi ukryli się w pobliżu domu, ale nie aresztowali go od razu. Zamiast tego zaczęli go śledzić w nadziei, że doprowadzi ich do miejsca, gdzie ukrył skradzione metale.

Jednak kiedy zauważyli, że zamierza wsiąść do autobusu i odjechać, natychmiast do niego podbiegli.

– Nazywasz się Park Jin Sik? – spytał jeden z nich.

– Tak – odpowiedział ojciec. Chwycili go pod ręce i oznajmili, że jest aresztowany.

Później matka usiłowała zrekonstruować przebieg wypadków i dowiedziała się, że policja zatrzymała przemytnika miedzi z Pjongjangu, który wiedział o interesach ojca. Podczas przesłuchania poinformował policjantów, że potrafi wskazać dwie inne osoby kupujące kradzione metale: „grubą rybę" z Hiesan o nazwisku Park Jin Sik i współpracującą z nim kobietę z Pjongjangu. Wan Sun aresztowano jednocześnie z ojcem i skazano na sześć miesięcy pobytu w obozie reedukacyjnym. Dowiedzieliśmy się, że po odbyciu kary wyszła za mąż za dawnego oficera sił zbrojnych i miała z nim dziecko. Ucieszyłam się, że umiała się wydobyć z kłopotów. Próbowała po prostu przeżyć, podobnie jak wszyscy.

Niestety, ojciec zapłacił znacznie wyższą cenę za przestępstwa przeciwko państwu.

W listopadzie matka wróciła z poczty, płacząc i dygocąc. Nie rozumiałam dlaczego, aż usłyszałam jej rozmowę z babcią mojej przyjaciółki Yong Ja. Matka powiedziała, że próbowała zadzwonić do ojca do Pjongjangu, lecz nie odbierał telefonu. Dowiedziała się, że został aresztowany za przemyt.

Miała nadzieję, że to pomyłka, a nawet zły sen, ale zdawała sobie sprawę, że musi działać szybko. Powinna pojechać do stolicy, dowiedzieć się, gdzie trzymają ojca, i sprawdzić, czy ma dość pieniędzy, by wyciągnąć go z więzienia za łapówkę.

Rankiem, gdy matka miała jechać do Pjongjangu, usiadła ze mną i siostrą, by wytłumaczyć nam, co się stało i co się jeszcze wydarzy. Ostrzegła, że ludzie zaczną nas teraz traktować inaczej.

– Mogą mówić złe rzeczy o naszej rodzinie – powiedziała. – Ale proszę, starajcie się tym zbytnio nie przejmować. Ojciec wkrótce wróci do domu i będzie nas chronił. – Zapewniła, że nie mamy się czego wstydzić, więc powinnyśmy być wesołe i zachowywać się, jakby nic się nie stało.

Uklękła przed Eunmi i rzekła:

– Jesteś najstarsza, więc w czasie mojej nieobecności powinnaś być podporą rodziny. – Odwróciła się do mnie i powiedziała: – Yeonmi, musisz pomagać Eunmi.

Zostawiła nam worek ryżu i trochę oliwy do gotowania. Powiedziała, że przez pewien czas nie dostaniemy pieniędzy, więc nie możemy jeść tak dobrze jak przedtem. Powinnyśmy oszczędzać żywność i nie zmarnować ani ziarenka ryżu.

Odprowadziłyśmy ją na stację i przed wejściem do pociągu dała nam dwieście wonów, za co mogłyśmy kupić trochę suszonego grochu lub mąki, gdyby skończył nam się ryż. Później uścisnęła nas na pożegnanie i powiedziała:

– Postaram się jak najszybciej wrócić i przywiozę trochę jedzenia.

Długo spoglądałyśmy na odjeżdżający pociąg. Miałam zaledwie osiem lat, lecz czułam, że razem z matką odjeżdża moje dzieciństwo.

Wracając do domu, Eunmi i ja zauważyłyśmy na ulicy sprzedawcę słodyczy. Długo patrzyłyśmy na cukierki i słodycze pochodzące z Chin. Matka nigdy nie pozwalała nam jeść takich smakołyków, bo były za drogie, ale bardzo chciałyśmy ich spróbować. Niewiele myśląc, wydałyśmy wszystkie pieniądze od matki na chińskie ciasteczka i pestki słonecznika.

Matka wróciła dopiero po ponad miesiącu.

Nadeszła zima i dni stały się bardzo krótkie. Powietrze było tak zimne, że drzwi wejściowe przymarzały do framugi. Z trudem nauczyłyśmy się rozpalać ogień, by ogrzać dom i gotować jedzenie. Matka zostawiła nam trochę drewna, ale nie umiałyśmy go sprawnie rąbać. Siekiera była dla mnie za ciężka i nie miałam rękawic. Przez długi czas wyciągałam drzazgi z dłoni.

Pewnego wieczoru miałam rozpalić ogień w kuchni, ale użyłam mokrego drewna i pojawiło się dużo dymu. Eunmi i ja usiłowałyśmy złapać oddech, nie mogłyśmy otworzyć drzwi ani okien, bo zamarzły. Krzyczałyśmy i waliłyśmy w ścianę od strony sąsiada, lecz nikt nas nie słyszał. W końcu wzięłam siekierę, rozbiłam lód i otworzyłam drzwi.

To cud, że przeżyłyśmy ten straszny miesiąc. Żywność pozostawiona przez matkę szybko się skończyła i pod koniec grudnia prawie głodowałyśmy. Czasem dokarmiały nas matki przyjaciółek, ale one też przeżywały trudne czasy. Pod koniec lat dziewięćdziesiątych w Korei nie panował już głód, lecz życie w dalszym ciągu było niezwykle ciężkie. Młodsza siostra ojca, mieszkająca w Hiesan, była uboga, a stryj Park Jin gniewał się na ojca, że sprowadził na rodzinę wstyd i kłopoty, gdy został aresztowany. Bardzo to nas bolało, bo rodzice byli zawsze hojni dla stryja i jego rodziny. Teraz czułyśmy, że nie możemy prosić go o pomoc.

Próbowała się nami zajmować sąsiadka, Kim Jong Ae, która okazała się dobrą kobietą. Należała do partii i pracowała w wojskowej komendzie mobilizacyjnej, więc powodziło jej się lepiej od większości naszych znajomych. Nigdy nie zapomnę lodowatego dnia, gdy ja i siostra bawiłyśmy się na śniegu z innymi dziećmi – działo się to w czasie zimowych ferii szkolnych. Kiedy wróciłyśmy do domu o piątej po południu, było już ciemno. Nie miałyśmy światła ani jedzenia. Siedziałyśmy w milczeniu w kuchni, szykując się do kolejnej zimnej, głodnej nocy, gdy w drzwiach pojawiła się Jong Ae z miską parującego ryżu. Kiedy zamykam oczy, ciągle pamiętam niewiarygodną woń tego ryżu – chyba nigdy w życiu nie czułam piękniejszego zapachu. Nigdy nie jadłam smaczniejszego posiłku; nigdy nie byłam bardziej wdzięczna za prosty gest płynący z serca.

Pomagała nam również moja przyjaciółka Yong Ja i jej babcia. Yong Ja czasem spała w naszym domu ze mną i Eunmi, byśmy nie bały się ciemności. Pisanie tych słów sprawia mi ból, bo nie lubię sobie przypominać, jak się czułam w tych rozpaczliwych czasach. Od tamtej pory nienawidzę ciemności. Nawet teraz, gdy jestem zdenerwowana i przeżywam trudne chwile, zapalam wszystkie światła, by pokój był jak najjaśniejszy. Byłabym szczęśliwa, gdyby nigdy nie zapadała noc.

Moja siostra i ja próbowałyśmy wypełnić godziny samotności, śpiewając piosenki, którymi matka kołysała nas do snu, gdy byłyśmy małe. Pragnęłyśmy usłyszeć jej głos mówiący, że niedługo wróci, ale nie było telefonów i nie mogłyśmy do niej zadzwonić.

Kiedy pewnego dnia w styczniu matka nagle pojawiła się na progu, nie wierzyłyśmy własnym oczom. Otoczyłyśmy ją ramionami i nie chciałyśmy puścić. Wszystkie trzy płakałyśmy ze szczęścia, że ciągle żyjemy. Przywiozła trochę ryżu, mąki i suszonego grochu; byłyśmy tak głodne, że przygotowałyśmy sobie wspaniałą ucztę. Ale wiedziałyśmy, że trzeba oszczędzać jedzenie, bo matka powiedziała, że nie może zostać długo. Musiała wracać do Pjongjangu, by zarobić trochę pieniędzy i spróbować pomóc ojcu.

Historia, którą nam opowiedziała, była przerażająca. Wkrótce po przyjeździe dowiedziała się, że ojciec znajduje się w areszcie śledczym zwanym *ku ryujang*. Na początku nie zezwolono jej na widzenie, lecz później zdołała przekupić jednego ze strażników, by ją wpuścił. Ojciec był w straszliwym stanie. Powiedział matce, że policjanci torturowali go, bijąc go w jedno miejsce na nodze, aż spuchła tak, że prawie nie mógł chodzić. Nie był w stanie nawet iść do ubikacji. Później związali go w pozycji klęczącej, umieszczając drewniany kij pod kolanami, co wywoływało jeszcze okropniejszy ból. Chcieli się dowiedzieć, ile metali sprzedał przemytnikom i kto jeszcze z nim współpracował. Ale powiedział bardzo niewiele.

Później przeniesiono go do Obozu Numer Jedenaście, reedukacyjnego obozu pracy na północny zachód od Pjongjangu. W tego rodzaju obozach przebywają głównie drobni przestępcy i kobiety schwytane w czasie próby ucieczki z Korei Północnej. Jednak w niektórych z nich panują warunki równie ciężkie jak w obozach dla groźnych przestępców, a nawet więźniów politycznych. W obozach reedukacyjnych więźniowie muszą przez cały dzień pracować na polach lub w fabrykach i dostają tak mało jedzenia, że zbierają odpadki, a czasem jedzą szczury, by przeżyć. Wieczorami uczą się na pamięć przemówień przywódców albo uczestniczą w zebraniach, na których składają samokrytyki. Chociaż popełnili „przestępstwa przeciwko narodowi", reżim uważa, że można ich zresocjalizować i wypuścić na wolność, gdy okażą skruchę i przypomną sobie nauki Kim Ir Sena. Czasem więźniowie stają przed sądem, czasem nie. Matka uważała umieszczenie ojca w jednym z tych „lżejszych" obozów za dobry znak. Miała nadzieję, że wkrótce znowu będziemy razem.

Eunmi i ja poczułyśmy ogromną ulgę na widok matki. Tego wieczoru usiadłyśmy razem przy ogniu i pierwszy raz od tygodni nie czułam w nocy lęku. Następnego dnia obudziło nas walenie do drzwi. Policjanci przyszli aresztować matkę, by ją przesłuchać w sprawie przestępstw ojca. Ale kiedy zobaczyli, że ma małe dzieci, zlitowali się nad nami. Spytali, czy matka ma jakichś krewnych, którzy mogliby wziąć nas do siebie na czas przesłuchań, a ona wymieniła stryja Jina, brata ojca. Policjanci polecili przewodniczącemu naszego inminbanu, by go znalazł i przyprowadził. Po przybyciu stryja kazali mu się nami opiekować w czasie przesłuchań matki, po czym zabrali ją na komisariat.

Przez kilka następnych dni siedziała w pokoju w biurze prokuratury w Hiesan, dzień i noc spisując zeznania na temat przestępstw ojca i swoich. Co pewien czas policjant odczytywał kartki i zadawał dodatkowe pytania. W nocy zamykali pokój na klucz i odchodzili. Rankiem wracali i wznawiali przesłuchanie.

W końcu matkę zwolniono. Policja pozwoliła jej podróżować po kraju, lecz uprzedziła, że przesłuchania będą kontynuowane później.

Eunmi i ja czułyśmy wielką ulgę, że matki nie wysłano do obozu tak jak ojca. Ale kiedy przyszła do nas do stryja Jina, błagałyśmy, by pozwoliła nam mieszkać w naszym domu, gdy pojedzie do Pjongjangu próbować pomóc ojcu. Stryj i stryjenka źle nas traktowali; odnosili się do nas jak do służących i dawali nam odczuć, że nie jesteśmy mile widziane, a więc nie wiedziałyśmy, co się może zdarzyć, kiedy znów wyruszy w podróż. Poza tym już się nauczyłyśmy, jak o siebie zadbać. Matka w końcu się zgodziła.

Jeszcze dziś płaczę, przypominając sobie chwilę jej powtórnego wyjazdu. Miała na sobie beżową bluzkę; czepiałam się jej i szlochałam, nie chcąc jej puścić. Życie bez matki było takie trudne. Chciałam żyć jak inne dzieci, pragnęłam, by ktoś czekał na mnie, gdy wracam do domu, by mówił, że czas na kolację albo pora wstać. Tak bardzo za nią tęskniłam. Na początku udawała, że nowy wyjazd to nic ważnego, ale potem ona również się rozpłakała.

– Proszę, bądź dobrą dziewczynką, Yeonmi-ya – powiedziała. – Prześpisz tylko czterdzieści nocy, a ja potem wrócę do domu.

Wydawało mi się, że to bardzo długo. W ciągu następnych siedmiu miesięcy matka często przyjeżdżała i odjeżdżała. Czasem znikała na kilka tygodni. Kupowała i sprzedawała zegarki, ubrania i używane telewizory – wszystko, za co nie groziły surowe kary w razie schwytania przez policję. Ale przewożenie towarów zajmowało dużo czasu. Udało jej się zobaczyć ojca jeszcze tylko raz i żadne nie wiedziało, jak długo zostanie w obozie. Czasami po powrocie do Hiesan nie przywoziła nam jedzenia ani słodyczy. Wcześniej siostra i ja mogłybyśmy się skarżyć, ale nie teraz. Najważniejsze, że matki nie spotkało nic złego i że mogłyśmy być razem przynajmniej przez chwilę.

Tymczasem musiałyśmy rzucić szkołę. W Korei Północnej nauka jest bezpłatna, ale uczniowie muszą kupować niezbędne przybory i mundurki, szkoły oczekują też od dzieci, by przynosiły nauczycielom podarki w postaci jedzenia i innych artykułów. Nie miałyśmy pieniędzy na te rzeczy, więc nikogo nie interesowało, czy pojawiamy się w klasie. Poza tym Eunmi i ja cały swój czas poświęcałyśmy walce o przetrwanie.

Musiałyśmy schodzić do rzeki i rąbać lód, by zdobyć wodę do prania ubrań i zmywania naczyń. Codziennie jedna z nas stawała w kolejce po wodę do gotowania i picia. Jedzenie zostawiane przez matkę nigdy nie starczało na długo, dlatego byłyśmy chude i głodne.

Jak przewidywała matka, inne dzieci zaczęły się z nas wyśmiewać, bo należałyśmy do rodziny przestępców. Wszyscy mówili, że ojciec zniszczył naszą przyszłość i zostawił nas w beznadziejnej sytuacji. Nie odpowiadałyśmy na zaczepki i odchodziłyśmy z dumnymi minami, lecz wiedziałyśmy, że mówią prawdę. Aresztowanie ojca i jego usunięcie z partii przypieczętowało nasz los. Znikła nadzieja, że kiedyś znów będziemy szczęśliwą rodziną.

Po długiej, mrocznej zimie na przełomie 2002 i 2003 roku dostałam bolesnej wysypki na twarzy; krosty pękały i krwawiły pod działaniem słońca. Stale kręciło mi się w głowie i prześladowały mnie biegunki. Wiele innych dzieci cierpiało na to samo i później dowiedziałam się, że wszyscy mieliśmy pelagrę, wywołaną brakiem witaminy PP i innych substancji odżywczych. Przyczyną choroby jest głodowa dieta pozbawiona mięsa i złożona głównie z mąki; po kilku latach takiego odżywiania może nastąpić śmierć.

Po ucieczce do Korei Południowej ze zdziwieniem dowiedziałam się, że w innych częściach świata wiosenne pąki i zielone gałązki symbolizują życie i odrodzenie. W Korei Północnej wiosna to pora śmierci. W tym okresie nie ma już zapasów żywności z poprzedniego roku, a kołchozy jej nie produkują, bo trwają dopiero siewy. Wiosną najwięcej ludzi umiera z głodu. Eunmi i ja często słyszałyśmy dorosłych, którzy zauważywszy trupa na ulicy, cmokali i mówili: „Szkoda, że nie doczekał lata".

Teraz, gdy w kwietniu i maju podróżuję do Ameryki lub Anglii, mogę się cieszyć naturą i podziwiać piękno wiosennych kwiatów. Ale pamiętam czasy, gdy przeklinałam jasnozielone wzgórza i żałowałam, że kwiaty nie są zrobione z chleba albo cukru.

Wiosna miała tylko tę zaletę, że nie potrzebowałyśmy dużo chrustu do palenia w piecu i mogłyśmy chodzić na niskie wzgórza pod miastem, by jeść owady i dzikie rośliny, próbując oszukać głód. Niektóre rośliny były nawet smaczne, na przykład kwiaty dzikiej koniczyny. Eunmi najbardziej lubiła roślinę nazwaną przez nas „kocimiętką", o drobnych, miękkich liściach. Ale pewnego dnia zjadłyśmy korzeń, od którego spuchły nam języki, i nie mogłyśmy mówić co najmniej przez godzinę.

Wiele dzieci lubi ścigać ważki; zjadałam je, gdy udało mi się jakąś schwytać.

Chłopcy z sąsiedztwa mieli plastikową zapalniczkę i nauczyli mnie piec głowę ważki w płomieniu. Miała apetyczny zapach, podobny do pieczonego mięsa, i pyszny smak. W lecie piekłyśmy cykady, uważane za smakołyk. Siostra i ja spędzałyśmy niekiedy cały dzień na polach, próbując zjeść jak najwięcej owadów przed powrotem do cichego, ciemnego domu.

Pod koniec sierpnia 2003 roku matka przyjechała do Hiesan i kazała nam spakować trochę niezbędnych rzeczy. Policja skończyła ją przesłuchiwać, a ona nie mogła zostawić nas samych na następną zimę. Sprzedała dom, byśmy miały pieniądze na powrót do jej rodzinnego miasta, Kowon. Ale sprzedaż domu w Korei Północnej jest ryzykowna, bo w teorii wszystko należy do państwa. Transakcja była nielegalna i nigdzie jej nie odnotowano; nie podpisano aktu sprzedaży ani innych dokumentów. Matka i kupujący zawarli ustną umowę, wierząc, że nikt na nich nie doniesie.

Opuszczałyśmy jedyny dom, jaki kiedykolwiek miałyśmy.

Rozdział ósmy

Pieśń dla Joseon

Matka zostawiła nas u swojego brata, starego przyjaciela ojca, Min Sika, który mieszkał z żoną i dwoma synami w domu rodzinnym będącym teraz jego własnością. Min Sik pracował jako szofer w samochodowej służbie transportowej obsługującej miejscowe fabryki. Ale w Korei Północnej nikt nie jest w stanie się utrzymać z samej pensji. W 2002 roku robotnicy zarabiali średnio dwa tysiące czterysta wonów miesięcznie, czyli około dwóch dolarów amerykańskich po czarnorynkowym kursie. Nie można było za to kupić nawet pięciu kilogramów taniego zboża, a ceny stale wzrastały. Mojego wuja nie stać było na żywność dla dzieci siostry.

Ale matka miała pieniądze ze sprzedaży domu i wynajęła za nie stragan na targu dla żony Min Sika, by mogła wesprzeć rodzinę. Władze uregulowały działalność jangmadangów i wprowadziły opłaty za miejsca na targowiskach pod dachem, lecz za najlepsze i tak trzeba było dawać łapówki. Żona wuja zaczęła sprzedawać ryby i ciastka ryżowe, ale nie przynosiło to dużych dochodów. Matka oddała resztę pieniędzy bratu na przechowanie, ale szybko je wydał.

Wkrótce po naszym przyjeździe do Kowon przyjechała starsza siostra matki, Min Hee, by odwiedzić brata. Zrobiło jej się przykro, gdy zobaczyła, jak zmagamy się z biedą, i zabrała mnie ze sobą do swojej wioski, Songnam-ri, na głębokiej prowincji. Jej mąż był emerytowanym urzędnikiem państwowym i mieli dorosłe dzieci, więc uznała, że nie będę dużym ciężarem.

Dom ciotki zbudowano w tradycyjnym stylu, ze strzechą i drewnianymi belkami. Z przodu znajdował się pokryty gliną dziedziniec, na którym stał okrągły piec z cegieł do gotowania na wolnym powietrzu. Ciotka Min Hee i jej mąż byli dla mnie bardzo dobrzy, ale czułam się samotna bez siostry i matki, dlatego często płakałam. Adaptacja do życia na wsi zajęła mi dużo czasu.

We wsi rzadko działała elektryczność, więc nikt się nią nie posługiwał i mieszkańcy żyli jak w epoce przed jej wynalezieniem. W nocy chodziliśmy przy świetle księżyca lub gwiazd. Wiele kobiet nosiło na co dzień tradycyjne suknie. Otaczały nas góry, w których biły źródła czystej wody nadającej się do picia. Najbardziej wyszukanym środkiem transportu był wóz zaprzężony w woły.

W Songnam-ri zegary mieli tylko nieliczni wieśniacy, budziło nas pianie kogutów. Zwykle piały punktualnie, ale czasem się spóźniały. Kiedy milczały, wielu ludzi spało do późna. Ciotka miała mnóstwo kur i kurcząt, a moje zadanie polegało na pilnowaniu, by kurczęta nie rozdziobały złożonych jaj i by nikt ich nie ukradł.

Zajmowałam się również zmywaniem naczyń i przynosiłam drewno z lasu. Nie miałam nic przeciwko temu, bo nie byłam już osłabiona z głodu. Wcześniej tak długo głodowałam, że teraz bez przerwy jadłam. Zachowywałam się jak pisklę w gnieździe: kiedy otwierałam oczy, natychmiast zaczynałam coś jeść, a kończyłam dopiero, idąc spać. Ciotka gotowała dla mnie smaczne, proste jedzenie: potrawy z mąki, ziemniaków i papryki uprawianych w ogrodzie. Hodowała także słodkie ziemniaki, które sprzedawała na targu, ale ich nać zatrzymywała dla nas, bo była bardzo pożywna. Resztki z posiłków zjadały świnie. Koło domu znajdowała się plantacja winorośli i po raz pierwszy w życiu jadłam winogrona. Smakowały bosko.

Szybko doszłam do siebie i odzyskałam straconą wagę. Zaczęłam nawet rosnąć. Nie jestem teraz szczególnie wysoka, ale myślę, że gdybym miała w dzieciństwie dość jedzenia i nie musiała stale nosić na głowie wiader wody, byłabym o wiele wyższa!

Dorosła córka mojej ciotki była lekarką, która studiowała w szkole medycznej w Hamhyng. Kiedy mieszkałam w Songnam-ri, moja siostra cioteczna pracowała jako ginekolog i położnik w miejscowym ośrodku zdrowia. Zaręczyła się z policjantem; ich małżeństwo zostało zaaranżowane przez rodziny. Lubiłam go, bo przynosił do domu filmy wideo skonfiskowane podczas nalotów policyjnych i mogliśmy je oglądać.

Moja siostra cioteczna powinna leczyć ludzi, ale władze nie dostarczały lekarstw. W miastach pacjenci mogą czasem kupić leki na czarnym rynku, lecz w okręgach wiejskich rzadko jest to możliwe. Najbliższy *jangmadang* znajdował się w odległości ośmiu kilometrów od Songnam-ri i prowadziła tam trudna droga. Trzeba było wspiąć się na górę, a później sforsować rzekę i strumień – trasy tej nie mógł pokonać nawet wóz zaprzężony w woły. Z tego powodu wielu ludzi nie mogło zdobyć potrzebnych lekarstw w krytycznych sytuacjach. Władze zachęcały obywateli do pomysłowości, nawet lekarzy, co było częścią polityki *dżucze*, opartej na samowystarczalności, zatem ci ostatni przygotowywali tradycyjne medykamenty ziołowe, by mieć je pod ręką. Siostra cioteczna często zabierała mnie w góry na poszukiwania roślin, kory i nasion stosowanych do wyrobu preparatów leczniczych. Biegłam za nią jak uszczęśliwiony psiak, uczyłam się, które rośliny są użyteczne, które jadalne, a które trujące.

Lekarze z Songnam-ri musieli zajmować się rolnictwem. Hodowali rośliny lecznicze i uprawiali bawełnę, z której tkali własne bandaże i opatrunki. Ale wszystkiego zawsze brakowało. Nawet w szpitalach w wielkich miastach nie istnieje coś takiego jak jednorazowe środki opatrunkowe. Bandaże są prane i wykorzystywane ponownie. Pielęgniarki przechodzą z sali do sali, robiąc pacjentom zastrzyki tą samą strzykawką. Wiedzą, że to niebezpieczne, ale nie mają wyboru. Po przyjeździe do Korei Południowej byłam zdumiona, że lekarze wyrzucają akcesoria, którymi przed chwilą posługiwali się w czasie badania.

Kiedy mieszkałam w Songnam-ri, odczuwałam dziwne wzruszenie prostotą życia w tym miejscu. Nie wiem, jak to wyjaśnić, ale wszystko wydawało mi się znajome. Wysoko w górach, otoczona przez naturę, czułam się bliższa samej siebie niż kiedykolwiek przedtem. W pewien sposób przypominało to życie w dawnym Joseon, historycznym koreańskim królestwie, o którym słyszałam od babci w Kowon. Myślę, że ja również nosiłam w sobie tęsknotę za tym nieznanym miejscem, istniejącym tylko w starych pieśniach i marzeniach.

Rok spędzony na bezpiecznej wsi pozwolił mi odpocząć i wyzdrowieć. Ale nie było mi pisane pozostać tam na zawsze. Pewnego dnia na początku 2004 roku odwiedziła mnie matka ze straszliwymi nowinami. Ojca skazano w czasie tajnego procesu na ciężkie roboty w obozie dla groźnych przestępców. Myślałyśmy, że dostał siedemnaście lat, lecz później okazało się, że dziesięć. Nie miało to żadnego znaczenia, bo prawie nikt nie żył długo w tych obozach. Wszyscy o tym wiedzą, bo reżim chce, by ludzie bali się tam znaleźć. Więźniowie nie są w nich traktowani jak istoty ludzkie. Nie wolno im nawet patrzeć w oczy strażnikom, bo zwierzęta nie mogą patrzeć na twarze ludzi. Z reguły nie otrzymują zgody na widzenia z członkami rodzin; nie mogą nawet pisać listów. Spędzają całe dnie na katorżniczej pracy, karmieni wodnistym kleikiem, dlatego stale są osłabieni i głodni. W nocy śpią w ciasnych celach, stłoczeni jak sardynki. Tylko najsilniejsi odsiadują cały wyrok.

Poczułam lodowaty chłód, gdy zdałam sobie sprawę, że mogę więcej nie zobaczyć ojca. A nawet jeśli przeżyje i wyjdzie na wolność, będę już dorosłą kobietą. Czy będziemy się jeszcze znali?

Matka chciała, żebyśmy znowu były razem, więc zabrała mnie ze sobą do Kowon i przekonała brata, by pozwolił nam ze sobą zamieszkać. Zamierzała zarabiać na nasze utrzymanie.

Matka, Eunmi i ja wprowadziłyśmy się we trzy do niewielkiej przybudówki przylegającej do głównej części domu. Znajdowało się w niej wąziutkie łóżko z metalową siatką. Położyłyśmy na nim kilka desek, ale okazało się za twarde, a poza tym rozchwiane. W końcu wyniosłyśmy je na dwór i spałyśmy na podłodze. Za drzwiami, na wolnym powietrzu, znajdowała się niewielka kuchnia pod daszkiem; w czasie deszczu kapała z niego woda do patelni ustawionych na ziemi. Później wuj i kilku jego przyjaciół zbudowali ścianę, byśmy mogły stale utrzymywać ogień. Mieszkałyśmy tam przez następne dwa lata.

Kowon to miasto znacznie mniejsze niż Hiesan i ludzie są bardziej przyjacielscy. Było także mniej złodziei. W Hiesan po krachu gospodarczym rozkwitła przestępczość i musiałyśmy chować swoje rzeczy za zamkniętymi drzwiami. Suszyłyśmy ubrania w domu, bo gdybyśmy powiesiły coś na sznurku na dworze, nigdy więcej byśmy tego nie zobaczyły. Ludzie kradli wszystko, nawet psy. W Korei Północnej ludzie trzymają psy z dwóch powodów: jako strażników domu i jedzenie. Podobnie jak w wielu innych krajach Azji, psie mięso uchodzi za przysmak, choć ja za bardzo lubiłam psy, by je jeść. W ciągu dnia nasze psy były uwiązane na łańcuchach na podwórku, a w nocy zamykałyśmy je w domu, bo inaczej ktoś by je ukradł, a później sprzedał lub zjadł na kolację.

Kowon było trochę bezpieczniejszym miejscem, lecz jego mieszkańcy cierpieli rozpaczliwą biedę. Główna różnica polegała na tym, że w Kowon ludzie ciągle wszystkim się dzielili, jak w dawnych czasach. W Hiesan mogłyśmy przygotować ciastka ryżowe i zjeść je w sekrecie same albo poczęstować tylko zaprzyjaźnione sąsiadki. Ale jeśli ktoś miał ciastka ryżowe w Kowon, natychmiast pojawiali się wszyscy sąsiedzi i jedli, aż nic nie zostawało. Było to nie do uniknięcia.

Moja ciotka z Kowon była wzorowo lojalna wobec reżimu i pełniła funkcje przewodniczącej inminbanu. Raz w tygodniu odbywały się zebrania wspólnoty sąsiedzkiej; pozwalało to państwu śledzić aktywność wszystkich obywateli i ogłaszać nowe zarządzenia. W soboty spotykaliśmy się na sesjach propagandowych i składaliśmy samokrytykę. Zebrania takie były organizowane również przez kolektywy uczniowskie i pracownicze działające w szkołach i przedsiębiorstwach.

Zaczynaliśmy od przepisywania wypowiedzi Kim Ir Sena lub Kim Dzong Ila, podobnie jak w innych krajach ludzie kopiują wersety biblijne albo fragmenty Koranu. Następnie opisywaliśmy wszystko, co robiliśmy w poprzednim tygodniu. Później należało stanąć przed grupą i złożyć samokrytykę. W trakcie zebrań często zaczynałam swoje wystąpienie w następujący sposób: „W tym tygodniu nie byłam dość wdzięczna Ukochanemu Przywódcy za Jego wieczną, bezwarunkową miłość". Później mówiłam, że nie pracowałam wystarczająco pilnie, by wykonać zadania wyznaczone przez partię, że zaniedbywałam się w nauce albo nie kochałam swoich towarzyszy. To ostatnie jest bardzo ważne, ponieważ wszyscy mieszkańcy Korei Północnej są towarzyszami w walce z „amerykańskimi bandytami" lub „wściekłymi psami z Zachodu". Na zakończenie dodawałam: „Ukochany Przywódca przebaczył mi z powodu swojej dobroci i wyrozumiałości. Postaram się poprawić w przyszłym tygodniu".

Po zakończeniu wyznawania własnych grzechów przychodziła pora na krytykę innych. Zawsze zgłaszałam się na ochotnika. Byłam w tym naprawdę dobra. Wybierałam kolegę albo koleżankę z klasy; ofiara musiała wstać i uważnie wysłuchać listy swoich przewinień, na przykład: „Nie postępowała zgodnie z naukami Przywódcy" lub „Nie okazywała entuzjazmu w czasie prac społecznych". Kiedy skończyłam, skrytykowana osoba musiała mi podziękować i zapewnić wszystkich, że się poprawi. Później mnie również krytykowano. Oczywiście nie znosiłam tych przedstawień, ale nigdy tego po sobie nie pokazywałam.

Sesje samokrytyki w Hiesan bywały emocjonujące, lecz w Kowon potrafiły być brutalne. Ludzie w tej izolowanej, patriotycznej części kraju naprawdę uważali się za rewolucjonistów. Ich oddania reżimowi nie podkopał kontakt ze światem zewnętrznym. Wydawało się, że władze chcą utrzymywać ten stan rzeczy jak najdłużej.

Miałam już prawie dziesięć lat i matka zapisała mnie do miejscowego gimnazjum, chociaż opuściłam ostatnie dwa lata szkoły podstawowej. Zajęcia okazały się dla mnie bardzo trudne. Szkoły w Kowon były znacznie bardziej wymagające niż w Hiesan. Dzieciom nigdy nie pozwalano robić niczego samodzielnie. Rankiem, gdy skończyliśmy wspólne sprzątanie ulic lub czyszczenie pomników, robiliśmy zbiórkę i maszerowaliśmy do szkoły. Szliśmy w równym rytmie, śpiewając wesołe piosenki w rodzaju: „Jakże piękna jest nasza socjalistyczna ojczyzna! Jesteśmy nowym pokoleniem!". Nasz powrót do domu po zakończeniu zajęć zwykle wyglądał tak samo.

W Korei Północnej uczniowie nie tylko się uczą. Stanowią część bezpłatnej siły roboczej, która zapobiega całkowitemu krachowi gospodarczemu kraju. Zawsze musiałam nosić w tornistrze strój roboczy, bo po południu prowadzono nas czasem do pracy. Wiosną pomagaliśmy w siewach w kołchozach. Nasze zadanie polegało na oczyszczaniu pól z kamieni oraz przynoszeniu ziarna i wody. W czerwcu i lipcu odchwaszczaliśmy pola, zbieraliśmy ziarna ryżu, kłosy zboża lub strąki fasoli pozostawione przez żniwiarzy. Drobne palce dzieci doskonale sobie z tym radziły. Nienawidziłam tej pracy. Ale mówiono nam, że nie wolno tracić ani odrobiny pożywienia, kiedy ludzie głodują.

Na polach byłam szczęśliwa tylko raz, gdy znalazłam mysią dziurę, ponieważ myszy zajmowały się tym samym co my. Po rozkopaniu nory można było znaleźć kilka kilogramów ziarna lub grochu zgromadzonego na zimę. Jeśli mieliśmy szczęście, udawało się złapać również mysz. Ale ziarno znalezione na polach należało do szkoły, nie do nas. Pod koniec dnia nauczyciele zabierali wszystko, co znaleźliśmy. Nie pozwalali nam zostawić nic dla siebie; w tym celu ustawiali nas rzędem i mówili: „Pokaż kieszenie!". Wpadliśmy na pomysł zakładania ubrań roboczych na szkolne mundurki, by ukryć trochę ziarna, zabrać je do domu i zjeść.

Jednym z wielkich problemów Korei Północnej był brak nawozów sztucznych. Kiedy w latach dziewięćdziesiątych gospodarka się załamała, Związek Sowiecki przestał przysyłać nam nawozy, a nasze własne fabryki nawozów sztucznych stanęły. Nawozy przekazane przez inne kraje nie mogły dotrzeć do kołchozów, bo system transportowy również przestał działać. W tej sytuacji władze postanowiły zastąpić nawozy sztuczne miejscowym, odnawialnym substytutem: ludzkimi i zwierzęcymi odchodami. Każdy robotnik i uczeń miał normę do wykonania. Spróbujcie sobie wyobrazić, jakie problemy stworzyło to dla naszych rodzin. Każdy z domowników miał wyznaczony dzienny limit, więc kiedy wstawaliśmy rano, przypominało to małą wojnę. Najzacieklej walczyły moje ciotki.

– Pamiętaj, żeby nie robić kupy w szkole! – mówiła mi codziennie ciotka z Kowon. – Zaczekaj do powrotu do domu!

Kiedy ciotka wyjeżdżała z Songnam-ri i musiała się załatwić poza domem, głośno ubolewała, że nie zabrała ze sobą plastikowej torby, by zachować kupę.

– Następnym razem będę o tym pamiętać! – mówiła. Na szczęście nigdy tego nie zrobiła.

Wielka kampania zbierania ludzkich odchodów osiągnęła apogeum w styczniu, aby były gotowe na okres siewów. W Korei Północnej ubikacje znajdują się zwykle z dala od domu, więc należało pilnować, by sąsiedzi nie kradli w nocy ekskrementów. Niektórzy zamykali wygódki na klucz, by nie dostali się tam złodzieje kup. W szkole nauczyciele wysyłali nas na ulice, byśmy szukali odchodów i przynosili je do klasy. Kiedy zauważyliśmy załatwiającego się psa, byliśmy w siódmym niebie. Mój stryj w Kowon miał dużego psa, który robił duże kupy – i wszyscy członkowie rodziny walczyli o nie. Takich rzeczy nie widuje się na Zachodzie.

Moja matka imała się w Kowon różnych zajęć. Wykonywała masaże twarzy i tatuaże brwi dla kobiet. Handlowała na czarnym rynku kasetami wideo i telewizorami. Mimo to w dalszym ciągu nie starczało pieniędzy na ryż dla nas wszystkich. Moja siostra i ja znów zaczęłyśmy wyruszać na wieś szukać jadalnych roślin i robaków, by napełnić sobie żołądki. Nawet teraz potrafię wskazać w czasie spaceru rośliny, które smakowałyby królikom. Jednak nie przepadam za sałatkami, bo przypominają mi o tych ciężkich czasach.

Kiedy mieszkałam w Kowon, hodowałam króliki i nadawałam im pieszczotliwe imiona: „Czerwone oczko", „Czarnulka", „Złotko". Ale nie trzymaliśmy ich dla przyjemności; w końcu obdzieraliśmy je ze skóry i zjadaliśmy. Najczęściej było to nasze jedyne mięso. Skórki również były bardzo cenne. W Korei Północnej wszystkie szkoły zbierają królicze skórki na zimowe mundury dla żołnierzy. Każdy uczeń musi przynieść pięć skórek co semestr. Ale trudno samodzielnie wyprawić króliczą skórkę, a wojsko żąda produktów dobrej jakości, dlatego szkoły często odrzucają kiepskie skórki. Jedyny pewny sposób wypełnienia normy to zakup fachowo wyprawionych skórek na jangmadangu. Oczywiście kierownicy szkół nie przekazują wojsku wszystkich skórek – część zatrzymują dla siebie, by zarobić trochę pieniędzy. Wiem o tym, bo moja matka zajmowała się handlem skórkami królików. Czasami kupowała od szkoły skórki, które niedawno sprzedała klientom pragnącym wykonać normę.

Ten zwariowany system był dobry dla matki, ale uciążliwy dla wszystkich innych.

W wieku około jedenastu lat zaczęłam naśladować rodziców. Matka pożyczyła mi trochę pieniędzy, bym zaczęła handlować na własną rękę. Wydałam je na zakup wódki ryżowej, którą przekupiłam dozorcę państwowego sadu, gdzie rosły persymony. Pozwolił mi wejść z siostrą do środka i nazbierać owoców. Napełniłyśmy duże metalowe wiadro, po czym zaniosłyśmy je do Kowon, odległego o kilka mil, gdzie sprzedałam śliwki na targu.

– Pyszne persymony! – wołałam do przechodzących ludzi. – Kupujcie pyszne persymony! – Pod koniec dnia miałam dość pieniędzy, by zwrócić dług matce, kupić trochę cukierków i następną butelkę wódki dla dozorcy sadu. Owoce zbierała ze mną siostra, aż wreszcie matka położyła kres naszemu niewielkiemu przedsięwzięciu handlowemu: chodząc do sadu, zbyt szybko niszczyłyśmy buty, a nie stać jej było na nowe.

Mimo to w krótkim okresie pracy na targu nauczyłam się czegoś ważnego: kiedy ktoś zaczyna handlować, zaczyna również samodzielnie myśleć. Przed krachem państwowej dystrybucji władze decydowały, kto przeżyje, a kto umrze z głodu. Po pojawieniu się targów reżim stracił nad tym kontrolę. Drobny handel na targu sprawił, że zdałam sobie sprawę, iż mam pewien wpływ na swój los. Poczułam pierwszy smak wolności.

Rozdział dziewiąty

Pokolenie jangmadangów

Jesienią 2005 roku moja matka musiała zacząć się ukrywać: szukała jej policja z Kowon.

W Korei Północnej nie można samodzielnie wybrać miejsca, gdzie chce się mieszkać. Należy uzyskać zezwolenie władz na wyjazd poza okręg, w którym jest się zameldowanym, i niełatwo je otrzymać. Jedyne akceptowalne powody to zmiana pracy, małżeństwo lub rozwód. Chociaż matka urodziła się i wychowała w domu należącym teraz do jej brata Min Sika, oficjalnie w dalszym ciągu mieszkała w Hiesan. Nielegalna zmiana miejsca pobytu nie miała większego znaczenia w przypadku dzieci, lecz dla dorosłego, jak matka, był to poważny problem.

Przez długi czas udawało jej się uniknąć kłopotów, ponieważ wuj należał do partii, a jego żona była przewodniczącą inminbanu, mieli więc dobre układy z miejscowymi władzami. Od czasu do czasu policjanci odwiedzali dom i kazali matce zgłosić się na komisariat, co sugerowało, że liczą na łapówkę za przymykanie oczu na jej obecność w mieście. Ale matka była bardzo zajęta i nie zwróciła dostatecznej uwagi na sygnały wysyłane przez policjantów. Przez długi czas cierpliwie czekali, lecz w końcu postanowili wysłać ją za karę do obozu reedukacyjnego. Kiedy matka dowiedziała się, że jest poszukiwana przez policję, uciekła i zamieszkała u przyjaciół. I właśnie dlatego nie było jej w domu w słoneczne popołudnie, gdy na progu domu wuja pojawił się mój ojciec.

Eunmi była w szkole, a ja siedziałam samotnie w naszym pokoiku, gdy usłyszałam głośne szczekanie psa. Później rozległ się głos mężczyzny rozmawiającego z wujem. Mocno zabiło mi serce, bo głos wydawał się znajomy, ale nie mogłam uwierzyć, że to ojciec. Siedział w obozie od blisko trzech lat i nie spodziewałam się, że jeszcze go zobaczę. Później usłyszałam wołanie stryja:

– Yeonmi-ya! Yeonmi-ya! Jest tu twój ojciec!

Wbiegłam do głównej części domu. Obok wuja siedział nieznajomy mężczyzna.

– *Abuji?* – szepnęłam. – Tata?

Od dawna nie wymawiałam tego słowa i zabrzmiało ono dziwnie w moich ustach. Przyjrzałam się bliżej mężczyźnie i rzeczywiście był to ojciec, ale niezwykle wychudzony, z głową ogoloną w więzieniu. Zawsze uważałam go za największego człowieka na świecie, bohatera, który może wszystko. Teraz wydawał się maleńki. Co gorsza, mówił zalęknionym, cichym głosem, którego prawie nie poznawałam. Stałam naprzeciwko niego, a on przesunął palcami po mojej twarzy i włosach niczym ślepiec czytający książkę i powiedział:

– To naprawdę ty, Yeonmi? To naprawdę jesteś ty?

Nie płakał, po prostu na mnie patrzył. Nie byłam już dzieckiem. Stałam się dwunastoletnią dziewczynką, prawie nastolatką.

– To naprawdę ty, córeczko?

Chciałam paść mu w ramiona i uściskać go, ale mieszkałam w domu wuja i obawiałam się okazać radość z ujrzenia ojca. Wuj, niegdyś jego dobry przyjaciel, teraz go nienawidził i często mówił o nim okropne rzeczy. Winił go za nieodpowiedzialność, za to, że trafił do więzienia, że zrzucił na rodzinę ciężar opieki nad żoną i dziećmi. Było to bardzo smutne, że ludzie, którzy poważali mojego ojca, gdy był bogaty i wpływowy, teraz traktowali go tak źle. Po chwili nie mogłam się już powstrzymać, otoczyłam ojca ramionami i mocno przycisnęłam, bojąc się, że mogłabym go znowu stracić.

Po aresztowaniu ojca przestałam się zachowywać jak dziecko. Teraz, gdy wrócił, spędzałam każdą chwilę na jego kolanach, jakbym znowu była małą dziewczynką. Niegdyś tak siadałam, a on podrzucał mnie, udając, że jeżdżę na koniu. I chciałam znowu to robić, nawet poprosiłam, by wziął mnie na barana. Usiłował spełnić prośbę, ale szybko postawił mnie na podłodze i powiedział: „Ach, mój kotek zrobił się naprawdę ciężki!". Było to jedno z pieszczotliwych przezwisk, którymi nazywał mnie w dzieciństwie. Rozpłakałam się, słysząc, że znowu je wypowiada.

Kiedy Eunmi wróciła ze szkoły, wysłałyśmy wiadomość do matki, że ojciec wrócił z obozu. Powiedział, że ciężko zachorował i przekupił naczelnika, by pozwolił mu na przerwę w odbywaniu kary.

Razem pomagałyśmy ojcu się przebrać i byłyśmy wstrząśnięte jego stanem. Sterczały mu kości i skóra odchodziła płatami od ciała z niedożywienia. Matka kazała mi pobiec na targ i kupić trochę mleka sojowego do kąpieli, by rany lepiej się goiły. Był tak wycieńczony, że zjadłby każdą ilość jedzenia, ale po długim głodzie mógłby tego nie wytrzymać. Dlatego musiałyśmy go powstrzymywać, dając mu co pewien czas tylko trochę ryżu, bo inaczej by się rozchorował.

Gdy jako tako doszedł do siebie, opowiedział nam, co się stało.

Naczelnik wiedział, że ojca aresztowano za przestępstwa finansowe, a ojciec przekonał go, że ukrył pieniądze u kobiety z Hiesan. Obiecał mu milion wonów północnokoreańskich za tymczasową przerwę w odbywaniu kary z powodu choroby. Była to ogromna łapówka, wystarczająca na zakup ładnego domu. Chciwy naczelnik uwierzył w obietnicę ojca, choć ten w ogóle nie zamierzał płacić, nawet gdyby miał pieniądze. Doszedł do wniosku, że jeśli zostanie zwolniony z przyczyn zdrowotnych, nie będzie mógł zostać nagle wtrącony z powrotem do więzienia, bo ujawniłoby to korupcję urzędników. Po pewnym czasie mogliby co najwyżej stwierdzić, że stan ojca poprawił się na tyle, że może dalej odbywać karę, lecz postanowił martwić się tym później.

Ojciec przekonał naczelnika, by pozwolił mu odwiedzić rodzinę w Kowon przed wyjazdem do Hiesan. Jego brat, Park Jin, miał mu pomóc w rozpoczęciu leczenia nasilających się bólów brzucha. Naczelnik wysłał z ojcem lekarza więziennego, który miał towarzyszyć mu aż do Hiesan. Oczywiście prawdziwym celem było odebranie pieniędzy. Ale lekarz nie mógł ich odebrać, bo nie było żadnych pieniędzy.

Ojciec pozostał przez kilka dni w Kowon, po czym pojechał do Hiesan. Miał nas do siebie sprowadzić po znalezieniu mieszkania.

Tymczasem matka postanowiła zgłosić się na policję i została skazana na miesiąc reedukacji w tak zwanym Korpusie Szkolenia Robotników, co było eufemizmem oznaczającym obóz pracy niewolniczej. Więźniowie spali w zawszonych barakach; w ciągu dnia budowali mosty lub pracowali na budowach. W brygadzie matki było tylko kilka kobiet, lecz strażnicy zmuszali je, by harowały równie ciężko jak mężczyźni. Jeśli ktoś pracował zbyt wolno, brygada musiała za karę biegać przez całą noc dokoła obozu. Chcąc tego uniknąć, więźniowie biciem poganiali tych, którzy nie pracowali dostatecznie szybko. Strażnicy nie musieli nic robić. A narzucano tak mordercze tempo pracy, że po kilku miesiącach spędzonych w obozie niektórzy więźniowie byli bliscy śmierci. Matka rozpoczęła karę pod koniec jesieni i cierpiała wskutek chłodu w cienkim żakiecie i bez rękawiczek.

Czasami place budowy znajdowały się daleko, ale gdy pracowała blisko Kowon, odwiedzałyśmy ją z siostrą. Za pierwszym razem obudziłyśmy się o piątej rano, by coś jej ugotować. Wiedziałyśmy, że więźniowie nigdy nie dostają dość jedzenia. Ugotowałam niewielką dynię, dodałam ryżu i mąki, pokroiłam i osoliłam rzodkiewki. Solone rzodkiewki to kimchi dla biedaków; nie stać nas było na składniki niezbędne do przyrządzenia pikantnego sosu do tradycyjnej kiszonej kapusty.

Wyruszyłyśmy o szóstej rano, gdy było jeszcze ciemno, ale idąc w stronę budowy, skręciłyśmy w złą stronę. W drodze poczułyśmy okropny głód, więc spróbowałyśmy przygotowanego jedzenia. Zjadłyśmy je całe przed dotarciem na miejsce. Miałyśmy wyrzuty sumienia, że przychodzimy z pustymi rękami, ale matka była uszczęśliwiona naszym widokiem. Troszczyła się o nas bardziej niż o siebie i przyniosła nam trochę wody do picia. Strażnicy pozwalali jej rozmawiać z nami tylko przez chwilę, więc odwiedzałyśmy ją tak często, jak to było możliwe, czasem przynosząc nieco żywności.

Na szczęście pobyt matki w obozie trwał krótko. Zdołała przekupić kogoś w komendzie policji i zwolniono ją już po szesnastu dniach. Po krótkim odpoczynku pojechała pociągiem do Hiesan na spotkanie z ojcem. Wiedziała, że w Hiesan policja nigdy nie da jej spokoju – jedynym sposobem zmiany miejsca zamieszkania był rozwód z mężem. W dalszym ciągu się kochali, lecz w tajemnicy uznali, że rozwód to jedyne sensowne rozwiązanie. Gdyby ojciec musiał wrócić do obozu, w Kowon mielibyśmy lepsze warunki, bo było tam cieplej i taniej. Nie tracili czasu i uzyskali rozwód w kwietniu 2006 roku.

Tymczasem przyjaciel ojca wynajął mu mieszkanie, przy czym umówili się, że ojciec zapłaci, gdy zdobędzie pieniądze. Ojciec planował znowu zacząć prowadzić interesy z pomocą matki. Chciał, żebyśmy przeprowadzili się razem z nim do Hiesan, przynajmniej na pewien czas. W maju pojechałam pociągiem na północ, by zamieszkać z ojcem; po kilku miesiącach dołączyły do nas Eunmi i matka. Wreszcie znowu byliśmy razem.

Mieszkanie ojca znajdowało się na najwyższym piętrze siedmiopiętrowego budynku na przedmieściu Wiyeon, kilka kilometrów na wschód od naszego dawnego domu w Hiesan. Okna wychodziły na rzekę Jalu i widać z nich było Chiny. Mieszkanie składało się z trzech pokoi, które dzieliliśmy z dwiema innymi rodzinami. Ściany były cienkie, więc musieliśmy rozmawiać bardzo cicho, bo inaczej wszyscy by nas słyszeli. Ponieważ w budynku nie było windy, wchodziliśmy do mieszkania ciemną klatką schodową, pokonując osiem kondygnacji – właśnie dlatego w Korei Północnej wszyscy wolą mieszkać na niższych piętrach. Im ktoś uboższy, tym wyżej mieszka.

Ojciec próbował się leczyć, ale żaden z doktorów nie potrafił ustalić, jakie są przyczyny jego bólów brzucha. Miał dylemat, ponieważ był zbyt chory, by pracować, ale gdyby wyzdrowiał, odesłano by go z powrotem do obozu. Trwał w stanie niepewności. Po aresztowaniu zniszczono jego dowód osobisty – dokumenty mogą posiadać tylko ludzie, a teraz stał się jednym z podludzi. Bez dokumentów nie można się poruszać po kraju, nie mógł więc podróżować, by kupować metale i sprzedawać je przemytnikom. Poza tym musiał się stale meldować na policji, która miała na niego oko. Dlatego siedział w domu i opiekował się mną oraz siostrą, a handlem zajęła się matka.

Mężczyzna, który wynajął ojcu mieszkanie, chciał zainwestować trochę pieniędzy w interes zaproponowany przez matkę. Ona i syn mężczyzny pojechali do miejscowości w pobliżu Songnam-ri, by kupić srebro, po czym wrócili do Hiesan i sprzedali je przemytnikom. Rodzice trochę zarobili na tych transakcjach, ale ciągle byli bardzo biedni. Często jedliśmy tylko czarne, przemarznięte ziemniaki, po których ojciec czuł się jeszcze gorzej.

Po wyjeździe z Hiesan bardzo za nim tęskniłam i nie mogłam się doczekać spotkania z przyjaciółkami. Yong Ja wyrosła na dużą, wysoką dziewczynę – przynajmniej jak na Koreankę. Zawsze była silna, ale teraz chodziła na zajęcia z taekwondo, co sprawiło, że stała się jeszcze silniejsza. Czułam się z nią bezpiecznie. Podczas trzech lat mojej nieobecności Hiesan bardzo się zmieniło. Teraz wydawało się żywsze i bogatsze dzięki legalnemu i nielegalnemu handlowi z Chinami. A młodzi ludzie wyglądali i zachowywali się inaczej. Starsze dziewczęta wygładzały włosy kremem o nazwie Magic, przemycanym przez granicę. Niektóre nawet się farbowały i nosiły dżinsy, co było nielegalne. Dżinsy stanowiły symbol amerykańskiej dekadencji. Jeśli policjanci złapali kogoś w dżinsach, wyciągali nożyce i cięli je na kawałki. Później winowajcę skazywano na dzień pobytu w obozie reedukacyjnym albo tydzień prac społecznych. Ale nie powstrzymywało to nastolatków przed noszeniem modnych rzeczy.

Yong Ja powiedziała, że wszystkie nastolatki chodzą w tej chwili na „randki" – co oznaczało po prostu, że chłopcy i dziewczęta spędzają czas razem. Wydawało mi się to niewiarygodnie dziwne. Nawet dzieci w przedszkolu udawały, że mają sympatie. Yong Ja wyjaśniła mi nowe zasady stosunków między chłopcami i dziewczętami. Na przykład kiedy dziewczyna przechodzi obok chłopaka, a on cmoka wargami, nie powinna się odwracać i patrzeć na niego, chyba że miałaby ochotę umówić się z nim na randkę. Jeśli się obejrzy, chłopak nie zostawi jej w spokoju. Popełniłam kilka razy ten błąd, nie znając nowych zwyczajów. Szczerze mówiąc, czułam się jak prosta dziewczyna ze wsi. Yong Ja śmiała się nawet ze mnie z powodu akcentu z Kowon, którego nabrałam w czasie pobytu w górach. Ludzie mieszkający w wewnętrznej części Korei Północnej mówią znacznie wolniej od mieszkańców miast na pograniczu z Chinami. Po przyjeździe z Kowon odstawałam od otoczenia jak Amerykanka, która przeniosła się z Atlanty do Nowego Jorku. Dopiero po pewnym czasie znów zaczęłam mówić jak rodowita mieszkanka Hiesan.

Poszłam do szkoły średniej w Wiyeon i zdobyłam nowe przyjaciółki, w większości dziewczęta kilka lat starsze ode mnie. Miałam przerwę w nauce i osiągałam słabe wyniki. Kiedy Eunmi wróciła z Kowon, skończyła piętnaście lat i była znacznie bardziej zaawansowana ode mnie. Szybko zdobyła mnóstwo przyjaciół i nie spędzałyśmy ze sobą tak dużo czasu jak poprzednio. Zaczęła również umawiać się na randki z chłopcami i zakochała się w jednym, którego ojciec pochodził z Chin. Matka kazała Eunmi z nim zerwać, bo jego *songbun* był jeszcze gorszy od naszego. Eunmi spełniła polecenie, lecz wywołało to tarcia w rodzinie.

Moje nowe przyjaciółki znały najnowsze trendy w modzie, bo oglądały południowokoreańskie opery mydlane i filmy muzyczne na kasetach wideo. Nikt nie miał komputera i naturalnie nie istniało żadne połączenie z internetem pozwalające ściągać nielegalne zagraniczne materiały. Wszystko przemycano przez rzekę z Chin; kurierzy przechodzili na drugą stronę każdej nocy. Później duże kasety zostały zastąpione przez cienkie płytki DVD, co ułatwiało ich szmuglowanie do kraju. Strumyczek zmienił się w potop.

Niektóre z moich przyjaciółek miały w pokojach grube zasłony, mogłyśmy więc oglądać DVD i tańczyć przy muzyce. Słuchaliśmy także taśm magnetofonowych i płyt CD – wszystkiego, co mogliśmy zdobyć. Moja siostra i ja najbardziej lubiłyśmy smutne piosenki o miłości. Nasz ulubiony przebój opowiadał o parze, która przysięgła sobie wierność, splatając małe palce u rąk. Później jedno z nich nagle zniknęło. Słuchając tej piosenki, zawsze płakałyśmy.

Gdyby nie zagraniczne DVD i CD, znałybyśmy tylko pieśni o Kim Ir Senie i Kim Dzong Ilu, których nas uczono. Próbowaliśmy zmieniać ich słowa, by brzmiały bardziej interesująco. Jeden ze starszych chłopców, z którymi się spotykałyśmy, miał gitarę; śpiewaliśmy przy jej akompaniamencie, opuszczając fragmenty na temat Kimów. Kiedy śpiewałam te piosenki, czułam się bardziej wolna. Mieliśmy szczęście, że nas nie złapano. Ale byliśmy młodzi i nie myśleliśmy o przyszłości.

Mieszkańcy Korei Północnej w moim wieku i młodsi są czasami nazywani „pokoleniem jangmadangów", bo wychowaliśmy się na targowiskach i nie pamiętaliśmy epoki, gdy państwo zaspokajało potrzeby wszystkich obywateli. Nie czuliśmy takiej samej ślepej lojalności wobec reżimu jak pokolenie naszych rodziców. Ale chociaż targowiska i dostęp do zagranicznych mediów osłabiły naszą zależność od państwa, mój umysł nie zdobył się na krok naprzód i nie wyobrażałam sobie, że sama mogłabym żyć jak bohaterowie zagranicznych filmów i oper mydlanych.

Stawałam się nastolatką i zaczęły mnie fascynować romanse. Razem z przyjaciółkami snułam fantazje o mężczyznach i kobietach widzianych na filmach, którzy spoglądali sobie w oczy i wypowiadali cichym głosem piękne słowa. Próbowałyśmy ich naśladować, a kiedy chłopcy chcieli się z nami umawiać na randki, kazałyśmy im mówić jak Koreańczycy z Południa. Oczywiście w Korei Północnej randki są znacznie bardziej niewinne niż nawet najbardziej grzeczne sceny, jakie oglądałam. Widziałam miłość tylko na ekranie i nie miałam pojęcia, co robi bohaterka filmu *Pretty Woman*, gdy nie śledzi jej kamera. Byłyśmy ciągle niewinne. W *Pretty Woman* interesowały nas tylko piękne stroje, w które ja i Yong Ja próbowałyśmy ubierać nasze papierowe lalki.

Wstydzę się o tym pisać, ale nie miałam pojęcia, że pocałunki mają w sobie coś romantycznego. Matka i ojciec często mnie całowali, gdy byłam mała, więc sądziłam, że wszyscy ludzie okazują sobie w ten sposób sympatię. W Korei Północnej nie istnieje wychowanie seksualne. Matki lub lekarze mogą rozmawiać z dziewczyną o seksie przed jej weselem, ale mnie nigdy o tym nie mówiono. Jako dziecko kilkakrotnie pytałam matkę, jak to się stało, że się urodziłam, lecz odpowiadała tylko, że dowiem się, jak dorosnę. Moim zdaniem chłopcy byli równie niewinni jak dziewczęta.

W Hiesan telefony stacjonarne były w dalszym ciągu rzadkością i tylko najbogatsi mieli komórki. Chłopak mógł się umówić z dziewczyną na randkę tylko bezpośrednio. Rodzice oczywiście nie chcieli, by dziewczęta spotykały się z chłopcami. Ich pokolenie w dalszym ciągu uważało randki za skandal, dlatego chłopcy musieli wynajdywać sposoby, by pokonać barykady. Znałam kilku, którzy chcieli się ze mną umówić; każdy z nich wdrapywał się po schodach do naszego mieszkania na siódmym piętrze i pukał do drzwi.

Matkę to denerwowało i krzyczała przez zamknięte drzwi: „Wynoś się! Odejdź!". Nie pozwalała mi wychodzić. Chcąc ją oszukać, chłopcy podawali mi w szkole umówiony znak, po czym wieczorem stawali przed budynkiem i wykrzykiwali kilka słów, bym wiedziała, że powinnam zejść. Oczywiście Eunmi również miała chłopców, którzy chcieli umówić się z nią na randkę. A ponieważ w budynku mieszkało wiele innych nastolatek, po zachodzie słońca w okolicy robiło się naprawdę głośno.

Nigdy nie interesowałam się chłopcami, dopóki nie spotkałam Chun Guena, swojej pierwszej miłości. Miał osiemnaście lat i był pięć lat starszy ode mnie; chodził do specjalnego liceum dla najzdolniejszych uczniów w całej prowincji Ryanggang. Był wyższy od większości Koreańczyków, miał jasną skórę i mówił cichym głosem. Poznaliśmy się przez przypadek, gdy odwiedziłam kilku przyjaciół rodziny mieszkających w jego budynku, który sąsiadował z naszym. Na początku Chun Guen tylko pozdrawiał mnie skinieniem głowy lub mówił „cześć", gdy mijaliśmy się na korytarzu albo na ulicy. Pewnego dnia nagle zaproponował mi randkę. Naprawdę chciałam się z nim spotkać, ale z bólem odmówiłam. Wiedziałam, że nasza znajomość musi mieć smutny koniec.

Moja rodzina niedawno sprowadziła się do tej części miasta, więc Chun Guen nie wiedział, że jestem córką przestępcy. Pochodził z bardzo bogatej i wpływowej rodziny. Jego ojciec studiował za granicą, zrobił doktorat i był teraz wybitnym profesorem agronomii na uniwersytecie. Matka pełniła bardzo ważne funkcje w Koreańskiej Partii Pracy. Gdyby rodzice Chun Guena dowiedzieli się, że się ze mną spotyka, miałby poważne kłopoty. A gdyby naprawdę zechciał mnie poślubić, złamałoby mu to karierę. W takiej sytuacji nie mógłby wstąpić do Koreańskiej Partii Pracy, studiować na prestiżowym uniwersytecie ani znaleźć dobrej posady. Byłabym kamieniem przywiązanym do jego szyi, ciężarem, przyczyną wszystkich niepowodzeń. Dlatego stale mówiłam: „Nie!".

Jednak Chun Guen okazał się uparty. I pewnego dnia zgodziłam się przyjść na przyjęcie, które urządził w swoim mieszkaniu pod nieobecność rodziców. Zaprosił wielu starszych chłopców i grupę dziewcząt ze swojej szkoły; byłam najmłodsza. Nagle uświadomiłam sobie, że noszę brzydkie, używane ubranie i że mam dziury w rajstopach. W Korei zdejmujemy buty przed wejściem do czyjegoś domu, więc każdy mógł zobaczyć, ile razy cerowałam swoje brzydkie rajstopy. Czułam się upokorzona wśród tych bogatych dzieci.

Mieszkanie Chun Guena wydawało się ogromne – miało ten sam rozmiar jak nasze, lecz zajmowała je tylko jedna rodzina, a nie trzy. Ze zdumieniem zauważyłam w śmieciach skórki pomarańczy i skorupki jajek. Jajka były dla mojej rodziny rzadkim przysmakiem, jedliśmy je tylko na Nowy Rok i przy specjalnych okazjach. A pomarańcze były takim luksusem, że w całym swoim życiu ani razu nie zjadłam całej pomarańczy – tylko mały kawałek jednego owocu przywiezionego do domu przez ojca, gdy byliśmy bogaci. Wyrzucanie skórek było straszliwym marnotrawstwem.

Usiłowałam udawać, że dobrze się czuję w tym towarzystwie i że rozumiem, o czym wszyscy mówią. Chun Guen próbował mi wyjaśnić, jak posługuje się w szkole komputerem, a ja kiwałam grzecznie głową i uśmiechałam się, choć nigdy w życiu nie widziałam komputera. Zwykłe szkoły w Korei Północnej nie mają sprzętu elektronicznego. Byłam taka zawstydzona, że obraziłam się na Chun Guena bez powodu i wyszłam wcześniej. Pobiegłam do domu.

Myślałam, że to koniec, ale Chun Guen okazał się bardzo cierpliwy i wyrozumiały. Kiedy go spotykałam, czułam lekkie bicie serca w piersi. Dlatego zgadzałam się z nim czasem spotykać, ale tylko pod warunkiem, że zachowa to w tajemnicy. Musieliśmy czekać, aż zapadnie kompletna ciemność, bo gdyby zobaczył nas któryś z sąsiadów, Chun Guen mógłby mieć kłopoty. Kiedy spotykaliśmy się przypadkiem na ulicy, przechodziliśmy na drugą stronę lub szliśmy w przeciwnych kierunkach.

Chun Guen dowiedział się, gdzie mieszkam, i pewnego wieczoru przyszedł i zapukał do naszych drzwi. Zrobił duże wrażenie na rodzicach: matka uważała, że jest dobrze ułożony, hojny i inteligentny. Ojciec zaproponował, bym zaprosiła go na kolację. Ale się nie zgodziłam. Nie chciałam, by zobaczył, jacy jesteśmy ubodzy – i ciągle nie powiedziałam mu, że ojciec siedział w obozie. Czy miało to jakiś sens? Wiedziałam, że nigdy nie będę mogła wyjść za mąż za kogoś takiego jak Chun Guen. Nie mieliśmy przed sobą szczęśliwej przyszłości. Nigdy nie pójdę na studia i prawdopodobnie skończę jako żona kołchoźnika. Jeśli wcześniej nie umrę z głodu.

Zaczęła się zima i sytuacja mojej rodziny stała się naprawdę rozpaczliwa. Przyczyną kłopotów był stary system kolei elektrycznych. W północnej części kraju dostawy energii stały się tak nieregularne, że pociąg z Pjongjangu do Hiesan musiał się zatrzymywać po drodze. Później w ogóle przestał przyjeżdżać. Moi rodzice czekali i czekali, ale nigdy się nie pojawiał. Teraz metale dałoby się sprowadzać z Pjongjangu tylko samochodem, lecz to nie wchodziło w grę. Nie mieli nic do sprzedania, a nikt nie chciał im pożyczyć więcej pieniędzy. Wydawali gotówkę odłożoną na handel i niebawem ona również się skończyła.

Kiedy wiatr wiał od strony rzeki, w naszym mieszkaniu było zawsze zimno; ojciec codziennie chodził na wzgórza po chrust, by palić nim w piecu. Jadł śnieg, by wypełnić czymś żołądek. Matka zajmowała się drobnym handlem, by móc kupić trochę mąki lub przemarzniętych ziemniaków. Ale przez cały czas byliśmy głodni. Już nie marzyłam o chlebie. Chciałam po prostu mieć co włożyć do ust. Rezygnacja z posiłku mogła oznaczać śmierć, której bardzo się bałam i która stała się moją największą obsesją. W takiej sytuacji smak potraw nie ma żadnego znaczenia; spożywanie posiłków nie daje przyjemności. Jedzenie to wyraz zwierzęcego instynktu, by przeżyć, gdy człowiek podświadomie kalkuluje, jak długo każdy kęs może podtrzymać funkcjonowanie organizmu.

Rodzice nie mogli spać. Bali się, że się nie obudzą, a później umrzemy z głodu. Kiedy leżeli w nocy na posłaniu, zastanawiali się, co zrobić, by utrzymać nas przy życiu.

Rozdział dziesiąty

Światła Chin

Szczęście na zawsze odwróciło się od mojej rodziny. Nigdy nie wydawało się to bardziej oczywiste niż w lutym 2007 roku, w czasie obchodów księżycowego Nowego Roku w domu mojego stryja Park Jina. Kiedy byłam mała, ojciec miał najwięcej pieniędzy spośród wszystkich krewnych i wszyscy spędzali radosne święta w naszym domu. Ale teraz to stryj był bogaczem, który wydawał przyjęcia. Zamiast traktować ojca jak brata, pomiatał nim jak służącym. Kiedy po wyjściu z więzienia ojciec przez kilka miesięcy mieszkał w Hiesan ze stryjem i stryjenką, musiał zamiatać i sprzątać dom. Rodzina winiła go, że zrujnował jej życie. Ich *songbun* nigdy nie był zbyt wysoki, a teraz, gdy mieli w rodzinie przestępcę, jeszcze się pogorszył. Nawet moje rodzeństwo stryjeczne źle traktowało ojca w obecności krewnych i dawnych przyjaciół. W czasie obchodów Nowego Roku nie pozwolili mu siedzieć i rozmawiać z sąsiadami, którzy niegdyś jedli i pili przy jego stole. Był to dla mnie bardzo trudny wieczór, ale ojciec przyjął wszystko ze znużoną rezygnacją.

Przed aresztowaniem był błyskotliwym, dowcipnym, swobodnym człowiekiem. Teraz, jako trzynastolatka, widziałam, że pobyt w obozie złamał jego duszę. Nie potrafił patrzeć w oczy policjantom, nawet tym, z którymi kiedyś żartował i pił przy stole w swoim domu. Dawniej uwielbiał muzykę południowokoreańską, ale teraz nie chciał jej słuchać. Bał się, że ktoś może ją usłyszeć i donieść. Po opuszczeniu obozu śpiewał tylko jedną pieśń, zatytułowaną *Nasza ojczyzna jest ważniejsza od mojego życia*, której fragment brzmiał: „W górach Korei szumią zielone lasy, lecz ja nie zasadziłem ani jednego drzewa...". Stał się zupełnie innym człowiekiem niż wtedy, gdy byłam mała.

Cieszyłam się, że obchody Nowego Roku się skończyły i wreszcie mogliśmy wyjechać.

Dom stryja znajdował się w odległości czterech kilometrów od naszego mieszkania. Ojciec został na miejscu, a matka, siostra i ja poszłyśmy same do domu wzdłuż brzegu ciemnej rzeki Jalu. Drogę oświetlały nam tylko rozbłyski fajerwerków na niebie nad Chinami. Mieszkałam w Korei Północnej, kraju, którego obywatele nie powinni nikomu zazdrościć, i odczuwałam tylko zazdrość – rozpaczliwie zazdrościłam ludziom mieszkającym na drugim brzegu. W dalszym ciągu nie ośmielałam się zastanawiać, dlaczego w Korei Północnej nie możemy mieć tylu rzeczy co Chińczycy, ale wiedziałam, że chcę iść tam, gdzie jest światło i jedzenie. Reagowałam instynktownie, jak ćma przyciągana przez blask. Żałuję, że nie wiedziałam, co naprawdę oznacza to światło dla Koreanek z Północy takich jak ja. Zapłaciłam wysoką cenę za ucieczkę w jego stronę: straciłam niewinność i na pewien czas również człowieczeństwo.

Na Nowy Rok Kim Dzong Il zawsze wygłaszał orędzie, którego musieliśmy się nauczyć na pamięć. W 2007 roku było ono takie jak zwykle: naród północnokoreański staje się coraz silniejszy, nasi wrogowie poniosą klęskę, gospodarka się rozwija. Ale nie wierzyliśmy już propagandzie, bo nasze życie stale się pogarszało. Rodzice w końcu nie mogli już wytrzymać. Wiedzieli, że ich córki nie mają tu przyszłości, więc zaczęli rozmawiać o ucieczce.

Znaliśmy człowieka, który wyjechał do pracy w Rosji. Harował jak niewolnik, ale przynajmniej go karmiono i nie głodował. I zaoszczędził dość pieniędzy, by po powrocie założyć dobrze prosperujący interes. Ojciec znał innego mężczyznę, którego wysłano do Libii z brygadą robotników zarabiającą dewizy dla reżimu. Po powrocie opowiadał, że czuł się w Libii bardzo samotny – nie widział rodziny przez trzy lata. Ale miał co jeść. Czasami jadł nawet skrzydełka kurczaka.

Byłyśmy tak głodne, że chciałyśmy znać każdy szczegół. Twierdził, że Libijczycy jedzą mnóstwo kurczaków – co nas zdumiało – ale zwykle nie zjadają całego ptaka. Odcinają skrzydła i sprzedają tak tanio, że stać na nie nawet koreańskich robotników. Wyobrażaliśmy sobie Libię jako raj na ziemi. Niegdyś ojciec chciał wyjechać za granicę; miał nadzieję, że zarobi trochę pieniędzy i zdoła je nam przysłać. Ale nigdy nie nadarzyła się okazja, a teraz nie wchodziło to w rachubę.

Reżim stale wmawia Koreańczykom z Północy, że reszta świata jest zła, zepsuta i niebezpieczna. Najgorsza ze wszystkiego jest Korea Południowa, kloaka pełna ludzkich odpadów, zubożała kolonia amerykańskich bandytów, którzy budzą w nas strach i nienawiść. Ojciec nigdy nie pragnął pojechać do Korei Południowej, ale nie miał nic przeciwko Chinom. Może gdybyśmy zdołali się przedostać przez rzekę, mielibyśmy jakąś szansę.

Rodzice dyskutowali o tych sprawach tak cicho, że nawet mysz ich by nie usłyszała. Mieliśmy w Chinach kilku krewnych, ale rodzice nie mogli się z nimi skontaktować. Może po przekroczeniu granicy udałoby się ich odszukać i poprosić o pomoc? Wszyscy wiedzieliśmy, że Chińczycy są bogaci. Widzieliśmy chińską telewizję i reklamowane przez nią luksusowe artykuły. Znaliśmy ludzi, którzy odwiedzili Chiny legalnie; jeden z nich, stryj Park Jin, twierdził, że Chińczycy mają mnóstwo jedzenia. Krążyły również pogłoski, że młode Koreanki z Północy mogą łatwo znaleźć pracę w Chinach. Niedawno zniknęło kilka nastoletnich dziewcząt i ludzie szeptali, że uciekły do Chin. Matka słyszała również, że w Chinach jest za mało dzieci, a ponieważ moja siostra i ja byłyśmy jeszcze bardzo młode, istniała szansa, że ktoś chciałby nas zaadoptować.

Ale w kraju pozbawionym internetu i normalnych gazet nie można zdobyć wiarygodnych informacji. Jeśli ktoś zadawał zbyt wiele pytań, inni mogli na niego donieść. Dlatego nie miałyśmy pojęcia, czy te plotki są zgodne z prawdą. Moi rodzice handlowali na czarnym rynku, ale po prostu sprzedawali metale przemytnikom, którzy przewozili je do Chin; nie mieli żadnych znajomych po drugiej stronie granicy. Zwykli przemytnicy nie zajmowali się handlem ludźmi. Było to zbyt niebezpieczne. A rzeka była za dobrze strzeżona, by ryzykować samodzielną ucieczkę. Potrzebowaliśmy przewodnika, który przekupiłby strażników i przeprowadził nas na drugą stronę. Tylko gdzie go znaleźć?

Rodzice poprosili mnie i Eunmi, żebyśmy dyskretnie wypytały ludzi, w jaki sposób inne dziewczęta wyjeżdżają do Chin. Ojciec namawiał matkę, by z nami pojechała, jeśli znajdzie sposób. Powiedział, że woli zostać w Korei, bo uważał, że nie znajdzie pracy w Chinach. I martwił się o rodzinę w Korei Północnej. Kiedy do Chin uciekają kobiety, władze zbytnio się tym nie przejmują i krewnych zwykle nie spotyka kara. Ale jeśli ucieka mężczyzna taki jak mój ojciec, jego bracia, siostry i ich rodziny są traktowane niezwykle surowo. Mogą stracić pracę jako lekarze i nauczyciele, a nawet trafić do obozu. Ojciec, choć źle traktowany przez stryja, w dalszym ciągu chciał być lojalny wobec krewnych.

Poza tym uważał, że pozostaniemy blisko granicy Korei Północnej.

– Kiedy przedostaniecie się do Chin i ułożycie sobie życie, przyjdźcie w Nowy Rok nad rzekę – powiedział. – Spotkamy się na plaży, gdzie zawsze się kąpiemy i robimy pranie.

Eunmi i ja zaczęłyśmy wypytywać przyjaciółki, czy coś wiedzą; starałam się mieć oczy i uszy otwarte. Pewnego dnia podsłuchałam dziwną historię, którą kobieta z sąsiedztwa opowiadała swoim przyjaciółkom. Twierdziła, że zna młodą kobietę, która przeszła przez rzekę i zaczęła pukać do drzwi w Changbai. Jacyś ludzie wpuścili ją do domu, dali jej mnóstwo pysznego jedzenia i ładne ubrania. Później powiedzieli, że chcą, by poślubiła ich syna. Dziewczyna nie była zadowolona i próbowała wrócić do Hiesan tą samą drogą. Ale została schwytana i aresztowana przez północnokoreańską straż graniczną. Jedna z sąsiadek zauważyła, że dziewczyna postąpiła głupio, odrzucając taką hojną propozycję.

Nie miałam pojęcia, o czym mówi.

Przypominając sobie to wszystko, zastanawiam się, jak mogłam być taka naiwna. W ogóle nie znaliśmy pojęcia „handel żywym towarem" i nie mieściło się nam w głowach, że można sprzedawać innych ludzi. Nie byliśmy zdolni do krytycznego myślenia, ponieważ nauczono nas nie zadawać pytań. Szczerze wierzyłam, że jeśli ja i Eunmi nie zostaniemy aresztowane ani zastrzelone przez żołnierzy w czasie przekraczania rzeki, wszystko będzie dobrze. Kiedy człowiek jest głodny i zdesperowany, podejmie każde ryzyko, by przeżyć.

Podczas planowania ucieczki w dalszym ciągu spotykałam się w sekrecie z Chun Guenem. Nasz związek był tak niewinny, że nigdy nawet nie trzymaliśmy się za ręce. Pewnego wieczoru, gdy w moim budynku panowała kompletna ciemność, staliśmy na klatce schodowej na końcu korytarza, skąd z otwartego okna rozciągał się widok na rzekę. Jak zwykle w dali połyskiwały światła Changbai. Było zimno, więc Chun Guen narzucił mi na ramiona marynarkę i otoczył mnie ramieniem.

– Jak wyglądałoby życie wśród tylu świateł? – spytałam.

– Nie wiem – odparł.

Nie mogłam mu powiedzieć o naszych planach ucieczki do Chin. Zresztą nie miało to żadnego znaczenia, bo w kwietniu rozpoczynał służbę wojskową. Młodzi Koreańczycy z Północy zwykle trafiają do wojska na dziesięć lat. Ale rodzice Chun Guena byli tak bogaci i wpływowi, że miał służyć tylko przez dwa lata, a później wstąpić na uniwersytet. Mógł liczyć na zrobienie kariery, lecz powiedział, że chce, bym na niego czekała. Byliśmy ciągle nowi w okolicy i nie słyszał o moim złym pochodzeniu.

– Osiem lat, Yeonmi-ya – rzekł. – Poczekaj na mnie osiem lat, a potem cię poślubię. – Obiecał, że znajdzie sposób, by mnie odwiedzać raz w miesiącu, niezależnie od wszystkiego. Jego słowa złamały mi serce. Światła, za którymi zawsze tak tęskniłam, wydały mi się nagle bardzo okrutne.

Nazajutrz rano Chun Guen przyjechał, by mnie zawieźć na *jangmadang* w Hiesan. Była brzydka pogoda, więc zabrał mnie tam wynajętą taksówką motorową. Różni się ona od normalnego motoru, bo ma cztery koła i kosz z siedzeniami. Wsiedliśmy do kosza i przykryliśmy się brezentem dla osłony przed zimnym deszczem. Kiedy dotarliśmy na targ, kazał mi wybrać naszyjnik, który mi się podoba. Wybrałam wisiorek w kształcie klucza. Powiedział, że jest właścicielem klucza do mojego serca. Uśmiechnęłam się do niego, ale moje serce było jak kamień.

Nie mogłam znaleźć przewodnika, który zabrałby nas do Chin, jednak Eunmi chyba natrafiła na kogoś takiego. Nie znała jeszcze nazwiska, lecz mówiła, że powinniśmy szybko ruszać w drogę. Zbliżała się wiosna i lód na rzece mógł się stopić, co uniemożliwiłoby ucieczkę.

Ale nim opracowałyśmy plan, pewnego ranka obudziłam się z wysoką gorączką.

– Co ci jest, córko? – słyszałam z oddali głos matki. Byłam tak chora, że nie mogłam nawet otworzyć oczu. Później zaczęłam wymiotować. Wkrótce na moim ciele pojawiły się wielkie czerwone plamy. Miałam wrażenie, że umrę. Słyszeliśmy plotki o groźnym wirusie, który przedostał się do kraju z Chin, i nikt nie wiedział, jak leczyć wywołaną przez niego chorobę. Matka pożyczyła pieniądze, by kupić dla mnie lekarstwa, ale mijały dni i czułam się coraz gorzej. Straszliwie bolał mnie brzuch i stale wymiotowałam. Byłam tak wychudzona i osłabiona, że nie mogłam nawet chodzić. Dlatego rodzice zawieźli mnie do szpitala.

Po badaniu lekarze doszli do wniosku, że trzeba mi usunąć wyrostek robaczkowy. Na podstawie doświadczeń ojca z młodości rodzice wierzyli, że to jedyny sposób uratowania mi życia. Chociaż teoretycznie opieka medyczna była bezpłatna, chirurdzy spodziewali się, że rodzice zapłacą za operację. Brzmi to brutalnie, ale władze płaciły im głodowe pensje i łapówki były jedynym sposobem, by przeżyć. Rodzice zdołali jakoś nakłonić lekarzy, by przeprowadzili operację, gdy dostarczymy niezbędne środki znieczulające i antybiotyki. Matka wróciła do domu i pożyczyła dwadzieścia tysięcy wonów (równowartość pięćdziesięciu kilogramów ryżu) od Kim Jong Ae, dobrej kobiety mieszkającej w sąsiedztwie, po czym kupiła lekarstwa na czarnym rynku.

Kiedy lekarze otworzyli mi brzuch, okazało się, że nie jest to jednak wyrostek robaczkowy, tylko ostre zapalenie jelit. Mimo to usunęli wyrostek, zaaplikowali silny antybiotyk i zaczęli zaszywać ranę. Ale niewielka dawka środka znieczulającego nie działała długo i obudziłam się przed zakończeniem operacji. Ból był tak potworny, że nawet nie potrafię go opisać. Musieli mnie obezwładnić, bo wrzeszczałam jak opętana. Myślałam, że zwariuję, ale w końcu skończyli operację. Później matka przyniosła mi trochę środków przeciwbólowych i w końcu straciłam przytomność.

Obudziłam się w sali szpitalnej z matką siedzącą obok mnie. Wszystkie łóżka były zajęte, więc położyli mnie na materacu na podłodze. Głaskała mnie po dłoni i po chwili zauważyłam, że mam na palcu pierścionek. Miał złotą barwę i kilka szklanych kamyków.

– Skąd to się wzięło, *Umma*? – spytałam nieprzytomnym głosem.

– Kiedy spałaś, był tu Chun Guen – odrzekła. Przyniósł trochę słodyczy, sok i pierścionek jako niespodziankę po operacji. Ale się nie obudziłam. Matka opowiadała, że trzymał mnie przez chwilę za rękę, a przed wyjściem włożył mi pierścionek na palec.

Później wrócił sprawdzić, jak się czuję, i od razu spojrzał na moją dłoń.

– Jestem szczęśliwy, że nosisz ten pierścionek, Yeonmi-ya – powiedział.

Próbowałam zmusić się do uśmiechu i pokazałam, że pierścionek przesuwa mi się na palcu.

– Jest za luźny – powiedziałam.

– Musisz dojść do siebie i przybrać na wadze.

Odwiedzał mnie prawie codziennie, gdy wracałam do zdrowia, i zawsze byłam uszczęśliwiona jego widokiem.

Matka stale czuwała przy moim łóżku. Nie miałyśmy pieniędzy, by dać łapówkę pielęgniarkom, więc całkowicie mnie ignorowały. Wszystko musiała robić matka: czyściła mi rany i karmiła mnie przyniesionym jedzeniem. Szpital był źle wyposażony i brudny. Chcąc skorzystać z toalety, musiałam przejść przez dziedziniec do przybudówki. Na początku byłam zbyt słaba, by stać. Ale kiedy mogłam już chodzić, odkryłam, że szpital składuje na dziedzińcu zwłoki zmarłych pacjentów. W czasie mojego pobytu w szpitalu między moją salą a przybudówką leżało kilka ciał przypominających kłody drewna. Jeszcze okropniejsze były szczury, które w dzień i w nocy żerowały na zwłokach. Nigdy nie widziałam niczego potworniejszego. Szczury najpierw wyżerają oczy, bo to najbardziej miękka część ciała. Ciągle pamiętam puste, czerwone oczodoły zmarłych. Widuję je w koszmarnych snach i budzę się z krzykiem.

Matka była oburzona, że szpital składuje zwłoki pod gołym niebem.

– Dlaczego nie zabierzecie tych ludzi i ich nie pochowacie?! – spytała przechodzącą pielęgniarkę.

Kobieta wzruszyła ramionami.

– Władze zabierają ciała dopiero, gdy jest siedem. Teraz mamy tylko pięć – powiedziała i odeszła.

Matka próbowała podtrzymywać w sobie wiarę, że żyje w dobrym kraju. Z przerażeniem i smutkiem zdała sobie sprawę, jaka skorumpowana i bezlitosna stała się Korea Północna. Utwierdziło ją to w przekonaniu, że nie może pozwolić córkom dorastać w takim miejscu. Musiałyśmy jak najszybciej uciec.

Lekarze powiedzieli, że muszę pozostać w tym piekielnym szpitalu przez siedem dni, nim usuną mi szwy. Był już prawie koniec marca i zostało niewiele czasu na przekroczenie zamarzniętej rzeki. Ale ciągle byłam zbyt słaba, by wyruszyć w drogę.

Dwudziestego piątego marca, w przeddzień wypisania ze szpitala, rozmawiałam z matką, gdy na salę weszła moja siostra. Powiedziała, że nie może dłużej czekać, więc znalazła przemytnika, który przeprowadzi ją do Chin. Skończyła szesnaście lat i zaczęła samodzielnie podejmować decyzje. Matka wzięła ją na bok i błagała, by na mnie poczekała, lecz Eunmi odparła:

– Nie, odchodzę dziś wieczorem z siostrą przyjaciółki. Taka okazja może się nie powtórzyć.

Udawała przed matką, że podróż do Chin to nic wielkiego, że przejdzie na drugą stronę rzeki i może zaraz wróci. Matka nie uważała tego za dobry pomysł, ale nie mogła jej przekonać.

Późnym wieczorem Eunmi znowu przyszła do szpitala.

– Nie mogliśmy dziś iść – powiedziała.

– Widzisz? Ucieczka wcale nie jest taka prosta! – zauważyła matka.

– Czekamy do jutra – odparła siostra. – Umówiliśmy się na wieczór.

Rozdział jedenasty

Zniknięcie Eunmi

Następnego dnia stryj pożyczył samochód, by zabrać mnie ze szpitala. Moja rodzina miała nadzieję, że zdejmą mi szwy i wypiszą mnie do domu, ale lekarze odmówili, bo w dalszym ciągu byłyśmy im winni pieniądze. Musiałam spędzić w szpitalu jeszcze jedną noc.

Później odwiedziła mnie siostra z przyjaciółką. Eunmi miała na sobie cienką czarną sukienkę i włosy związane z tyłu. Kiedy powiedziałyśmy, że ciągle nie mogę opuścić szpitala, szepnęła do matki, by nie usłyszeli jej inni pacjenci:

– Bardzo mi przykro. Idę dziś wieczorem.

Matka nie wierzyła, że Eunmi da sobie radę sama.

– Och, dobrze – odpowiedziała. – I tak wrócisz.

Nie objęła jej ani nawet nie pożegnała. Żałowała tego przez wiele lat. Jeszcze dziś płaczę, gdy przypominam sobie ten wieczór. Nie zdawałyśmy sobie sprawy, jak zdesperowana jest Eunmi. Ojciec przygotował dla mnie specjalne danie – ziemniaki usmażone na oliwie z dodatkiem przypraw. Był to rzadki, kosztowny przysmak, lecz ojciec się martwił, bo byłam bardzo chuda i od wielu dni nie jadłam niczego konkretnego. Dlatego przygotował potrawę i poprosił Eunmi, by mi ją przyniosła. Ale tamtego wieczoru czułam mdłości i nie mogłam jeść.

– Po prostu nie jestem głodna, siostro – powiedziałam.

– Czy miałabyś coś przeciwko temu, gdybym ja to zjadła?

– Nie, proszę, częstuj się – odrzekłam.

Eunmi natychmiast usiadła obok mnie i zaczęła wpychać sobie smażone ziemniaki do ust tak szybko, jakby się obawiała, że ktoś może ukraść jej jedzenie.

– Pyszne – odezwała się po kilku sekundach. – Proszę, nie mów ojcu, że to zjadłam, dobrze?

– Obiecuję.

Wspominanie tamtych chwil jest ciągle takie bolesne. Wszyscy chcieliśmy tylko jednego: jeść.

Matka czuwała przy mnie przez całą noc. Kiedy Eunmi się nie pojawiła, uznałyśmy, że po prostu wróciła do mieszkania. Ale o piątej rano do mojej sali wszedł ojciec. Drżał.

– Gdzie jest Eunmi? – spytał. – Widziałyście ją?

– Nie! – odpowiedziała matka. – Nie jest z tobą?

– Nie – odrzekł. – Nie wróciła do domu.

Eunmi zniknęła. Matka ani przez chwilę nie przypuszczała, że siostra spróbuje samodzielnie zrealizować swój plan, i teraz robiła sobie wyrzuty. Była tak zdenerwowana, że prawie nie mogła złapać tchu. Ojciec załamywał ręce. A jeśli wpadła do lodowatej wody i utonęła? A jeśli nikt nigdy nie odnajdzie jej ciała? Rodzice powiedzieli, że muszą natychmiast zacząć szukać siostry, więc powinnam jak najszybciej wypisać się ze szpitala. Znaleźli lekarzy i tak długo ich prosili, aż w końcu zdjęto mi szwy.

Byłam ciągle zbyt słaba, by chodzić, ale poprzedniego wieczoru odwiedził mnie Chun Guen i zaproponował, że zabierze mnie do domu, jeśli zostanę wypisana. Byłam bardzo szczęśliwa, gdy przyjechał z przyjacielem na motocyklu. Przyjaciel czekał na zewnątrz i przez pewien czas byliśmy sam na sam. Chun Guen przyznał w końcu, że wie wszystko o mojej rodzinie. Zazdrosne dziewczęta mieszkające w jego domu dowiedziały się, że odwiedza mnie w szpitalu, i poinformowały go, że mój ojciec to przestępca. Ale Chun Guen stwierdził, że go to nie obchodzi. Ciągle chciał, bym go poślubiła. Był wielkim optymistą, wierzył, że uczyni mnie najszczęśliwszą kobietą na świecie. Nic nie mówiłam, po prostu się uśmiechałam. Wydawało się, że mu to wystarcza. Byłam zdesperowana, a on chciał mi dać trochę ciepła, światła i nadziei. Będę mu za to zawsze wdzięczna.

Wyszliśmy razem ze szpitala i jego przyjaciel uruchomił motocykl. Chun Guen trzymał mnie mocno, gdy jego kolega jechał powoli do mojego budynku. Nie mogłam wchodzić po schodach, więc Chun Guen zaniósł mnie na siódme piętro do naszego mieszkania. Na początku udawał, że nie sprawia mu to trudności, ale po kilku piętrach zaczął się pocić.

– Chyba przybierasz na wadze! – wysapał, szczerząc zęby.

Uśmiechnęłam się w milczeniu, bo uraziłabym go, gdybym się roześmiała.

W końcu dotarliśmy do naszych drzwi, a ja wstydziłam się zaprosić go do środka, bo zobaczyłby, jak biednie żyjemy. Pożegnaliśmy się i Chun Guen odszedł.

Kiedy weszłam do naszego pokoju, moi rodzice siedzieli skuleni na podłodze. Ciągle nie było żadnych wiadomości o Eunmi. Ojciec kołysał się w przód i w tył, płacząc bezgłośnie. Nie ośmielał się wydać głosu, bo usłyszeliby go sąsiedzi i zrozumieliby, że coś się stało. Na pytania, gdzie jest Eunmi, odpowiadał: „Och, u przyjaciół". Nie mogli poznać prawdy, bo donieśliby na nas. Czekaliśmy przez całą noc w nadziei, że Eunmi wróci, i baliśmy się, że spotkało ją coś strasznego. Przychodziły nam do głowy najróżniejsze myśli. Najgorsza ze wszystkiego była niewiedza.

Byłam tak słaba i zmęczona, że natychmiast położyłam się do łóżka i znalazłam pod poduszką list od Eunmi, który brzmiał: „Znajdźcie tę kobietę. Przeprowadzi was do Chin". Siostra podała adres domu w pobliżu rzeki, naprzeciwko dworca kolejowego w Wiyeon.

Następnego dnia rodzice poszli porozmawiać z rodzicami dziewczyny, która uciekła z Eunmi. Zabrali ze sobą list. Później wszyscy udali się do domu wskazanego przez Eunmi. Drzwi otworzyła kobieta, a matka spytała ostro:

– Gdzie jest nasza córka? Powiedz, co z nią zrobiłaś!

Kobieta pokręciła głową.

– Nie wiem, o czym pani mówi – odparła. – Nie znam pani córki.

Rodzice nie mogli nic zrobić, więc wrócili do domu.

Mijały kolejne dni i w dalszym ciągu nie mieliśmy żadnych wiadomości od siostry. Trzydziestego pierwszego marca ojciec wysłał matkę do miasta w jakiejś sprawie. Byłam jeszcze bardzo słaba, ale czułam się na tyle dobrze, by trochę się przejść, więc poszłam z matką. Zamierzała zajrzeć po drodze do domu przyjaciółki Eunmi i sprawdzić, czy nie ma jakichś wiadomości o dziewczętach.

Kiedy dotarłyśmy na miejsce, panowała tam atmosfera jak na pogrzebie. Wszyscy płakali, a matka dziewczyny była zrozpaczona i nieprzytomna z żalu.

– To wszystko moja wina! – zawołała. Powiedziała, że jej córka była przez cały czas głodna i że nigdy nie mogła się najeść tym, co dostawała. – Mówiłam, że je za dużo, ale gdybym wiedziała, że zamierza odejść w taki sposób, nigdy nie powiedziałabym słowa. – Nie mogła opanować łkania i mąż kazał jej się uspokoić.

– Przestań się zamartwiać, bo umrzesz od tego – rzekł. Cicho powiedział mnie i matce, że jego zdaniem córka postąpiła słusznie. Nie mogła żyć w Korei Północnej. Niektóre z sąsiadek szeptały, że one również uciekłyby do Chin, gdyby miały taką możliwość.

Kiedy wyszłyśmy z domu, matka wymyśliła inną strategię. Koniecznie chciała się dowiedzieć, czy Eunmi bezpiecznie dotarła do Chin. Zaproponowała, bym poszła do przemytniczki sama i powiedziała, że chcę uciec. Miałyśmy nadzieję, że kobieta wpuści mnie do domu, w którym, jak sądziłyśmy, ciągle mogła się znajdować moja siostra.

Kiedy zapukałam do drzwi, otworzyła mi ta sama osoba. Miała czterdzieści kilka lat, podobnie jak moja matka, i trzymała na rękach niemowlę ciągle ssące pierś. Była bardzo biednie ubrana, a gdy zajrzałam do środka, dom wydał mi się kompletnie zrujnowany; wyglądał, jakby miał się za chwilę zawalić. Kobieta zobaczyła, że jestem sama, i nagle stała się niezwykle przyjazna. Powiedziałam, że chcę uciec do Chin, na co odrzekła, że dałoby się to załatwić. Wtedy przywołałam matkę. Przemytniczka zastawiła sobą drzwi, by nas nie wpuścić, więc rozmawiałyśmy na dworze. Nie przyznała, że zna Eunmi, ale sprawiała wrażenie, że chce zdobyć nasze zaufanie.

– Zaczekajcie tutaj – powiedziała.

Poszła za róg; po chwili wróciła i zaprowadziła nas do wąskiego zaułka. Przedstawiła nas ciężarnej kobiecie, która również zachowywała się dość przyjaźnie.

– Jeśli chcecie, możecie przejść przez rzekę dziś w nocy – powiedziała kobieta w ciąży.

Do tej chwili nie zdawałam sobie sprawy, jak bardzo pragnę opuścić Koreę Północną. Nie miałam o tym pojęcia nawet wtedy, gdy zapukałam do drzwi domu nad rzeką. Nagle podjęłam decyzję. Ucieknę do Chin z matką. Siostra i ja powinnyśmy to zrobić razem, ale teraz wiedziałam, że nie mogę zostawić matki.

Chwyciłam ją za ręce i powiedziałam:

– Musimy iść, *Umma*! Druga taka okazja może się nie powtórzyć!

Ale matka usiłowała wyrwać dłonie.

– Yeonmi-ya, nie mogę zostawić ojca. Jest chory. Musisz iść sama.

Trzymałam ją mocno za ręce.

– Nie, jeśli cię puszczę, umrzesz w Korei Północnej. Nie mogę cię tu zostawić!

– Pozwól mi tylko powiedzieć ojcu, że zamierzam uciec – poprosiła. – Potem wrócę.

Nie chciałam pozwolić jej odejść, nawet po to, by poinformowała ojca. Znalazłby sposób, by ją powstrzymać, albo sama zmieniłaby zdanie. Wiedziałam, że jeśli spuszczę ją z oka, nigdy więcej jej nie zobaczę. Dlatego starałam się ją przekonać, by ze mną uciekła. Powiedziałam, że odnajdziemy Eunmi i zamieszkamy w Chinach, a potem sprowadzimy ojca. W dalszym ciągu wyobrażałam sobie, że w każdej chwili możemy stanąć na brzegu rzeki i pomachać do ojca, podobnie jak chińskie dzieci, które pytały mnie, czy jestem głodna. Ale najważniejszą rzeczą, jedyną, która miała jakieś znaczenie, było to, że jutro nie musiałybyśmy się już martwić o jedzenie. Nie dałam matce wyboru.

W dalszym ciągu ściskałam jej ręce.

– Pójdę, ale tylko z matką – oznajmiłam kobiecie w ciąży.

– Możecie iść razem – zgodziła się.

– A moja siostra, Eunmi? – spytałam. – Znajdziemy ją?

– Na pewno – odrzekła kobieta. – Kiedy przejdziecie przez rzekę, przekonacie się, że wszyscy Koreańczycy z Północy żyją w jednym miejscu. Spotkacie ją.

Brzmiało to sensownie, bo w Korei Północnej ludzie z poszczególnych grup etnicznych mieszkają w tych samych rejonach. Nigdy nie przyszło nam do głowy zapytać, dlaczego te kobiety nam pomagają i dlaczego nie musimy im płacić. Nie podejrzewałyśmy, że kryje się w tym coś złego. Chociaż matka handlowała na czarnym rynku, ufała ludziom. Jako Koreanki z Północy byłyśmy naiwne w sposób, którego nie potrafię w pełni wyjaśnić.

Przez resztę dnia stale przenosiłyśmy się z miejsca na miejsce, a kobieta w ciąży kazała nam czekać przed różnymi budynkami na przedmieściach Hiesan. W końcu, późnym popołudniem, weszłyśmy do publicznej toalety, gdzie otrzymałyśmy bardzo ciemne, cienkie stroje, które kazano nam włożyć. Kobieta powiedziała, że będziemy w nich wyglądały jak tragarze szmuglujący towary przez rzekę. Gdyby nas złapano, miałyśmy mówić, że tym się zajmujemy. Powinnyśmy powiedzieć, że kazano nam przynieść z chińskiego brzegu kilka paczek i że zamierzałyśmy natychmiast wrócić.

Później znikła, a z domu wyszło dwóch młodych ludzi. Wyprowadzili mnie i matkę z miasta bocznymi uliczkami i zaułkami. Powiedzieli, że gdybyśmy szli drogą, zauważyliby nas ludzie i moglibyśmy mieć poważne kłopoty. Dlatego prowadzili nas ścieżkami w górach – tak nazywaliśmy strome wzgórza, gdzie zbieraliśmy chrust – aż dotarliśmy krętą drogą z powrotem do rzeki. Od operacji nie upłynęły jeszcze dwa tygodnie i szybko się zmęczyłam. Młodzi mężczyźni szli naprawdę szybko i po chwili nie mogłam znieść bólu w boku, więc poprosiłam, by zwolnili kroku. Na początku ścieżkami prowadzili nas tylko oni dwaj, później dołączył jeszcze jeden. Był młodszy, ale zachowywał się jak szef. Poinstruował nas, co powinnyśmy zrobić po przybyciu do Chin.

– Kiedy przejdziecie przez rzekę, nie mówcie nikomu, ile naprawdę macie lat – rzekł. – Powiedzieliśmy ludziom mieszkającym po drugiej stronie, że osiemnaście i dwadzieścia osiem. Nie przyjmują za młodych ani za starych. I nie zdradźcie, że jesteście matką i córką. Nic o tym nie wiedzą i mogłyby z tego wyniknąć kłopoty.

Wydało mi się to dziwne, ale musiałam zaufać przemytnikom, że wiedzą, jak przeprowadzić nas do Chin. Szłyśmy już przez cały dzień i zapadał zmrok. Od rana nie miałyśmy nic w ustach, a oni nie dali nam nic do jedzenia. W pewnej chwili dwóch młodych ludzi się zatrzymało i kazali nam iść za najmłodszym. Zaprowadził nas na skraj nadrzecznej skarpy. Było bardzo ciemno, ale widziałyśmy w dole szeroką drogę i stromy brzeg zamarzniętej rzeki.

– Chodźcie za mną – powiedział chłopak. – I pod żadnym pozorem nie hałasujcie.

Część druga

Chiny

Rozdział dwunasty

Druga strona ciemności

Po drugiej stronie rzeki nie było czasu na odpoczynek. Zostawiliśmy za sobą żołnierzy północnokoreańskich, ale ciągle mogły nas zatrzymać chińskie patrole i odesłać do Korei. Przewodnik kazał nam się nie zatrzymywać, więc matka i ja wdrapałyśmy się za nim po oblodzonym brzegu do niewielkiej nieoświetlonej szopy. Czekał tam na nas łysy, tęgi mężczyzna.

– No już, dawajcie ubrania i włóżcie te – powiedział. Jego szorstki akcent świadczył, że musi być jednym z wielu Chińczyków pochodzenia koreańskiego mieszkających w Changbai. Rozebrałyśmy się w ciemności i włożyłyśmy tanie chińskie ubrania. Gdyby nas teraz zatrzymano, przynajmniej wyglądałybyśmy jak Chinki. Północnokoreański przewodnik został ze mną, a łysy mężczyzna wyciągnął matkę z szopy.

– Nie martw się – odezwał się przewodnik. – Wszystko w porządku.

Ale mnie się nie wydawało, że wszystko jest w porządku. Usłyszałam, jak matka błaga łysego mężczyznę, a później rozległy się okropne odgłosy, których nigdy wcześniej nie słyszałam.

Dopiero później dowiedziałam się, co się stało. Łysy handlarz oświadczył matce, że chce uprawiać ze mną seks. Musiała szybko się zdecydować: nie wiedział, że jestem jej córką i że mam zaledwie trzynaście lat. Mógł odesłać nas na drugi brzeg, gdzie schwytaliby nas strażnicy graniczni. Powiedziała mu, że jestem chora, że niedawno przeszłam operację i że otworzą mi się rany.

– Będę delikatny – odparł.

– Nie, nie możesz tego zrobić! – zawołała matka.

– Co cię to obchodzi? – spytał. – Dlaczego troszczysz się o tę dziewczynę?

– Jestem jej ciotką – skłamała matka. – Nie powinnam ci o tym mówić.

– Czemu się stawiasz? – burknął. – Jeśli będziecie pyskować, odeślemy was do Korei Północnej, a tam was aresztują.

– Nie będziemy pyskować – odpowiedziała matka. – Weź mnie zamiast niej.

Przewrócił matkę na koc leżący na ziemi, z którego na pewno już wcześniej korzystał, i zgwałcił.

Po kilku minutach łysy handlarz wrócił z matką do szopy. W tej samej chwili przed budynkiem zatrzymał się samochód. Wsiedliśmy do niego, ja i matka z tyłu, i przez pewien czas jechaliśmy wzdłuż rzeki. Czułam, że wydarzyło się coś strasznego, ale w dalszym ciągu nie miałam pojęcia, co zrobiła matka, by mnie chronić.

– *Umma*, co się stało? – spytałam.

– Nic, nie martw się – odpowiedziała, ale głos jej drżał.

Nie byłam przyzwyczajona do jazdy samochodem i wkrótce ogarnęły mnie mdłości. Matka położyła moją głowę na swoich kolanach i trzymała mnie mocno za ręce. Ale kiedy minęłyśmy zakole rzeki, kazała mi popatrzeć. Z okna widziałyśmy ciemne budynki po północnokoreańskiej stronie rzeki.

– Spójrz, Yeonmi-ya. Może widzisz swoje rodzinne miasto po raz ostatni – powiedziała.

Serce zabiło mi w piersi, gdy mijaliśmy nasz dom. Wiedziałam, że w mieszkaniu jest ojciec i czeka na nasz powrót. Przysięgam, że zauważyłam błysk światła w oknie, jak sygnał wysłany mi przez ojca. Ale matka powiedziała, że to tylko moja wyobraźnia. Żadne światło się nie pojawiło.

Następnym etapem podróży było mieszkanie łysego handlarza w Changbai.

– Co się dzieje? – spytała moja matka młodego przewodnika z Korei Północnej.

– Po prostu słuchajcie tych ludzi i wszystko będzie dobrze – odparł.

Żona łysego mężczyzny, podobnie jak on, była Koreanką. Kobieta była sparaliżowana od pasa w dół. Mieszkała z nimi jej matka, która się nią opiekowała. W domu była elektryczność i gdy łysy mężczyzna zobaczył nasze twarze, wpadł we wściekłość.

– Te kobiety nie mają osiemnastu i dwudziestu ośmiu lat! – ryknął do przewodnika. Matka zaczęła się zaklinać, że mówimy prawdę, i zdołała wreszcie przekonać łysego handlarza, że ma trzydzieści cztery lata, choć w rzeczywistości skończyła czterdzieści jeden. Ale kiedy spojrzał na mnie, zrozumiał, że jestem jeszcze dzieckiem. Zatelefonował i zaczął sprzeczać się z kimś po koreańsku. Zorientowałam się, że chodzi o pieniądze.

W końcu wytłumaczyła nam wszystko jego żona, która siedziała na łóżku i obserwowała całą scenę.

– Jeśli chcecie zostać w Chinach, musicie zostać sprzedane i wyjść za mąż – powiedziała.

Byłyśmy wstrząśnięte. Co to znaczy „sprzedane"? Nie wyobrażałam sobie, jak jeden człowiek może sprzedać drugiego. Myślałam, że ludzie sprzedają psy, kurczaki i inne zwierzęta – ale nie ludzi. I co miała na myśli, mówiąc „wyjść za mąż"? Nie wierzyłam w to, co się dzieje.

Nie wiedziałyśmy, co odpowiedzieć. W końcu żona łysego handlarza straciła cierpliwość.

– Decydujcie się! Natychmiast! – rzuciła ostro. – Będziecie sprzedane albo wracacie! Nie ma innej możliwości!

Odkąd chwyciłam matkę za ręce i nie chciałam puścić, coś się między nami zmieniło. Teraz to ja podejmowałam decyzje. Matka spojrzała na mnie i spytała:

– Co chcesz zrobić?

– Chcę coś zjeść – odpowiedziałam bez namysłu. Przez cały dzień nie miałyśmy nic w ustach. Wszystko było takie dziwne i przerażające, że nie wiedziałam, co myśleć.

– Tak, Yeonmi-ya – odpowiedziała matka. – Ale czy chcesz wrócić do Korei Północnej?

Zastanawiałam się przez chwilę. Doszłam do wniosku, że gdyby nas sprzedano, prawdopodobnie znalazłybyśmy się w tej samej wiosce i na miejscu mogłybyśmy zaplanować następny ruch. Mogłybyśmy odnaleźć Eunmi i miałybyśmy jedzenie.

– Chcę zostać w Chinach – powiedziałam.

– Dobrze – odezwał się łysy handlarz.

– Wiesz coś o mojej starszej córce, Eunmi? – spytała matka. – Zamierzała się przedostać do Chin i nie mamy od niej żadnych wiadomości.

Handlarz stwierdził, że kilka dni wcześniej miał odebrać dwie dziewczyny, ale się nie pojawiły. Czekał na nie również w przeddzień naszego przybycia, znowu bez skutku. Jego zdaniem w dalszym ciągu przebywały w Korei Północnej. Ale zapewnił nas, że wkrótce znajdą się w Chinach i że wszystkie spotkamy się w wiosce, w której mieszkają inni uciekinierzy.

– W porządku – powiedziałam. – Zgadzamy się.

Znów zatelefonował i wkrótce pojawił się bardzo gruby Chińczyk wraz z chudą kobietą mówiącą z północnokoreańskim akcentem. Usiedli z łysym handlarzem i na naszych oczach targowali się o cenę za nas. Gruby mężczyzna, Zhifang, był kolejnym pośrednikiem średniego szczebla w gangu handlarzy żywym towarem, który miał nas sprzedać naszym „mężom". Dowiedziałyśmy się, że matka i córka są zwykle sprzedawane za znacznie niższą cenę niż dwie zdrowe, młode kobiety, które można sprzedać osobno. Dlatego handlarze z Korei Północnej okłamali chińskiego pośrednika, ukrywając, że jesteśmy matką i córką, i próbując go przekonać, że mam szesnaście lat, by uzyskać wyższą cenę.

Zhifang spojrzał na mnie i powiedział:

– No już, powiedz, ile naprawdę masz lat!

Byłam bardzo mała i nie mogłam mu wmówić, że jestem starsza. W końcu przyznałam, że w rzeczywistości mam trzynaście lat.

– Wiedziałem! – zawołał Zhifang.

W końcu dobili targu. Moja matka, kupiona od Koreańczyków z Północy za pięćset chińskich juanów, równowartość około sześćdziesięciu pięciu dolarów amerykańskich (po kursie z 2007 roku), została sprzedana Zhifangowi za sześćset pięćdziesiąt dolarów. Ja pierwotnie kosztowałam dwieście sześćdziesiąt dolarów, a Zhifang kupił mnie za niespełna dwa tysiące. Ceny rosły przy każdej kolejnej transakcji w łańcuchu pośredników.

Nigdy nie zapomnę palącego upokorzenia, które czułam, słuchając, jak się targują. W ciągu kilku godzin zmieniłam się w towar. Nawet nie odczuwałam gniewu. Wciąż trudno mi pojąć, dlaczego się na to wszystko godziłyśmy: czułyśmy lęk i nadzieję. Ogarnęło nas odrętwienie, miałyśmy tylko jeden cel: znaleźć się z dala od niebezpiecznej granicy Korei Północnej. Uwolnić się od strasznego łysego handlarza i jego przerażającej żony. Dostać coś do jedzenia i zastanowić się nad sytuacją.

Kiedy ustalono nasze ceny, północnokoreański przewodnik, Zhifang i kobieta wyszli z mieszkania. Ja i matka dostałyśmy w końcu jeść. Nie wierzyłam własnym oczom, gdy teściowa Zhifanga postawiła przede mną całą miskę ryżu i kiszone ogórki w pikantnym sosie. Nigdy nie widziałam ogórków w zimie; ich pojawienie się wyglądało jak cud. Nie mogłabym zjeść takiej ilości ryżu. W Korei Północnej musiałabym podzielić się jedzeniem z innymi i zostawić trochę na dnie miski. Opróżnianie naczyń do czysta jest niegrzeczne i przynosi wstyd, bo wiadomo, że resztki zje gospodarz. Ale tu, w Chinach, było tyle ryżu, że każdy mógł zjeść sam całą miskę. W koszu na śmieci w mieszkaniu Zhifanga znajdowało się więcej jedzenia, niż dostawałam przez tydzień w Hiesan. Nagle poczułam się szczęśliwa, że zdecydowałam się uciec.

O piątej rano, gdy z nieba sypał gęsty śnieg wirujący wokół budynku, nadjechała taksówka i stanęła za rogiem. Wyszliśmy na zewnątrz i łysy handlarz kazał mi czekać przy bramie. Później rzucił matkę na ziemię i zgwałcił ją na moich oczach jak zwierzę. Widziałam w jej spojrzeniu ogromny strach, ale nie mogłam nic zrobić. Stałam i drżałam, pragnąc, by to wreszcie się skończyło. W ten sposób poznałam, czym jest seks.

Kiedy łysy handlarz skończył, zaprowadził nas do taksówki i wepchnął na tylne siedzenie. Byłyśmy wstrząśnięte; nie mogłyśmy wykrztusić słowa. W samochodzie znajdowała się już inna Koreanka z Północy, kobieta w wieku trzydziestu kilku lat. Ona także niedawno przekroczyła granicę. Z przodu, obok kierowcy, siedziała pomocnica Zhifanga, o imieniu Young Sun. Wytłumaczyła nam, że przed sprzedażą wszystkie pojedziemy w inne miejsce. Matka i ja przytuliłyśmy się do siebie i próbowałyśmy zachować spokój. Przez większą część podróży odczuwałam mdłości. Kiedy jechałyśmy przez tereny wiejskie, nie padło prawie ani jedno słowo. Wieczorem zatrzymaliśmy się w końcu na przedmieściach wielkiego miasta. Matka nie mówiła ani nie czytała po chińsku, ale na studiach uczyła się trochę angielskiego. Zauważyła dwujęzyczną tablicę i powiedziała, że jesteśmy w Changchun, stolicy prowincji Jilin.

W Chinach nawet powietrze wydawało się inne. W Korei Północnej żyliśmy wśród obłoków kurzu i w dymie palonych śmieci. W Chinach świat wydawał się czystszy i wszędzie czułyśmy pyszne zapachy kuchenne.

Young Sun mieszkała z Zhifangiem, grubym handlarzem, w dzielnicy skromnych bloków mieszkalnych, które mnie wydawały się eleganckie. Kiedy Young Sun wprowadziła nas do mieszkania, natychmiast spytała:

– Co chcecie zjeść?

– Jajka! – zawołałam. – Chcę jeść jajka!

Od aresztowania ojca miałam w ustach tylko kilka kęsów jajka, i to wyłącznie podczas obchodów Nowego Roku. Young Sun usmażyła pięć całych jajek i podała mi je. Kiedy pożerałam żółtka z miękkim chlebem, moja opinia o Chinach wzrosła jeszcze bardziej.

Później poznałyśmy historię Young Sun. W Korei Północnej zajmowała się przemytem, po czym popadła w długi i zbankrutowała. Zhifang zaproponował jej pracę pod warunkiem, że przeniesie się do Chin i z nim zamieszka. Teraz nie przewoził kobiet kupionych na granicy, lecz wysyłał po nie Young Sun. W ten sposób ona ponosiła całe ryzyko. Nie miała żadnych praw ani dokumentów, więc w każdej chwili mogła zostać aresztowana i odesłana do Korei Północnej.

Prawie wszyscy uciekinierzy z Korei żyją w Chinach w ciągłym strachu. Mężczyźni, którzy zdołają przekroczyć granicę, często wynajmują się do pracy u wieśniaków za głodowe stawki. Nie ośmielają się skarżyć, bo rolnik mógłby zawiadomić policję, po czym zostaliby aresztowani i deportowani. Chińskie władze nie życzą sobie napływu imigrantów i nie chcą drażnić przywódców z Pjongjangu. Korea Północna to nie tylko partner handlowy, ale i państwo dysponujące bronią jądrową, ważny bufor między Chinami a Koreą Południową, gdzie stacjonują amerykańscy żołnierze. Pekin nie chce przyznawać statusu uchodźców uciekinierom z Korei Północnej, nazywa ich nielegalnymi „imigrantami zarobkowymi" i odsyła do domu. Oczywiście przed ucieczką nic o tym nie wiedziałyśmy. Myślałyśmy, że będziemy mile widziane. I czasem rzeczywiście byłyśmy mile widziane – ale nie przez władze.

W rejonach wiejskich istniało zapotrzebowanie na Koreanki z Północy, ponieważ brakowało chińskich kobiet. Rządowa polityka kontroli urodzeń sprawiła, że większość małżeństw mogła mieć tylko jedno dziecko – a w kulturze chińskiej najbardziej cenieni są potomkowie płci męskiej. Jeśli miała się urodzić dziewczynka, często dokonywano aborcji, a według organizacji broniących praw człowieka wiele niemowląt płci żeńskiej zabijano w sekrecie po urodzeniu. Doprowadziło to do sytuacji, że w Chinach pojawił się nadmiar chłopców i zaczęło brakować dziewcząt, które mogłyby wyjść za nich za mąż. Przewaga liczby mężczyzn nad liczbą kobiet była szczególnie wyraźna na wsi, skąd wiele młodych kobiet, skuszonych perspektywą pracy i lepszego życia, przeniosło się do dużych miast.

Szczególnie trudno było znaleźć żony mężczyznom upośledzonym fizycznie lub umysłowo, i to oni i ich rodziny stworzyli zapotrzebowanie na niewolnice z Korei Północnej. Ale kandydatki na żony nie były tanie; czasem kosztowały kilka tysięcy dolarów, czyli równowartość rocznych zarobków ubogiego rolnika. Handel żywym towarem i sekretne małżeństwa są oczywiście nielegalne w Chinach; dzieci urodzone z takich związków nie są uznawane za obywateli chińskich. Oznacza to, że nie mogą normalnie chodzić do szkoły, a gdy dorosną, nie mogą znaleźć pracy z powodu braku dokumentów. Handel żywym towarem jest nieludzki, ale to kwitnący interes w północno-wschodnich Chinach.

Kiedy matka, ja i druga kobieta z Korei Północnej zjadłyśmy posiłek i odpoczęłyśmy, Zhifang, który wrócił z Changbai osobno, usiadł z nami, by powiedzieć, co nas teraz czeka. Oświadczył, że pojawi się inny Chińczyk, który zabierze nas na wieś i znajdzie nam mężów.

– Możemy zostać sprzedane razem? – spytała matka. – Ta dziewczyna to tak naprawdę moja córka, nie siostrzenica.

Gruby handlarz nie wydawał się zdziwiony.

– Przykro mi, ale ty i twoja córka zostaniecie sprzedane osobno – oświadczył. – Zapłaciłem za każdą z was i tylko w ten sposób mogę odzyskać pieniądze.

– Ale moja córka nie może wyjść za mąż! – zaprotestowała matka. – Ma dopiero trzynaście lat.

– Posłuchaj. Nie martw się. Zgadzam się, że jest za młoda – odparł Zhifang. – Jestem człowiekiem tak samo jak wy! Jak mógłbym sprzedać trzynastoletnią dziewczynkę, by zawarła małżeństwo? – Powiedział, że jeśli się zgodzimy, by sprzedano nas osobno, zostanę z nim i Young Sun, aż podrosnę. Później zdecydują, co dalej. Tymczasem dadzą matce numer swojego telefonu komórkowego, by zawsze mogła do mnie dzwonić.

Dyskutowałyśmy o tym przez kilka minut, po czym uznałyśmy, że to prawdopodobnie najlepsze rozwiązanie, na jakie możemy liczyć.

Matka powiedziała Zhifangowi, że zgadza się zostać sprzedana beze mnie.

– Dobrze – odrzekł Chińczyk. – A teraz, co jeszcze chciałybyście zjeść? Jeśli chcecie arbuza, jutro wam go kupię.

Nazajutrz rano Zhifang i Young Sun zabrałli mnie do miasta, bym po raz pierwszy naprawdę zobaczyła Chiny. Przeszliśmy obok kilku wystaw sklepowych i po raz pierwszy w życiu zobaczyłam manekin krawiecki. Nie wiedziałam, czy to prawdziwy człowiek, czy imitacja.

Young Sun zauważyła, że na niego patrzę, i powiedziała:

– To po prostu lalka, mała.

Nie mogłam uwierzyć, że w sklepach jest tyle artykułów. Widziałam restauracje i handlarzy sprzedających różne artykuły spożywcze. Na ulicy można było kupić prażoną kukurydzę i kebaby z owocami, jakich nigdy nie widziałam. Rozpoznałam tylko truskawkę, którą widziałam na ilustracji w podręczniku szkolnym.

– Chcę to! – powiedziałam, wskazując owoc.

Kupili mi truskawkę i po raz pierwszy w życiu jej spróbowałam. Nie wierzyłam, że coś może tak pysznie smakować. Mogłabym się nią delektować w nieskończoność. Na początku martwiłam się, że te przysmaki są zbyt drogie, ale moi nowi przyjaciele powiedzieli, bym się tym nie przejmowała.

W tej chwili uważałam Chiny za raj na ziemi. Prawie zapomniałam o straszliwych przeżyciach ostatnich dwóch dni. Myślałam o rzeczach, których powinnam się nauczyć. Nie rozumiałam, co mówią otaczający mnie ludzie, więc poprosiłam Young Sun, by nauczyła mnie kilku słów w języku mandaryńskim. Na początku nauczyła mnie pytania: *Zhe shi shenme?*, czyli „Co to jest?". Gdziekolwiek poszłam, wskazywałam różne rzeczy i pytałam: *Zhe shi shenme?*, a Young Sun podawała słowa.

Podczas pierwszego spaceru Young Sun wyjaśniła, jak działają światła uliczne, bym nie weszła na jezdnię w nieodpowiednim momencie. W Hiesan nie było świateł, a samochodów prawie się nie widywało. W Pjongjangu byłam za mała, by zrozumieć, jak działa sygnalizacja świetlna. Ale tutaj musiałam uważać na światła przed przejściem przez ulicę, bo mógłby mnie przejechać samochód. Wkrótce poczułam się oszołomiona. Kręciło mi się w głowie na widok tylu jaskrawych kolorów i ludzi. Zapachy benzyny, pieczonych potraw i wyziewów samochodowych sprawiły, że o mało nie zwymiotowałam na chodnik.

Para przewodników poprowadziła mnie z powrotem do mieszkania. Kiedy przybyliśmy na miejsce, powiedzieli, że pora się pożegnać z matką. Zhifang miał ją zabrać wraz z innymi kobietami do kolejnego handlarza, któremu zamierzał je sprzedać. Nagle ocknęłam się ze snu na jawie. Po odejściu matki zostanę sama wśród obcych ludzi! Usiłowała dodać mi otuchy i widziałam determinację na jej delikatnej, znużonej twarzy.

– Grzecznie się zachowuj – powiedziała. – Codziennie sprzątaj dom i gotuj dla tych ludzi, by czuli, że warto cię zatrzymać. – Pokazała mi numer telefonu grubego handlarza zapisany na złożonym kawałku papieru, który trzymała w kieszeni. – Zatelefonuję, jak tylko będę mogła. Może po przybyciu na miejsce spotkam się z Eunmi.

Poprzedniego dnia handlarze dali nam miękki, biały chiński chleb zawinięty w plastik. Był tak pyszny, że postanowiłam zachować połowę i dać matce na podróż. Ale kiedy poszłam go szukać, okazało się, że ukradła go i zjadła druga Koreanka z Północy. Uściskałam matkę na pożegnanie, lecz nie mogłam nic jej dać.

Płakałam przez pewien czas po wyjeździe matki, więc Zhifang i Young Sun zabrali mnie na kolację do restauracji, by mnie rozweselić. Wcześniej tylko raz byłam w restauracji w Pjongjangu razem z ojcem. Jeszcze nigdy nie widziałam jednorazowych pałeczek do ryżu; pokazano mi, jak je od siebie oddzielić, lecz nie złamać. Zhifang i Young Sun zamówili ogromne porcje wieprzowiny z papryką i smażonym ryżem. Jadłam, aż mój żołądek był bliski pęknięcia.

Tego wieczoru Young Sun zaczęła mnie uczyć zasad higieny. Nigdy wcześniej nie widziałam toalety i wyjaśniła mi, jak z niej korzystać. Myślałam, że należy kucać na sedesie jak w wychodkach używanych w Korei Północnej. Pokazała mi, jak myć ręce w umywalce, jak posługiwać się szczoteczką do zębów i pastą. Po aresztowaniu ojca miałyśmy tak mało pieniędzy, że czyściłyśmy zęby palcami posypanymi solą. Poinformowała mnie również, że Chinki korzystają w czasie okresu z jednorazowych podpasek. W Korei Północnej używałyśmy cienkich szmatek z płótna, które musiałyśmy prać, więc co miesiąc siedziałam przez kilka dni w domu. Kiedy wręczyła mi miękką podpaskę opakowaną w plastik, nie miałam pojęcia, co z nią zrobić. Pachniała tak ładnie, że chciałam ją zachować do innych celów. Ale sam pomysł podpasek wydał mi się wspaniały, bo dawał kobietom znacznie więcej swobody.

Następnego dnia Young Sun zabrała mnie do łaźni publicznej, gdzie kobiety biorą prysznic we wspólnej umywalni. Widziałam prysznice w filmach, ale nie na własne oczy. Czułam się cudownie, gdy po moim ciele spływała ciepła woda. Young Sun umyła mnie od stóp do głów prawdziwym mydłem, spryskała mi włosy preparatem przeciw wszom i włożyła mi na głowę czepek kąpielowy. W Korei Północnej wszyscy mają wszy i nie sposób się ich pozbyć. Po tej kuracji poczułam ogromną ulgę.

Kilka godzin później moja transformacja była zakończona. Wróciłam do mieszkania z czystymi włosami i w nowym ubraniu.

– Lśnisz jak słońce! – powiedział na mój widok Zhifang i się uśmiechnął.

Tymczasem moją matkę i Koreankę, która ukradła nam chleb, sprzedano da laobanowi, „wielkiemu szefowi" w siatce handlarzy żywym towarem. Nazywał się Hongwei. Wśród gangsterów sprowadzających kobiety z Korei Północnej istniała ścisła hierarchia. Na najniższym szczeblu znajdowali się dostawcy po północnokoreańskiej stronie granicy. Nieco wyższą pozycję mieli hurtownicy, jak łysy koreańsko-chiński pośrednik z Changbai oraz para z Changchun. Na szczycie znajdowali się bossowie tacy jak Hongwei, często mający własną sieć dystrybutorów.

Hongwei był Chińczykiem Han, którzy stanowią większość ludności Chin, i nie znał ani słowa po koreańsku. Był wysoki, miał trzydzieści kilka lat, pociągłą twarz i gęste włosy. Matkę i Koreankę z Północy zawieziono autobusem i taksówką w głąb Chin; nie miały pojęcia, dokąd zmierzają. Zatrzymali się na noc w ciemnym, zimnym domu na wsi. Pojawił się stary mężczyzna i rozpalił ogień; Hongwei dał matce na migi do zrozumienia, że to jej mąż i że musi z nim spać. Ale oszukał ją: był to po prostu kolejny pośrednik. Handlarze żywym towarem zawsze wykorzystują kobiety przed ich sprzedażą, robił to również Hongwei. Nie miała wyboru i musiała ulec.

Następnego dnia Hongwei zawiózł matkę i Koreankę z Północy do domu na wsi pod Jinzhou, miasta leżącego około pięciuset kilometrów na północny wschód od Pekinu. Umył je, a następnie dał im nowe ubrania i kosmetyki. Drugą kobietę szybko sprzedano, lecz znalezienie kandydata na męża matki trwało znacznie dłużej. Przez kilka następnych dni Hongwei pokazywał ją różnym mężczyznom. Czuła się jak worek kartofli na straganie, gdy targowali się o cenę. Mówili, że jest za chuda i za stara, dlatego Hongwei stopniowo obniżał żądaną stawkę. Jakaś kobieta przyprowadziła umysłowo upośledzonego syna, by ją dla niego kupić, ale matka się nie zgodziła. (Handlarze zwykle nie zmuszają kobiet do małżeństw wbrew ich woli, ponieważ wiedzą, że będą próbowały uciec, co źle wpływa na interesy. Jednak jeśli kobiety są krnąbrne, biją je albo oddają w ręce policji, która odsyła je do Korei Północnej). W końcu pojawiła się rodzina wieśniaków z nieżonatym synem w wieku trzydziestu kilku lat. Matkę sprzedano za równowartość około dwóch tysięcy stu dolarów.

Tego samego dnia rolnicy zabrali ją do swojego domu na wsi, gdzieś na pustkowiu, gdzie miała mieszkać. Budynek był bardzo skromny, wzniesiony z kamienia i cementu, z blaszanym dachem. Był początek kwietnia, pola już zaorano i wkrótce miał się rozpocząć siew zboża i fasoli. Matka znała zaledwie kilka słów po chińsku, ale pokazała na migi swojemu nowemu „mężowi", że chciałaby do mnie zatelefonować. Z początku odmawiał, ale po kilku dniach płaczu i próśb wreszcie się zgodził. Byłam bardzo szczęśliwa, gdy matka zadzwoniła na komórkę grubego handlarza, a on podał mi telefon.

– Widziałaś Eunmi? – spytałam.

– Nie, córeczko – odpowiedziała matka. – Nie widziałam nikogo z Korei Północnej.

Zorientowałam się po jej głosie, że jest w koszmarnym stanie. Nie spała od wielu dni i nie potrafiła wytłumaczyć nowej rodzinie, że potrzebuje tabletek nasennych, które zażywała w Korei Północnej, jeśli mogła sobie na to pozwolić. Teraz żałowała, że zgodziła się mnie opuścić. Nie mogła mnie dłużej chronić i nie znalazła Eunmi. Usiłowałam ją pocieszyć i prosiłam, by się nie martwiła. Zapewniałam, że wszystko jest w porządku i że zawsze może do mnie zadzwonić.

Później nie telefonowała do mnie przez wiele tygodni. Chińska rodzina trzymała wszystko pod kluczem – komórkę, pieniądze, nawet jedzenie. Matka przekonała się, że ma być nie tylko żoną chińskiego rolnika, ale też niewolnicą całej rodziny. Musiała gotować, sprzątać i pracować w polu. Wiele razy prosiła, by pozwolili jej znowu zadzwonić do córki, ale nie zwracali uwagi na jej płacz. Traktowali ją jak jedno ze zwierząt gospodarskich, nie jak człowieka.

Rozdział trzynasty

Pakt z diabłem

Już po trzech dniach po wyjeździe matki Zhifang próbował mnie zgwałcić.

W jego mieszkaniu znajdowały się dwie sypialnie położone po przeciwnych stronach korytarza; ja zajmowałam jedną, a on i Young Sun drugą. Zhifang wślizgnął się w środku nocy do mojego łóżka. Śmierdział alkoholem i zaczął mnie obmacywać szorstkimi łapami. Byłam wstrząśnięta, zaczęłam wierzgać i wyrywać się z jego objęć.

– Cicho! – szepnął. – Obudzisz ją!

– Jeśli mnie nie puścisz, zacznę wrzeszczeć! – odpowiedziałam. W końcu niechętnie dał mi spokój i wrócił do śpiącej przyjaciółki.

Dwa dni później znowu spróbował. Tym razem upił Young Sun, aż straciła przytomność, i w środku nocy przyszedł do mojej sypialni. Znowu walczyłam: kopałam, krzyczałam i gryzłam. Doszłam do wniosku, że jedyna droga ratunku to udawać wariatkę. Zachowywałam się tak dziko, że Zhifang zrozumiał, iż musiałby zrobić mi krzywdę, a nawet zabić, by skończyć to, co zaczął. A potem nie miałabym żadnej wartości. Dlatego dał spokój.

– Dobrze – powiedział. – Ale nie możesz dłużej zostać w tym domu. Sprzedam cię chłopu.

– W porządku – odparłam. – Sprzedaj mnie.

Kilka dni później przyszedł mnie zabrać człowiek, który wcześniej kupił i sprzedał moją matkę.

Tak naprawdę nie nazywał się Hongwei i bez przerwy kłamał. Powiedział mi, że ma dwadzieścia sześć lat, choć w rzeczywistości skończył trzydzieści dwa. Nie znał mojego prawdziwego wieku, bo gruby pośrednik Zhifang oświadczył, że mam szesnaście lat. Nikt nie mówił prawdy.

Próbowałam się uczyć chińskiego, lecz rozumiałam bardzo niewiele. Hongwei mógł się ze mną porozumiewać tylko na migi. Przed długą podróżą zabrał mnie na śniadanie do chińskiej restauracji, ale byłam tak przerażona, że trzęsły mi się ręce. Każdy handlarz żywym towarem spotkany w Chinach chciał mnie zgwałcić i zakładałam, że Hongwei planuje to samo. Pokazywał mi, bym jadła, lecz nie mogłam przełknąć ani kęsa. Chociaż ciągle byłam chuda i niedożywiona, nie miałam apetytu. Przybyłam do Chin, by się najeść, a teraz ogarniały mnie mdłości na myśl o jedzeniu.

Pojechaliśmy autobusami w rodzinne strony Hongweia, leżące między starożytnym miastem Chaoyang a ruchliwym portem Jinzhou. Autobusy często się zatrzymywały; podczas jednego z postojów do środka wszedł lodziarz i Hongwei kupił mi lody. Nie jadłam od dłuższego czasu i nagle odzyskałam apetyt. Nie wierzyłam, że coś może być takie pyszne. Nawet po ich skończeniu jadłam je dalej w wyobraźni.

Noc spędziliśmy w hotelu w niewielkim mieście w okolicach Jinzhou. Kiedy dotarliśmy tam wieczorem, znów byłam zbyt zdenerwowana, by cokolwiek przełknąć. Hongwei zabrał mnie do sklepu, by kupić potrzebne rzeczy. Wiedziałam, że chce, bym je sobie wybrała, ale nigdy nie widziałam takich luksusowych artykułów, więc powiedziałam, że niczego nie potrzebuję. Wybrał kolorową szczoteczkę do zębów, mydło i ładny haftowany ręcznik. Zauważył, że mam szorstką skórę z powodu niedożywienia i zimnych, chłodnych wiatrów wiejących w zimie w Korei Północnej, dlatego kupił mi tonik nawilżający. Wszystkie te rzeczy były tak ładne, że zaczęłam się uspokajać. Pomyślałam, że może mimo wszystko nie jest taki zły.

Kiedy przybyliśmy do hotelu, pokazał mi telefon komórkowy, jakiego jeszcze nigdy nie widziałam. Służył nie tylko do rozmów, lecz również odtwarzał muzykę i robił fotografie. Hongwei pokazywał mi, jak można wyświetlać na nim filmy wideo, gdy nagle na ekranie pojawiła się twarz mojej matki, która pomachała do mnie ręką i pozdrowiła mnie. Byłam tak podniecona, że prawie nie wierzyłam własnym oczom.

– *Umma! Umma!* – zawołałam do telefonu, wyrywając go Hongweiowi z ręki. Myślałam, że matka dzwoni do mnie, że chce ze mną porozmawiać, więc próbowałam odpowiedzieć. Hongwei był w szoku. Nie miał pojęcia, że kobieta, którą niedawno sprzedał, to moja matka. Jej również pokazywał komórkę i nakręcił krótki film, by zademonstrować, jak się go odtwarza.

Kiedy zdałam sobie sprawę, że matka nie mówi do mnie przez telefon, zrobiło mi się smutno. Lecz jednocześnie ucieszyłam się z widoku jej twarzy i pomyślałam, że na pewno wkrótce ją spotkam.

Wieczorem Hongwei oświadczył, że jest teraz moim mężem, więc muszę z nim spać. Później próbował mnie zgwałcić.

Znowu walczyłam, kopałam, gryzłam i wrzeszczałam jak wariatka. Darłam się tak, że sąsiedzi na pewno myśleli, iż w naszym pokoju kogoś mordują. W końcu Hongwei zrezygnował i zasnął. Spędziłam noc przywarta plecami do ściany, nie spuszczając z niego przekrwionych oczu i czekając, kiedy znowu spróbuje.

Nazajutrz rano Hongwei usiłował mnie zjednać prezentami i dobrocią. Zabrał mnie do sklepu i kupił mi parę dżinsów, bluzę dresową i sportowe buty. Widziałam już takie, gdy w sekrecie oglądałam w Korei Północnej chińską telewizję, i marzyłam, by je mieć. Teraz marzenie się spełniło, lecz ciągle byłam nieszczęśliwa. Zaczynałam rozumieć, że całe jedzenie świata i wszystkie buty sportowe nie uczynią mnie szczęśliwą. Dobra materialne są bezwartościowe. Straciłam rodzinę. Nie byłam kochana, nie byłam wolna i nie byłam bezpieczna. Żyłam, ale znikło wszystko, co sprawia, że warto żyć.

Po dniu spędzonym w małym prowincjonalnym mieście Hongwei pojechał ze mną taksówką do Jinzhou. Wynajął niewielkie mieszkanie w trzypiętrowym budynku w starej dzielnicy w pobliżu zoo i dużego parku. Mieszkanie wydawało mi się ładne, ale bałam się w nim przebywać z Hongweiem. Znowu próbował mnie zgwałcić. Walczyłam, jakbym nie miała nic do stracenia, jakby wstąpił we mnie demon. Czułam taki strach i wściekłość, że nawet jeśli dotknął mnie przypadkiem we śnie, zaczynałam krzyczeć i płakać; nie mogłam się uspokoić. Byłam bliska utraty przytomności i myślę, że to naprawdę go przerażało. Zdał sobie sprawę, że nie może mnie wziąć siłą, bo umrę.

Hongwei zamykał mnie w jednym z pokoi mieszkania na całe dnie lub tygodnie – nie wiem, jak długo to trwało. Otwierał drzwi tylko po to, by dać mi jedzenie. Ale ciągle nie chciałam zmienić zdania. W końcu postanowił mi pokazać, jaka jest moja rzeczywista sytuacja.

Jechaliśmy przez dwie lub trzy godziny, aż dotarliśmy do domu na wsi, gdzie przedstawił mnie młodej, ciężarnej dziewczynie z Korei Północnej, która mieszkała z Chińczykiem. Hongwei kazał jej tłumaczyć, by mieć pewność, że rozumiem: jeśli nie zgodzę się z nim sypiać, sprzeda mnie wieśniakowi. Starał się mnie przekonać, że proponuje mi znacznie lepsze rozwiązanie.

– Niech mnie sprzeda – powiedziałam do dziewczyny.

Hongwei pokręcił z niedowierzaniem głową. Zostawił mnie sam na sam z dziewczyną, bym wszystko przemyślała. Koreanka poinformowała mnie, że Hongwei zamierza uzyskać za mnie wysoką cenę, bo jestem dziewicą, i do tego bardzo młodą.

Pomyślałam, że mogę zaufać tej dziewczynie, bo obie jesteśmy Koreankami z Północy, i liczyłam na jej współczucie.

– Uratujesz mnie? – spytałam. – Pomożesz mi uciec i odnaleźć matkę?

Powiedziała o wszystkim mężowi, który się zgodził. Przygotowałyśmy plan. Kiedy Hongwei był czymś zajęty, wymknęłam się tylnymi drzwiami, przeskoczyłam przez płot i pobiegłam do zrujnowanej szopy w lesie. Wkrótce przyszła do mnie chińska teściowa dziewczyny. Kilka godzin później pojawił się mężczyzna na motocyklu, który zawiózł mnie do domu w głębi gór należącego do jednego z krewnych.

Kiedy się tam znalazłam, zdałam sobie sprawę, że mnie oszukano. Koreanka z Północy i jej mąż ukradli mnie Hongweiowi i teraz sami próbowali mnie sprzedać. Odwiedzili mnie w górach wraz z innym handlarzem i dziewczyna powiedziała:

– Jeśli zgodzisz się przespać z tym mężczyzną, znajdzie ci w mieście bogatego, młodego męża. Nie będziesz musiała poślubiać chłopa.

W dalszym ciągu odmawiałam. Powiedziałam, że wolę umrzeć, niż się zgodzić.

Północnokoreańska dziewczyna odwiedzała mnie tam przez cały tydzień, próbując namówić, bym dała się sprzedać. Miałam mnóstwo czasu na naukę chińskiego i szybko robiłam postępy.

Tymczasem Hongwei skontaktował się z kilkoma zaprzyjaźnionymi gangsterami i poprosił, by pomogli mu mnie odnaleźć. Jeździli po całej okolicy na motocyklach, przeszukiwali domy i szopy, próbując odkryć moją kryjówkę. Para, która mnie ukradła, powiedziała Hongweiowi, że uciekłam, ale im nie uwierzył. Próbował zmusić ich groźbami, by mnie oddali, lecz przysięgali, że mówią prawdę. Chińczyk winny mojego zniknięcia zaproponował nawet pomoc w poszukiwaniach.

Dzięki kontaktom w świecie handlarzy żywym towarem Hongwei w końcu ustalił, gdzie się znajduję. Zaproponował parze wybór. Jeśli nie dojdą z nim do porozumienia, zadenuncjuje ich na policji i dziewczyna zostanie deportowana do Korei Północnej. Ale jeśli mnie oddadzą i nie zrobią mi krzywdy, zapłaci za mnie. Przyjęli propozycję. W ten sposób Hongwei kupił mnie po raz drugi. Nigdy nie poznałam dokładnej ceny, ale wiem, że tym razem zapłacił znacznie więcej niż Zhifangowi.

Kiedy w mojej górskiej kryjówce pojawił się następny mężczyzna na motocyklu, myślałam, że jestem wreszcie uratowana. Jednak zawiózł mnie do miasta, gdzie czekał na mnie Hongwei wraz z grupą mężczyzn o brutalnym wyglądzie.

– Nic ci nie jest? – spytał. – Nie skrzywdzili cię?

Pokręciłam przecząco głową. W tej chwili lepiej rozumiałam jego słowa, ale nie chciałam z nim rozmawiać.

Kiedy północnokoreańskie niewolnice seksualne uciekają od handlarzy, po złapaniu zwykle są brutalnie bite, a nawet zabijane. Hongwei nic mi nie zrobił. Wydawał się bardzo szczęśliwy, że mnie odzyskał; zaprosił do restauracji wszystkich gangsterów, którzy pomagali mu w poszukiwaniach, i zafundował im kolację. Wieczorem pojechaliśmy autobusem z powrotem do Jinzhou.

Idąc z Hongweiem z dworca autobusowego do mieszkania, czułam się bardzo silna i spokojna, ponieważ postanowiłam się zabić, nie godząc się na takie życie. Straciłam nad wszystkim kontrolę, była to ostatnia decyzja, jaką mogłam podjąć. Po ucieczce z Korei Północnej każdej nocy płakałam, nie mogłam uwierzyć, że jest we mnie tyle łez. Ale nie chciałam płakać w ostatnim dniu swojego życia.

Skapitulowałam, a tymczasem Hongwei poczuł przypływ nadziei. Nie był religijny, ale czasem modlił się do Buddy. Idea religii wydawała mi się zupełnie obca. W Korei Północnej czciliśmy tylko dyktatorów z rodziny Kimów i wierzyliśmy w *dżucze*, doktrynę narodowej samowystarczalności stworzoną przez Kim Ir Sena. Praktykowanie jakiejkolwiek innej religii było surowo zakazane i mogło się skończyć śmiercią. Jednak w Korei Północnej popularni są wróżbici (choć działają bez oficjalnej zgody władz), a wielu ludzi wierzy w przesądy związane z datami i numerologią. Dlatego rozumiałam zabobonną naturę Hongweia. Liczył kroki, gdy wracaliśmy do mieszkania, a gdy dotarliśmy na miejsce, spalił odpowiadającą im liczbę banknotów ofiarnych symbolizujących pieniądze i składanych w ofierze przodkom. Miał nadzieję, że przyniesie mu to szczęście. Ale tak się nie stało.

Znowu próbował mnie zgwałcić. Unieruchomił moje ręce, przyciskając je do łóżka, ale gryzłam i kopałam, aż w końcu udało mi się wyrwać. Pobiegłam do kuchni, chwyciłam nóż, po czym stanęłam na balkonie z ostrzem przyłożonym do gardła.

– Jeśli się zbliżysz, skoczę! – wrzeszczałam po koreańsku, bliska szaleństwa. Nie rozumiał moich słów, ale widział w moich oczach, że jestem gotowa umrzeć.

– *Bie dong, bie dong* – odezwał się uspokajająco. Znaczy to po chińsku „nie ruszaj się". Posługując się prostymi słowami i gestami, opisał układ, który postanowił mi zaproponować. – Ty zostać moja żona – powiedział. – Mama przyjechać. Tata przyjechać. Siostra przyjechać.

Nagle zaczęłam go słuchać. Powoli odłożyłam nóż. Usiedliśmy i przedstawił swoją propozycję, w dalszym ciągu posługując się gestykulacją i prostymi słowami. Jeśli zgodzę się z nim żyć jako jego *xiao xifu*, czyli „mała żona" – to znaczy kochanka – odnajdzie moją matkę i wykupi ją. Później odszuka w Korei Północnej ojca i zapłaci przewodnikowi, by go przeprowadził do Chin. I pomoże odnaleźć moją siostrę.

A jeśli się nie zgodzę? Naturalnie nie może mnie sprzedać, więc odda mnie w ręce chińskiej policji. W żadnym razie nie mogłam do tego dopuścić.

Nie byłam wtedy w stanie logicznie myśleć, ale zrozumiałam, że mam szansę zrobić coś nie tylko dla siebie. Przez większość życia myślałam wyłącznie o sobie. Teraz mogłam udowodnić, że rodzina jest dla mnie ważniejsza od własnej dumy. Chciałam umrzeć, by uniknąć gwałtu i hańby. Teraz stanęłam wobec innego wyboru: umrzeć dla siebie albo ocalić rodzinę.

Najpierw jednak musiałam się zastanowić, czy mogę zaufać temu człowiekowi.

Po opuszczeniu Korei Północnej nieustannie mnie okłamywano. Ale sposób, w jaki Hongwei przedstawił swoją propozycję, sprawił, że uwierzyłam w jego szczerość. W końcu z takim uporem mnie szukał, gdy uciekłam. Zdawał sobie sprawę, że popełnię samobójstwo, jeśli nie dotrzyma słowa. Na swój barbarzyński sposób wydawał się darzyć mnie prawdziwym uczuciem.

Nie miałam żadnego wyboru.

Przez długi czas uważałam to za transakcję handlową, nie gwałt. Dopiero teraz, po upływie lat, widzę całą okropność tego, co się stało. Miałam trzynaście i pół roku, byłam drobna jak na swój wiek. Kiedy Hongwei położył się na mnie, myślałam, że rozedrze mnie na pół. Byłam przerażona – stosunek seksualny okazał się tak bolesny, wstrętny i brutalny, że nie mogłam uwierzyć, iż naprawdę spotyka mnie coś takiego. Po pewnym czasie miałam wrażenie, że opuściłam własne ciało i siedzę na podłodze obok łóżka. Obserwowałam samą siebie z pewnej odległości, lecz nie byłam to ja.

Ledwie Hongwei skończył, poszłam do łazienki i odkręciłam prysznic. Wydawało mi się, że siedzę tam godzinami. Czułam się straszliwie brudna. Ogarnęła mnie rozpacz. Szorowałam skórę, aż zaczęła krwawić, co sprawiło, że poczułam się trochę lepiej. Odkryłam, że ból fizyczny pomaga zagłuszyć ból psychiczny, i przez jakiś czas nawykowo drapałam się szorstką myjką. Czasami był to jedyny sposób, by zapomnieć o bólu w sercu.

Kiedy Hongwei zajrzał do łazienki, by sprawdzić, dlaczego tak długo biorę prysznic, znalazł mnie leżącą na podłodze, bezwładną i prawie utopioną. Zaniósł mnie bez słowa z powrotem do łóżka, ale widziałam łzy spływające po jego twarzy.

Miałam wrażenie, że tracę rozum. Seks wydawał mi się tak wstrętny, że każdej nocy wymiotowałam. Przez długi czas mogłam zjeść tylko kilka łyżek ryżu dziennie. W końcu ogarnęło mnie odrętwienie i Hongwei myślał, że dochodzę do siebie. Ale ja tylko machinalnie wykonywałam codzienne czynności, obserwując samą siebie z oddali, jakbym grała rolę w niekończącym się filmie. W głębi serca czułam piekącą nienawiść do Hongweia. Fantazjowałam, że zabijam go we śnie i uciekam. Ale dokąd miałabym pójść? I kto inny mógłby ocalić moją rodzinę?

– Niedługo znajdziemy twoją matkę – powiedział pewnego ranka. – I pamiętaj, że jest jeszcze druga część naszej umowy. Musisz pomóc mi w interesach.

Po zaledwie dwóch miesiącach pobytu w Chinach zaczęłam pracować dla Hongweia. Przyprowadził do mieszkania dwie północnokoreańskie dziewczyny, a ja zaczęłam z nimi rozmawiać; potrafiłam już trochę tłumaczyć na chiński. Umyłam je, podobnie jak Young Sun mnie, wybrałam dla nich ubrania i kosmetyki, nauczyłam zasad higieny. W odróżnieniu ode mnie i mojej matki te dziewczyny wiedziały, że po ucieczce do Chin zostaną sprzedane. Mówiły, że im to nie przeszkadza. Wolały to od śmierci w Korei Północnej.

Hongwei zabrał mnie ze sobą na wieś, bym pomogła mu znaleźć kupców na te dziewczyny. Po dokonaniu transakcji wróciliśmy do wioski, gdzie sprzedał moją matkę, i spotkał się z jej chińskim „mężem". Mówiłam już po chińsku na tyle dobrze, że potrafiłam mu powiedzieć, iż chcemy odkupić matkę. Wynegocjowaliśmy cenę – była to moja pierwsza prawdziwa transakcja handlowa. Hongwei zapłacił za matkę trochę ponad dwa tysiące dolarów, więc cieszyłam się w duchu, że stracił na całym interesie.

Kilka dni później spotkaliśmy się z rodziną rolnika w ustronnym miejscu na wsi, by dokonać wymiany. Był czerwiec, trawa zdążyła już urosnąć. Matka zauważyła mnie z oddali, przybiegła polną drogą i rzuciła mi się na szyję. Nie miała pojęcia, co się ze mną działo, nie wiedziała, że po nią przyjadę. Raz udało jej się zatelefonować w tajemnicy do Zhifanga, grubego handlarza z Changchun, ale powiedział tylko, że odeszłam. Rozpłakałyśmy się ze szczęścia na swój widok. Po raz pierwszy od wielu tygodni uśmiechnęłam się i zaczęłam czuć, że żyję.

Z przyzwyczajenia matka wzięła mnie na barana, jak to robiła, gdy byłam dzieckiem.

– Ależ mój mały kotek urósł, kiedy mnie przy nim nie było! – wykrzyknęła. Jednak nie byłam już małym kotkiem. Powiedziała mi później, że ledwo mnie poznała w makijażu i nowym ubraniu. Ja sama również się nie poznawałam. Nie wyglądałam już jak dziecko, opuściły mnie wszystkie cechy dziecięce. Czułam się tak, jakby w moich żyłach wyschła krew, stałam się inną osobą. Nikomu nie współczułam, ani dziewczynom, które pomagałam sprzedawać, ani sobie. Moim jedynym celem było teraz odnalezienie rodziny.

Nie zdobyliśmy żadnych wiadomości o mojej siostrze. Hongwei twierdził, że pytał innych handlarzy, czy wiedzą, co się z nią stało, ale nie uzyskał żadnych informacji. Byłam rozczarowana, ale w dalszym ciągu miałam nadzieję, że wykorzysta swoje kontakty, by ją odnaleźć. I że wkrótce zobaczymy ojca.

Matka spakowała swoje nieliczne rzeczy i opuściła to okropne gospodarstwo rolne, nie oglądając się za siebie. Wróciliśmy we troje do Jinzhou.

W dalszym ciągu nienawidziłam Hongweia, ale nauczyłam się z nim żyć. Na początku niekiedy traktował mnie bardzo brutalnie, ale z czasem złagodniał; moim zdaniem zaczął mnie szanować i na swój sposób kochać.

Nigdy nie miał łatwego życia. Hongwei urodził się w gospodarstwie rolnym na zachód od Chaoyangu, starożytnego miasta świątyń buddyjskich, parków, wieżowców i gangów ulicznych. W wieku dwunastu lub trzynastu lat uciekł do miasta i wstąpił do gangu kontrolującego sieć klubów karaoke. Nie były to sympatyczne bary, gdzie można razem pośpiewać, jak w Seulu czy innych miastach. W tych lokalach kobiety nie tylko podawały drinki, lecz dostarczały również innych rozrywek. Hongwei nigdy nie ukończył szkoły średniej, ale potrafił czytać i pisać, poza tym był bardzo inteligentny. W wieku piętnastu lat został szefem gangu prowadzącego kluby karaoke. Wykorzystywał swoje koneksje, by angażować się w wiele różnych interesów, jak restauracje i działalność deweloperska. Mniej więcej dwa lata przed moją ucieczką z Korei Północnej zajął się również handlem żywym towarem. W tym okresie można było na tym zarobić wielkie pieniądze.

W Chaoyangu Hongwei miał chińską żonę i dwoje dzieci, syna i córkę. Córka, jak się później dowiedziałam, była zaledwie rok młodsza ode mnie.

Kiedy Hongwei wykupił moją matkę, powiedziała mu, że tak naprawdę mam trzynaście, a nie szesnaście lat. Nigdy nie podałam mu swojego wieku, bo nie wierzyłam, że miałoby to jakieś znaczenie. Ale wydawał się wstrząśnięty.

– Nigdy bym się z nią nie przespał, gdybym wiedział, że jest taka młoda – wyjąkał.

Nie wiem, czy to prawda, lecz później zaczął traktować mnie trochę delikatniej i prawie zaczęłam go uważać za człowieka. Ale w dalszym ciągu oczekiwałam, że dotrzyma wszystkich obietnic i sprowadzi mojego ojca z Korei Północnej. Hongwei miał kontakty w Changbai; znał tam kilka kobiet zajmujących się załatwianiem różnych spraw po obu stronach granicy. Wynajmowano je, by przekazywały pieniądze Koreańczykom z Północy, których krewni chcieli im pomóc. Przemycały również do Korei Północnej chińskie telefony komórkowe, by rozdzielone rodziny mogły się kontaktować. Było to bardzo niebezpieczne, ale dawało się załatwić za odpowiednią cenę.

W sierpniu Hongwei wynajął jedną z tych kobiet, by odnalazła mojego ojca.

Rozdział czternasty

Prezent urodzinowy

Piętnasty sierpnia to wielkie święto w Korei Północnej, rocznica kapitulacji Japonii w 1945 roku. Tego dnia w 2007 roku wynajęta przez nas kobieta w końcu odnalazła ojca w naszym starym mieszkaniu na przedmieściach Hiesan. Nie miał własnego telefonu, a próba nawiązania z nim kontaktu w jakikolwiek inny sposób naraziłaby go na niebezpieczeństwo. Nasza agentka wręczyła mu chiński telefon komórkowy. Kiedy zadzwoniłam o umówionej godzinie, kucał na balkonie, spoglądając na rzekę Jalu.

– *Abuji?* To ja, Yeonmi. U mnie i mamy wszystko w porządku. Jak się czujesz?

Zapadła długa cisza. Ojciec nie mógł uwierzyć, że po pięciu długich miesiącach słyszy mój głos.

– Świetnie, córeczko – odpowiedział w końcu. – Jestem taki szczęśliwy, że dzwonisz. Gdzie jesteś?

Nie mogliśmy długo rozmawiać, bo policja zawsze próbuje namierzać nielegalne rozmowy telefoniczne. Mogłam tylko powiedzieć, że jesteśmy w Chinach i że matka i ja jesteśmy bezpieczne. Jeszcze nie znalazłyśmy Eunmi, ale ciągle jej szukamy.

– Bardzo za tobą tęsknię, ojcze – rzekłam. – Sprowadzę cię do Chin. Zapłacimy przemytnikowi, by cię przywiózł.

– Proszę, nie martwcie się o mnie – odparł.

– Po prostu przyjedź, ojcze – powiedziałam. – Zajmę się wszystkim. – Dodałam, że po jego przybyciu możemy razem szukać Eunmi.

– Dobrze, przyjadę – rzekł.

Po wyjściu kobiety płakał przez całą noc.

Ojciec długo nas szukał po naszej ucieczce. Poszedł pod adres pozostawiony przez Eunmi i dowiedział się, że kobieta, która nas sprzedała, nazywa się Jo Yong Ae. Kiedy zażądał, by powiedziała, co się stało z jego żoną i córką, przyznała, że wysłała mnie wraz z matką do Chin. Ale Yong Ae twierdziła, że nic nie wie o Eunmi. Ojciec nie miał pojęcia, co się z nami stało po przekroczeniu granicy. Yong Ae powiedziała mu tylko, że pojechałyśmy do miejsca, gdzie mamy co jeść. Miał nadzieję, że się z nim skontaktujemy.

Po naszej ucieczce brat ojca i jedna z naszych dawnych sąsiadek poprosili znajomą kobietę, by zamieszkała z ojcem i zajęła się gotowaniem i sprzątaniem. Wszyscy myśleli, że matka nigdy nie wróci. Ojciec mówił, że nie mógł spać ani jeść, tylko bez przerwy płakał.

Tymczasem wielu znajomych uważało, że to ojciec wysłał nas do Chin. Był w końcu sprytnym człowiekiem o szerokich kontaktach. Jak mógłby nie wiedzieć, dokąd pojechałyśmy?

Nastolatki, które dzieliły z nami mieszkanie, wierzyły, że ojciec mógłby im pomóc przedostać się do Chin. Były bardzo ubogie i zdesperowane. Zapewniał, że nie jest w stanie im pomóc, ale one nalegały, twierdząc, że nie mogą dłużej żyć w Korei Północnej.

W końcu zgodził się pomóc im w ucieczce, pod warunkiem że przed wyjazdem poinformują o tym swoją matkę. Dał im adres Yong Ae i siostry wyjechały, nie uprzedzając matki. Wiedziały, że nigdy by się nie zgodziła. Kiedy odkryła ich ucieczkę, obwiniła mojego ojca. Powiedział później mojej matce, że Yong Ae dała mu za przysłanie do niej dziewcząt sto chińskich juanów, czyli około trzynastu dolarów amerykańskich. Twierdził, że ma wyrzuty sumienia, bo przysporzył wielkich cierpień ich matce. Jednak nie wiedział, że mają zostać sprzedane jako żony – podobnie jak nie wiedział, że to samo spotkało mnie i matkę. Myślał po prostu, że bogaci Chińczycy płacą za możliwość adoptowania Koreanek z Północy.

Przygotowanie ucieczki ojca trwało sześć tygodni. Wiedziałam, że jest bardzo chory, choć przypuszczałam, że po prostu za dużo pracuje i źle się odżywia. Podczas następnej rozmowy z ojcem powiedziałam, że w Chinach będę go dobrze karmić i wyzdrowieje.

– Tak, oczywiście – odparł. Zawsze był wielkim optymistą i nigdy nie skarżył się na ból. Ale mówił słabym głosem. Nie było czasu do stracenia.

Polubiłam nasze ładne mieszkanie i dzielnicę w Jinzhou, gdzie mogłam chodzić do pobliskiego parku i na targ. Ale wkrótce mieliśmy się przeprowadzić.

Na ulicy przed naszym budynkiem znajdowała się kwiaciarnia, która mnie fascynowała, bo nigdy wcześniej nie widziałam kwiaciarni. Jeśli w Korei Północnej ktoś chce mieć kwiaty, idzie je zerwać. Ale tu istniały całe sklepy pełne pięknych kwiatów. Wchodziłam czasem do sklepu, by wąchać słodki, upajający aromat, chociaż nigdy niczego nie kupiłam. Właścicielka zaczęła mnie poznawać. Wkrótce uśmiechała się na mój widok i kiwała do mnie ręką. Zdenerwowało mnie to, bo gdyby ktoś odkrył, że jestem nielegalną imigrantką z Korei Północnej, zaczęłaby nas ścigać policja. Kiedy opowiedziałam Hongweiowi o swoich niepokojach, spakował nasze rzeczy i następnego dnia się wyprowadziliśmy. Zresztą pewnie i tak szybko byśmy się stamtąd wynieśli, bo zbyt długie mieszkanie w jednym miejscu było ryzykowne.

Później zamieszkaliśmy w innej części miasta, w dużej kawalerce z kuchnią i łazienką. Na podłodze spało niekiedy aż dziewięć kobiet czekających na sprzedaż.

Matka zostawała w mieszkaniu, by się nim zajmować, a tymczasem ja prowadziłam interesy Hongweia, podobnie jak Young Sun na polecenie Zhifanga. Brałam na siebie całe ryzyko, jeżdżąc po wsiach z nielegalnymi imigrantkami. Musiałam udawać, że jestem znacznie starsza, bo kobiety nie słuchałyby trzynastolatki. Służyłam jako tłumaczka, kupowałam bilety i wynajmowałam taksówki, by odwieźć je z powrotem do Hongweia, przekonywałam, że muszą się na wszystko zgadzać, jeśli chcą zostać w Chinach. Kiedy spotykały kandydatów na mężów, zapewniałam ich, że dziewczęta nauczą się chińskiego podobnie jak ja i że będą wiernymi żonami. Dziewczętom mówiłam, że mężczyźni są mili i bogaci, więc będą mogły wysyłać rodzinom pieniądze.

Starałam się łagodzić los kobiet, które sprzedawałam, ale czasami okazywało się to niemożliwe. Handlarze byli gwałcicielami i gangsterami; wiele kobiet strasznie cierpiało. Pewna młoda kobieta w wieku około dwudziestu pięciu lat w czasie ucieczki zeskoczyła z mostu na zamarzniętą rzekę. Kiedy przybyła do Changchun, miała sparaliżowane nogi. Powiedziała mi, że Zhifang i tak ją zgwałcił. Mimo to Hongwei zdołał ją sprzedać wieśniakowi. Było to okropne. Niestety, zdarzało się wiele podobnych przypadków, czasem jeszcze gorszych.

Mdli mnie, gdy myślę, co ja i wiele dziewcząt oraz kobiet musiałyśmy robić, by przeżyć w Chinach. Chciałabym, by to się nigdy nie wydarzyło i bym nie musiała o tym opowiadać. Ale chcę, żeby wszyscy poznali wstrząsającą prawdę o handlu żywym towarem. Gdyby chiński rząd zmienił swoją bezduszną politykę odsyłania uchodźców do Korei Północnej, handlarze straciliby możliwość wykorzystywania kobiet i traktowania ich jak niewolnice. Oczywiście gdyby Korea Północna nie była piekłem na ziemi, kobiety nie musiałyby z niej uciekać.

Hongwei najczęściej sprzedawał kobiety Chińczykom jako żony, ale czasami prosiły o możliwość pracy jako prostytutki, by zarabiać pieniądze i wysyłać je rodzinom. Kiedy przyjechałam do Chin, nie miałam pojęcia, co to jest prostytutka. Aż pewnego dnia Hongwei zabrał mnie w podróż do ruchliwego portowego miasta Huludao, gdzie wielu Koreańczyków z Południa i innych turystów poszukuje taniego seksu. Miał odwieźć kobietę do burdelu i potrzebował mnie jako tłumaczki.

Burdel w Huludao prowadziła Chinka w średnim wieku, która starała się traktować mnie przyjaźnie. Pokazała mi swój gabinet z ładnym biurkiem i oprowadziła po korytarzach, z których wchodziło się do maleńkich, obwieszonych kotarami pokoików z wąskimi łóżkami. W każdym znajdował się prysznic, choć nie rozumiałam, dlaczego ludzie korzystają z pryszniców w ciągu dnia.

Spotkałam tam kilka Koreanek z Północy, w tym przepiękną dziewczynę z Pjongjangu, która pracowała w burdelu od siedmiu lat. Wszystkie kobiety mówiły, że to wspaniałe miejsce, gdzie można zarabiać pieniądze, codziennie jeść kimchi i inne koreańskie potrawy, a także spotykać Koreańczyków z Południa. Podekscytowało mnie to, bo chciałam poznać Koreańczyka z Południa mówiącego pięknym akcentem jak aktorzy z filmów wideo. Dziewczęta wychwalały swoją pracę, a burdelmama zaproponowała, że mnie zatrudni.

– Zwariowałaś?! – zawołał Hongwei, gdy powiedziałam, że chciałabym zamieszkać u miłej Chinki. – Nawet nie myśl o pracy w takim miejscu!

– Nie. Chcę, żebyś mnie jej sprzedał.

Wtedy uderzył mnie w twarz.

– Nie rozumiesz nic z tego, co mówię! – warknął.

Zakończył transakcję i czym prędzej mnie stamtąd zabrał.

W następnych miesiącach kilka razy jeździłam do Huludao i dowiedziałam się, w co bym się wpakowała, gdybym tam została. Klienci płacili około pięciu dolarów za spotkanie z kobietą, z czego ona zatrzymywała dolara. Była to znakomita stawka jak na burdel i właśnie dlatego wszystkie chciały tam pracować. Ale musiały uprawiać seks z kilkunastoma mężczyznami dziennie, czasem wieśniakami, którzy byli tak brudni, że nie dawało się zmyć z siebie ich smrodu. A jednak istniały znacznie gorsze miejsca.

Hongwei opowiadał mi o hotelach w Pekinie i Szanghaju, w których dziewczętom chcącym odejść podaje się narkotyki w zastrzykach, by się uzależniły. Wtedy nie mogą uciec.

Nie ulega wątpliwości, że handel żywym towarem to wstrętny, barbarzyński proceder. Ale kiedy los styka ze sobą ludzi, nawiązują oni ze sobą kontakt niezależnie od okoliczności. Płaczemy i śmiejemy się razem nawet w najgorszych chwilach. Część kobiet, które przeszły przez życie moje i matki, została naszymi przyjaciółkami.

Myung Ok miała czterdzieści kilka lat, pochodziła z Hiesan i dwukrotnie uciekła z Korei Północnej. Po raz pierwszy przeszła przez rzekę z córką mniej więcej w moim wieku, po czym sprzedano je razem. Kiedy mieszkały ze swoimi chińskimi mężami, schwytała je policja i deportowała do Korei Północnej. Córka była zbyt młoda, by trafić do obozu pracy, więc wysłano ją na „reedukację" – co oznaczało, że przez wiele tygodni głodzono ją i bito. Myung Ok trafiła do obozu, gdzie poddawano ją torturom i musiała pracować ponad siły, aż była bliska śmierci.

Po zwolnieniu postanowiła zaryzykować kolejną ucieczkę, choć jej córka za bardzo się bała i została w Korei Północnej. Myung Ok przedostała się po raz drugi przez rzekę i trafiła w ręce Zhifanga, który sprzedał ją Hongweiowi. Moja matka i Myung Ok polubiły się, bo obie pochodziły z Hiesan, a Myung Ok odznaczała się wielkim poczuciem humoru.

Niestety, Hongwei sprzedał ją kalekiemu wieśniakowi, który źle ją traktował. Tak się obawiał, że Myung Ok może uciec, że chodził za nią wszędzie, nawet do toalety. Nie mogła tego znieść i zdołała dotrzeć do ruchliwego miasta Shenyang na północnym wschodzie Chin, gdzie żyło w ukryciu wielu uchodźców z Korei Północnej. Ale Hongwei miał kontakty w świecie przestępczym Shenyangu i jego ludzie odnaleźli ją, pobili, po czym odwieźli z powrotem do wieśniaka. Gdyby udało jej się uciec, Hongwei musiałby mu zwrócić pieniądze; udzielał na swoje kobiety rocznej gwarancji jak na samochody.

Dopóki ja i matka nie znałyśmy historii Myung Ok i innych poznanych kobiet, tak naprawdę nie zdawałyśmy sobie sprawy, co nam grozi w razie schwytania przez policję i deportacji do Korei Północnej. Słyszałyśmy jeszcze gorsze historie o kobietach, które zaszły w ciążę z Chińczykami i musiały dokonać aborcji albo zostały skazane na śmierć po schwytaniu w czasie próby ucieczki do Korei Południowej. Wtedy matka i ja przysięgłyśmy, że nie damy się aresztować żywe.

Mój ojciec po raz pierwszy próbował uciec do Chin we wrześniu 2007 roku. Powiedziałam mu, że jeśli przejdzie w bród rzekę, ktoś będzie na niego czekał na drugim brzegu. Ale kiedy tam dotarł, nikt się nie pojawił. Hongwei zapłacił grubemu pośrednikowi, by zorganizował ucieczkę, lecz ten niczego nie załatwił. Biedny ojciec musiał wrócić do Korei Północnej, kryjąc się przed żołnierzami.

Pierwszego października podjął kolejną próbę. Ale rzeka wezbrała i było zimno. Tym razem Hongwei pojechał do Changbai dopilnować, by wszystko poszło zgodnie z planem. Zapłacił Zhifangowi za ojca równowartość tysiąca trzystu dolarów – wyjątkowo wysoką cenę za zorganizowanie ucieczki mężczyzny z Korei Północnej. Hongwei był wstrząśnięty, gdy spotkał ojca i zobaczył, jaki jest wychudzony i słaby. Miał nadzieję, że zmusi go do pracy, by spłacił dług. Teraz zrozumiał, że ojciec nie może nawet podróżować autobusem, więc wynajął taksówkę, by zawiozła ojca i dwie kupione kobiety aż do Jinzhou.

Przyjechali czwartego października 2007 roku, w moje czternaste urodziny, sześć miesięcy po moim przybyciu do Chin. Kiedy matka i ja zobaczyłyśmy ojca stającego w drzwiach, rzuciłyśmy mu się w ramiona. Nie mogłam uwierzyć, że są ze mną znowu oboje rodzice. I po raz pierwszy od wielu lat ojciec świętował ze mną moje urodziny. Wcześniej podróżował w interesach, później siedział w obozie. Dlatego Hongwei postanowił zorganizować specjalną uroczystość. Ja i rodzice płakaliśmy, obejmowaliśmy się i rozmawialiśmy, a tymczasem Hongwei wyszedł i kupił dla nas różne potrawy i napoje. Powiedziałam, że ojciec lubi mięso, toteż przyniósł kaczkę, kurczaka, wołowinę i wieprzowinę. W mieszkaniu przebywało w tym czasie kilka kobiet z Korei Północnej, a z ojcem przybyły następne, więc w przyjęciu uczestniczyło wiele osób. Wspaniała uczta wydawała się ojcu spełnieniem marzeń, ale był zbyt słaby, by cokolwiek jeść, a mnie krajało się serce na jego widok.

Wieczorem pokazał mnie i matce plastikową torebkę z opium, którym zamierzał się zabić, gdyby schwytano go w czasie przekraczania granicy. Chciał się otruć również w razie aresztowania w Chinach, by nie odesłano go do Korei Północnej; nie chciał ryzykować ujawnienia policji naszego miejsca pobytu. Był bardzo szczęśliwy, że udało mu się dotrzeć do Chin i znowu zobaczyć rodzinę. Brakowało tylko Eunmi. Ciągle nie mieliśmy o niej żadnych wiadomości, ale ojciec był dobrej myśli. Planował rozpocząć jej poszukiwania po wyleczeniu się z bólów żołądka. Później zamierzał otworzyć jakiś interes i zarabiać na nasze utrzymanie. Stryj Min Sik miał rację, gdy powiedział matce, że jej przyszły mąż jest jak roślina mogąca rosnąć na gołej skale.

Ojciec szybko zrozumiał, jakie są moje relacje z Hongweiem. Zdawał sobie z bólem sprawę, że jego młodsza córka jest wykorzystywana przez starszego mężczyznę, lecz rzeczywistość okazała się bardziej skomplikowana. Hongwei budził w nim mieszane uczucia, podobnie jak we mnie i matce. Ojciec był mu wdzięczny, że dotrzymał słowa i wykupił matkę, wdzięczny, że nie zostałam sprzedana wieśniakowi i stracona na zawsze. Wiedział, że mógł mnie spotkać znacznie gorszy los. Podziękował Hongweiowi, że sprowadził go do Chin i pozwolił mu zamieszkać pod swoim dachem, ale w głębi serca czuł do niego nienawiść. Nosiłam makijaż i miałam pomalowane paznokcie; ojciec ledwo mnie poznał. Stałam się inną osobą, odpowiedzialną za życie rodziców i wielu innych ludzi. Ojciec nie mógł nic w tej sprawie zrobić, nie potrafił zdjąć z moich barków tego ciężaru. Musiał polegać na mnie we wszystkim. I był bardzo chory.

Nie lubił ujawniać uczuć; nigdy nie okazywał słabości. Uśmiechał się do mnie i mówił, że wszystko będzie dobrze. Cieszyłam się, że traktuje mnie jak dorosłą kobietę, ale boleśnie przeżywał to, że okradziono mnie z dzieciństwa. Wyraził swoje prawdziwe uczucia tylko raz. Przytulił mnie, pociągnął nosem, a potem rzekł cicho:

– Straciłaś swój słodki dziecięcy zapach, Yeonmi-ya. Tęsknię za nim, córeczko.

Matka i ja chciałyśmy znać wszystkie nowiny z Hiesan. Opowiedział nam o synach swojego brata, którzy mieli nadzieję, że zostaną lekarzami, i o swoich siostrach z Pjongjangu i Hiesan. Jego najmłodsza siostra z Hiesan była wdową i miała bardzo nieszczęśliwe życie. Zarówno ona, jak i jej córka, dziewczyna mniej więcej w moim wieku, cierpiały na gruźlicę. Ojciec poprosił, bym zaopiekowała się nimi i resztą rodziny, gdyby coś mu się stało.

Chun Guen poszedł do wojska; wszyscy wiedzieli, że tak się stanie. Był mi wierny nawet po moim zniknięciu. Ojciec mówił, że przychodził do naszego mieszkania i próbował mnie szukać.

– Gdzie jest Yeonmi? – pytał. Miał smutną, zatroskaną minę. Ojciec nie mógł mu nic powiedzieć.

Ojciec powinien jak najszybciej iść na badania do nowoczesnego chińskiego szpitala. Istniał jednak pewien problem: był nielegalnym imigrantem. Nie mógł nawet udawać, że jest Koreańczykiem z Północy, który przyjechał w odwiedziny do krewnych, bo gdy trafił do obozu, zniszczono jego dokumenty. Załatwienie badań w dobrym szpitalu mogło się okazać bardzo kosztowne i ryzykowne. Personel mógł go zadenuncjować. Dlatego umieściliśmy go w niewielkiej klinice, gdzie nie zadawano zbyt wielu pytań. Ojciec w dalszym ciągu miał straszliwe bóle i nie mógł jeść z powodu mdłości, chociaż odczuwał głód. Lekarka z kliniki go zbadała, po czym stwierdziła, że to dla niej zbyt poważny przypadek. „Muszą państwo natychmiast umieścić go w szpitalu" – powiedziała. Jednak nie mogliśmy tego zrobić. Dlatego zapisała mu środki przeciwbólowe. Po powrocie do domu był trupio blady, jakby się wykrwawił. Doszliśmy do wniosku, że powinniśmy umieścić go w szpitalu, nawet narażając własne życie.

Hongwei nie był zadowolony z takiego obrotu sprawy, lecz zgodził się wszystko załatwić. Na początku listopada, miesiąc po ucieczce do Chin, ojciec znalazł się na sali operacyjnej szpitala w Jinzhou. Chirurdzy otworzyli mu brzuch i natychmiast go zaszyli.

Kiedy lekarz wyszedł, by z nami porozmawiać, zorientowaliśmy się po wyrazie jego twarzy, że ma nam do przekazania złe wiadomości.

– Obawiam się, że nie możemy nic zrobić – powiedział. – Pacjent cierpi na zaawansowanego raka jelita grubego z przerzutami do innych narządów. – Wyjaśnił, że guzów nowotworowych jest tak wiele, iż operacja nie ma sensu. Ojciec może przeżyć od trzech do sześciu miesięcy, w najlepszym razie. Możemy tylko próbować złagodzić jego cierpienia.

Rozdział piętnasty

Popiół i kości

Matka nie rozumiała, więc musiałam przetłumaczyć słowa lekarza. Tak naprawdę wiedziałam tylko, że ojciec wkrótce umrze. Nic nie wiedziałam o raku, bo w Korei Północnej zdarza się on bardzo rzadko. Nie znaczy to, że nie ma tam tej choroby; prawdopodobnie po prostu nie jest rozpoznawana. Większość ludzi nie umiera na raka, bo ginie z innych powodów.

Matka i ja nie potrafiłyśmy się zdobyć na przekazanie ojcu diagnozy lekarzy. Czułyśmy się okropnie – obudził się po operacji przekonany, że wszystko będzie dobrze.

Musiałyśmy jak najprędzej zabrać go ze szpitala, więc umieściłyśmy go w mieszkaniu, by doszedł do siebie. Kiedy tylko przestał odczuwać skutki znieczulenia, powrócił ból. Nie mógł jeść. Jego stan z każdym dniem się pogarszał i nie stać nas było na środki przeciwbólowe, jakich potrzebował, na kroplówkę, która złagodziłaby cierpienia, ani odżywki mogące przedłużyć mu życie. Operacja była tak kosztowna, że bałam się znowu prosić Hongweia o pieniądze.

– Dlaczego nie czuję się lepiej, córeczko? – stale pytał. – Jeśli nie potrafią mi pomóc w Chinach, może powinienem wrócić do Korei Północnej.

Miał również wyrzuty sumienia z powodu rodziny pozostawionej w kraju. Dowiedzieliśmy się, że po naszej ucieczce policja przesłuchiwała jego brata i siostry. Synowie stryja Park Jina musieli odejść z wojska i ich kariery medyczne były zagrożone. Stryjenkę z Hiesan przesłuchano i poddano torturom. Ojciec żałował swojej decyzji, chciał wrócić, by pomóc krewnym. Zamierzał powiedzieć policji, że nie uciekł, tylko wyjechał do Chin na leczenie.

W tej sytuacji musiałyśmy mu powiedzieć, że ma raka i lekarze nie dają mu szans na przeżycie.

– W takim razie wrócę umrzeć w kraju, w którym się urodziłem – odrzekł.

Musiałyśmy go prosić, by nie kazał nam załatwiać swojego powrotu do Korei Północnej. Był zbyt chory, by podróżować, a gdyby nawet dotarł do Hiesan, zmarłby w więzieniu.

– *Abuji*, kto się tam tobą zaopiekuje? – spytałam ze smutkiem. – I kto cię pochowa?

Później przestał mówić o powrocie do Korei Północnej.

Następne miesiące były bardzo ciężkie. Władze chińskie rozpoczęły akcję skierowaną przeciwko handlarzom żywym towarem, co sprawiło, że interesy Hongweia stały się bardziej niebezpieczne i mniej zyskowne. W 2008 roku cały kraj przygotowywał się do letnich igrzysk olimpijskich w Pekinie. Później dowiedziałam się, że rządy państw zachodnich i organizacje broniące praw człowieka zaczęły wywierać naciski na Chiny, by lepiej traktowały uchodźców, mniejszości narodowe i dysydentów. Według doniesień medialnych, które do nas nie docierały, reakcja Pekinu polegała na aresztowaniu każdego, kto mógłby przysporzyć władzom kłopotów i rzucić cień na wielki międzynarodowy triumf Chin. W owym czasie wiedzieliśmy tylko, że policja żąda coraz wyższych łapówek; uciekinierów z Korei Północnej wyłapywano i deportowano w rekordowym tempie. Potencjalni klienci coraz częściej bali się płacić Hongweiowi za kobiety, bo policja mogła urządzić nalot na ich gospodarstwa i aresztować dziewczyny.

Hongwei był stale zdenerwowany i coraz częściej wpadał we wściekłość. Spędzał większość czasu na wsi, próbując sprzedać kobiety, które kupił, chciał też, żebym mu pomagała. Nie wiedziałam, co robić – spędzać czas z umierającym ojcem czy prowadzić interesy Hongweia.

Nie miałyśmy żadnych fotografii ojca; uważałyśmy, że należy je zrobić na pamiątkę. Był zbyt chory, by wstać z łóżka, więc zamówiłyśmy fotografa, który przyszedł do naszego mieszkania i wykonał kilka zdjęć. Ojciec miał na sobie ładny sweter, który kupiłyśmy mu w Chinach. Matka i ja włożyłyśmy najlepsze ubrania i zrobiłyśmy pełny makijaż. Miałam na sobie mnóstwo złota, które mi kupił Hongwei. Usiadłyśmy obok ojca na łóżku, a on zdołał blado się uśmiechnąć do fotografii. Był tak wychudzony, że ledwo go poznaję na tych zdjęciach. Pozy, jakie przyjęliśmy, były wymuszone i formalne. Wokół czaiła się śmierć.

Stan ojca szybko się pogarszał, nawet oddychanie sprawiało mu ból i nie mógł chodzić samodzielnie do toalety, co było straszliwym upokorzeniem dla takiego dumnego człowieka. Mimo to nigdy się nie skarżył. Umierając, chciał tylko jednego: być ze mną. Byłam zbyt młoda, by rozumieć, czym jest śmierć. Nawet gdy umarł, myślałam, że wkrótce znowu go zobaczę, bo zawsze do mnie wracał.

Kiedy mogłam spędzać z nim czas, często opowiadał o swoim dzieciństwie. Słuchałam jego wspomnień; mówił, że kiedyś, gdy bawił się z kolegami w Hiesan, o mało nie zginął wskutek porażenia prądem. Dotknął gołymi rękami drutu znajdującego się pod napięciem i został wyrzucony w powietrze. Obudził się w szpitalu w beczce z wodą, która miała usunąć z jego ciała elektryczność. Wspominał dzieciństwo z nostalgią. Twierdził, że gdy był mały, system publicznej dystrybucji funkcjonował znakomicie, a on i jego przyjaciele co miesiąc dostawali cukierki.

Czasami czuł się lepiej, wtedy graliśmy dla zabicia czasu w chińskie warcaby. Kiedy mieszkaliśmy w Korei Północnej, był zawsze najlepszym graczem; w całym swoim życiu wygrałam z nim tylko kilka razy. Nie zamierzałam traktować go ulgowo, nawet jako chorego! Pewnego dnia uśmiechnął się, przytulił mnie i pocałował w czubek głowy.

– Yeonmi-ya, znowu czuję ten dawny niemowlęcy zapach! – powiedział, wdychając go głęboko. – To naprawdę ty!

Hongwei był coraz bardziej zły, że musi się opiekować nami trojgiem. Uprawiał hazard i tracił pieniądze, w domu zaś panowała wyjątkowo napięta atmosfera. Pewnego wieczoru Myung Ok, kobieta, którą przyjęliśmy po jej ucieczce do Shenyangu, upiła się w mieszkaniu i zbytnio hałasowała, a wtedy Hongwei rzucił się ku niej i próbował wymierzyć jej policzek. Próbowałam ich rozdzielić i trafił mnie zamiast niej. W domu zapanował chaos. Sytuacja jeszcze bardziej się pogorszyła, gdy odwieźliśmy Myung Ok do chińskiego wieśniaka i znowu uciekła. Hongwei musiał wrócić do wioski i zwrócić pieniądze.

Na początku stycznia, gdy byłam na wsi z Hongweiem, zatelefonowała do mnie matka.

– Yeonmi, musisz przyjechać – powiedziała. – Twój ojciec wkrótce umrze.

Słyszałam w jej głosie panikę. Pojechałam taksówką do Jinzhou. Ojciec leżał w łóżku; chwilami majaczył.

– To ty, Yeonmi? – spytał. Trzymał moją rękę, ale już mnie nie widział. – To ty, córko? Gdzie jest moja córka?

Nie wiem, czy wołał mnie, czy Eunmi, zaginioną od dziewięciu miesięcy. Matka powiedziała, że znalazł jej tabletki nasenne i zażył wszystkie. Chciał się zabić, by nie sprawiać mi więcej kłopotów.

– Ach, ojcze! – łkałam. – Proszę, nie martw się! Wszystko będzie dobrze. Zostanę przy tobie.

Życie oczywiście potoczyło się inaczej i nie mogłam zostać. Hongwei stale dzwonił, żądając, bym wróciła i pomogła mu dokończyć sprzedaż kobiet. Duch ojca był tak silny, że nie chciał opuścić ciała. W końcu powiedziałam matce, że muszę wyjechać, ale postaram się jak najszybciej wrócić.

Ojciec żył jeszcze przez wiele tygodni. Wracałam autobusem lub taksówką, by go odwiedzić, mimo że jazda w jedną stronę zwykle zajmowała kilka godzin. Hongwei stawał się coraz bardziej wściekły i brutalny. Raz rzucił we mnie ciężką szklanką i trafił w głowę za uchem. Innym razem spoliczkował mnie w obecności ojca. Nie wiem, jak przetrwałam ten straszny okres.

W końcu ojciec nie był już w stanie mówić i Hongwei przywiózł mnie do niego po raz ostatni, bym go pożegnała. Ściskałam ojca i pytałam: „Czego potrzebujesz? Co mogę zrobić?", ale nie był w stanie odpowiedzieć. Otworzył tylko oczy na znak, że mnie słyszy. Wzięłam go za rękę i zobaczyłam, jak urosły mu paznokcie.

– Zaraz coś z tym zrobię – powiedziałam. Ostrożnie obcięłam paznokcie jednej ręki, delikatnie gładząc go po palcach. Zapadł w sen, nim zdążyłam obciąć paznokcie drugiej ręki.

– Skończymy jutro – powiedziałam i zwinęłam się w kłębek na podłodze.

Nazajutrz rano obudziłam się o siódmej trzydzieści i zobaczyłam, że ojciec przestał oddychać. Jego ciało było jeszcze ciepłe, więc położyłam się obok niego i przytuliłam go. Miał otwarte oczy i nie mogłam ich zamknąć, niezależnie od tego, jak długo dotykałam palcami powiek. W Korei wierzymy, że jeśli człowiek nie może zamknąć oczu po śmierci, oznacza to, że nie dokonał w życiu czegoś, co zamierzał. Moim zdaniem ojciec w dalszym ciągu szukał Eunmi i właśnie dlatego nie mógł znaleźć spokoju. Pomyślałam, że ja również nie zamknę oczu, dopóki nie znajdę siostry.

Szalałam z żalu i nie chciałam odejść od ciała ojca. Nie mogłam uwierzyć, że nigdy więcej go nie zobaczę. Próbowałam do niego mówić w nadziei, że się obudzi. Nie potrafiłam się pogodzić z myślą, że najsilniejszy człowiek, jakiego kiedykolwiek znałam, może po prostu umrzeć, a ja nie jestem w stanie nic zrobić. Skończyłam obcinać mu paznokcie i uczesałam włosy. Wytarłam twarz ojca mokrym ręcznikiem i przykryłam go kocem, by nie zmarzł. Siedziałam przy nim aż do zmroku, gdy musieliśmy zabrać z mieszkania ciało.

Rozmawiałam z ojcem o pogrzebie, gdy mógł jeszcze mówić. Nie chciał zostać skremowany, bo przerażała go myśl o ogniu, lecz twierdził, że chciałby kiedyś spocząć w Korei Północnej, a niezbędnym warunkiem była kremacja. Gdy byłam już gotowa pożegnać się z nim, matka i ja owinęliśmy jego ciało arkuszem grubego papieru stosowanego do wykładania podłóg w czasie remontów. O północy dwaj mężczyźni pracujący dla Hongweia pomogli nam włożyć zwłoki do bagażnika samochodu.

Hongwei doszedł do wniosku, że powinniśmy zmienić mieszkanie, więc spakowaliśmy nasze rzeczy i ruszyliśmy na północ do Chaoyangu. Znał miejsce, gdzie mogliśmy w tajemnicy skremować zwłoki ojca. Musieliśmy ukrywać przed władzami nawet jego śmierć. Kiedy przybyliśmy na miejsce, samochód wjechał tyłem do krematorium i mężczyźni wyjęli z bagażnika ciało. Matka i ja patrzyłyśmy, jak wsuwają je do pieca i zamykają drzwiczki. Po raz pierwszy od śmierci ojca zaczęłam szlochać. Wkrótce matka również się rozpłakała, a mężczyźni powiedzieli, byśmy się uciszyły, bo mogą nas usłyszeć ludzie.

Płomienie dokonały dzieła w ciągu godziny. Później został tylko popiół i garstka kości. Musieliśmy czym prędzej odjechać, by nas nie odkryto, więc zaczęłam szybko wkładać prochy ojca do przywiezionego ze sobą pudełka. Mężczyzna obsługujący krematorium dał mi rękawice, bo szczątki były jeszcze bardzo gorące, ale nie chciałam ich włożyć. Zebrałam popiół i kawałki kości gołymi rękami, by czuć ich wagę; w końcu z ojca pozostało tak niewiele.

Jechaliśmy przez dwie godziny, aż dotarliśmy do niewielkiego miasta Yangshanzhen. Znajdował się tam dom, w którym mogliśmy się zatrzymać. Wcześniej postanowiliśmy pogrzebać prochy ojca w sekretnym miejscu na szczycie niewielkiego wzgórza nad rzeką. Ojciec zawsze kochał słońce i wodę. Matka została w domu przyjaciela Hongweia, a on i jego ludzie poprowadzili mnie przez pola i weszli ze mną na wzgórze. Przyciskałam do piersi pudełko z prochami ojca; noc była lodowato zimna. Mężczyźni wykopali dół w zamarzniętej ziemi. Włożyłam do pudełka fotografię ojca i skierowałam ją w stronę rzeki, by mógł patrzeć na jej nurt, czekając na mój powrót.

Nigdy w życiu nie czułam się taka samotna.

Rozdział szesnasty

Uwięziona

Hongweiowi kończyły się pieniądze. Akcja władz chińskich przeciwko handlarzom żywym towarem przed letnią olimpiadą w 2008 roku zniszczyła jego interesy, więc potrzebował nowego źródła dochodów. Znów się przeprowadziliśmy, tym razem do mieszkania w Shenyangu, i zaczął szukać możliwości inwestycji w nieruchomości, by odzyskać majątek.

Shenyang to ogromne centrum przemysłowe i finansowe, największe miasto północno-wschodnich Chin, uchodzące za stolicę świata przestępczego regionu. Jest opanowane przez brutalne gangi i rządzą nim skorumpowani urzędnicy, regularnie usuwani ze stanowisk przez władze w Pekinie i zastępowani nowymi. Wszyscy deweloperzy z Shenyangu, których znał Hongwei, byli gangsterami; kiedy nie zajmowali się ciemnymi interesami, spędzali noce w prywatnych spelunkach hazardowych. Hongwei zabierał mnie do tych zadymionych, brudnych klubów, gdzie patrzyłam, jak gra w kości albo w ruletkę. Uważał, że przynoszę mu szczęście, lecz przegrywał sto razy częściej, niż wygrywał. Kiedy zima przeszła w wiosnę, Hongwei zupełnie przestał się zajmować interesami i dostał obsesji na punkcie chińskiej loterii o nazwie Mark Six. Wkrótce zaczął tracić od tysiąca do pięciu tysięcy dolarów dziennie. Stał się tak uzależniony od hazardu, że nie jadł, nie spał i nie interesował się niczym innym. Znikał na całe dnie, a potem wracał z pijanymi przyjaciółmi, którzy brali narkotyki doprowadzające ich do szaleństwa i zapraszali do naszego mieszkania prostytutki. Gdy się na to skarżyłam, Hongwei stawał się brutalny.

Matka i ja znowu znalazłyśmy się w rozpaczliwej sytuacji. Dawał nam na jedzenie niespełna dziesięć juanów tygodniowo, czyli równowartość dolara i trzydziestu centów, więc byłyśmy chude i niedożywione w stopniu zagrażającym życiu. Matka dostała zapalenia gardła, a ja nie mogłam zaprowadzić jej do lekarza. Krytyczny moment nadszedł w dniu, gdy spacerowałyśmy razem po mieście i nie mogłam nawet kupić jej wody, by złagodzić ból krtani, bo w Shenyangu butelka wody mineralnej kosztowała prawie czterdzieści centów. Nie byłyśmy w stanie dłużej żyć w ten sposób i widziałyśmy tylko jedno wyjście.

– Musisz mnie sprzedać, Yeonmi-ya – powiedziała matka. – Proszę, chcę być sprzedana. Jestem dla ciebie tylko ciężarem.

Miałam poczucie klęski. Zawarłam z Hongweiem umowę, by uratować swoją rodzinę, i oto, do czego doszło: moja siostra zaginęła, ojciec nie żyje, a matka głoduje. Wolałam nie myśleć, czym się stałam, i nic mnie to nie obchodziło. Hongwei chciał, bym urodziła mu dzieci, ale nie mogłam do tego dopuścić. Pod żadnym pozorem nie chciałam mieć dziecka gwałciciela. Ale nie miałam pojęcia o antykoncepcji: w Korei Północnej jej nie stosowano. Dlatego gdy poczułam pierwsze mdłości, zrobiłam to, co należało zrobić. W Chinach istnieją lekarstwa, które powstrzymują rozwój płodu. Czułam się później martwa i może rzeczywiście byłam martwa. Nigdy jednak nie wyobrażałam sobie, że może być jeszcze gorzej. I oto, co się stało: byłam gotowa sprzedać własną matkę.

Długo szukałam dla niej dobrego miejsca, ale wszyscy bali się policji. Rozmawiałam z kobietami, które sprzedaliśmy wcześniej, i jedna z nich zadzwoniła do mnie z propozycją. W wiosce położonej o kilka godzin jazdy na zachód, za Chaoyangiem, mieszkała chłopska rodzina, której syn nie miał żony. Hongwei zgodził się na mój plan – moja matka nie była mu do niczego potrzebna – i pojechaliśmy na spotkanie z wieśniakami. Wydawali się dobrymi ludźmi, praca nie powinna być zbyt ciężka i matka miałaby mnóstwo jedzenia. Obiecali, że pozwolą jej utrzymywać ze mną kontakt. Więc sprzedaliśmy ją za dwa tysiące osiemset pięćdziesiąt dolarów.

Po powrocie do Shenyangu Hongwei natychmiast wszystko przegrał.

Teraz znów byłam rozdzielona z matką i czułam się nieszczęśliwa. Hongwei był bez grosza i wyładowywał frustrację na mnie. Ale mimo przygnębienia zdawałam sobie sprawę, że jest we mnie siła, która nie chce się poddać. Może był to po prostu gniew, może niewytłumaczalne poczucie, że w przyszłości życie może jeszcze coś dla mnie znaczyć. W moim słowniku nie istniało słowo „godność", nie znałam pojęcia moralności. Wiedziałam po prostu, co mi nie odpowiada i czego nie mogę zaakceptować. Nie byłam w stanie dłużej znosić tej sytuacji. Musiałam znaleźć jakieś wyjście.

W Shenyangu mieszkało wielu uchodźców z Korei Północnej. Większość się ukrywała, ale części udało się zdobyć chińskie dokumenty i udawać Koreańczyków urodzonych w Chinach. Dokumenty były kluczem do zdobycia pracy i pozwalały prowadzić życie bez strachu, więc zaczęłam pytać przyjaciół Hongweia, gdzie mogę je zdobyć. Nawet Hongwei zdał sobie sprawę, że muszę zacząć sama się o siebie troszczyć, i zgodził się dać mi trochę swobody.

Jeden z jego gangsterskich przyjaciół, niejaki Li, załatwił mi fałszywy dowód osobisty, ale był tak kiepskiej jakości, że nikt nie dałby się na niego nabrać. Pewnego dnia poszłam z Li, innym gangsterem i jego dziewczyną do koreańskiej restauracji i przy lunchu opowiedziałam im o swoim problemie. Dziewczyna oznajmiła, że zna ludzi, którzy mogliby mi załatwić prawdziwe dokumenty, a przynajmniej wiarygodną podróbkę.

Po lunchu dziewczyna gangstera zaprowadziła mnie do bardzo eleganckiego lokalu pełnego ludzi o zamożnym wyglądzie. Było to coś w rodzaju prywatnego klubu lub restauracji; w wygodnych skórzanych fotelach siedzieli mężczyźni w drogich garniturach obsługiwani przez kelnerów. Ze zdumieniem zauważyłam, że mężczyznom towarzyszy kilkanaście wysokich, pięknych młodych kobiet w eleganckich sukienkach.

Dziewczyna gangstera znała wielu ludzi obecnych na sali i przywitała się z nimi. Zaprowadziła mnie do stolika, przy którym siedział konserwatywnie ubrany mężczyzna w wieku czterdziestu kilku lat. Był jedynym człowiekiem, któremu nie towarzyszyła kobieta. Ale wydawało się, że wszyscy goście go znają i darzą szacunkiem.

– Ta dziewczyna pochodzi z Korei Północnej i chce pracować, ale potrzebuje dokumentów – powiedziała moja przewodniczka.

– Usiądź – rzekł mężczyzna, wskazując fotel obok siebie. Spełniłam polecenie. Przedstawił się jako Huang, choć nie wiem, czy to jego prawdziwe nazwisko.

– Byłaś tu wcześniej? – spytał. Odpowiedziałam, że jestem pierwszy raz. Obejrzał moje dłonie i ramiona, szukając znaków i tatuaży świadczących, że jestem prostytutką. Nie znalazł ich.

– Pijesz albo palisz?

– Nie – odparłam.

– Dobrze – powiedział. – Nigdy nie powinnaś pić ani palić. – Przywołał do stolika kelnerów, menedżerów, a nawet kilka wysokich, seksownych kobiet, po czym spytał, czy pracuję w klubie. Wszyscy zaprzeczyli.

– To złe miejsce dla ciebie – rzekł. – Nie chcesz skończyć jak te dziewczyny.

– Potrzebuję dokumentów, by dostać pracę w restauracji – odpowiedziałam.

– Znam kilku ludzi w policji i mógłbym ci pomóc – rzucił niedbale. Dla mnie była to sprawa życia i śmierci, a on mówił takim tonem, jakby chodziło o drobnostkę.

Odpowiedziałam, że byłabym wdzięczna za pomoc.

Spytał, czy chciałabym pojechać z nim do parku, gdzie jest spokojnie, i więcej o tym porozmawiać. Wydawał się taki miły i uprzejmy, że się zgodziłam. Mogę tylko powiedzieć, że powinnam była wiedzieć, o co chodzi, lecz mimo wszystko ciągle ufałam ludziom. Przez całe życie uczono mnie wierzyć w kłamstwa i stało się to niebezpiecznym przyzwyczajeniem.

Na parkingu czekał samochód terenowy wyglądający jak czołg, z rzędem reflektorów nad kabiną i wykonaną na zamówienie leżanką za siedzeniami.

– Jak ci się podoba mój wóz? – spytał. – W Chinach jest tylko kilka podobnych.

Pojechaliśmy do wielkiego publicznego parku w północnej części miasta. Huang zatrzymał samochód i zaczęliśmy rozmawiać.

– Opowiedz mi o sobie – powiedział. – Ile masz lat?

Miałam zaledwie czternaście, ale powiedziałam, że osiemnaście, bo w tym wieku dostaje się w Chinach dokumenty.

– Masz rodzinę? – spytał.

– Matkę – odparłam. – I próbuję odnaleźć siostrę. Właśnie dlatego potrzebuję dokumentów, by pracować.

– A chłopaka?

– Opiekuje się mną mężczyzna, ale stajemy się coraz bardziej niezależni od siebie.

– Będziesz potrzebowała mieszkania – powiedział. – Mam w mieście mnóstwo apartamentów. Jeden jest nawet naprzeciwko tego parku. Możesz tam zamieszkać, czekając na dokumenty. Chcesz go zobaczyć?

Huang zawiózł mnie do jednego z najbardziej luksusowych budynków w Shenyangu. Jego ogromny apartament na dwudziestym szóstym piętrze przypominał muzeum. Powiedział, że jest wielkim handlarzem dziełami sztuki i antykami, który zaczynał skromnie, a teraz jest jednym z najbogatszych i najpotężniejszych ludzi w mieście. Później dowiedziałam się, że nigdy nie skończył szkoły podstawowej i ledwie potrafi napisać swoje nazwisko. Ale mnie wydał się bardzo wyrafinowany. Zupełnie nie przypominał gangstera.

Ściany jego apartamentu były obwieszone obrazami, wszędzie stały zabytkowe posągi Buddy z kości słoniowej i porcelanowe wazy. Wskazał misternie rzeźbiony drewniany fotel i powiedział, że jest wart około sześciuset pięćdziesięciu tysięcy dolarów.

W holu czuwali ochroniarze i włączał się alarm, gdy ktoś próbował wyjść na balkon lub otworzyć niewłaściwe drzwi. Apartament przypominał twierdzę.

– Jeśli tu zostaniesz, załatwię ci dokumenty. Zajmę się wszystkim.

Na początku byłam bardzo wdzięczna Huangowi. Zatelefonowałam do matki i powiedziałam, że zaprzyjaźniłam się z człowiekiem, który załatwi mi dokumenty. Hongwei stale wysyłał do mnie esemesy, ale odpisywałam mu, by się nie przejmował. Przez krótki czas wydawało się, że wszystko dobrze się ułoży.

Następnego dnia Huang zabrał mnie samochodem do swojego antykwariatu. Później pojechaliśmy do gigantycznego apartamentu jednego z jego przyjaciół, gdzie patrzyłam, jak gra w minigolfa w specjalnej sali. Zaprowadził mnie też na grób swojej matki, a potem do starego wróżbity, który powiedział, że przyniosę mu szczęście. Wyczytał z moich dłoni, że urodzę syna.

– Jest w tobie coś niezwykłego – stwierdził Huang. – Chcę, żebyś miała tego syna ze mną.

Nie wiedziałam, co odpowiedzieć. Zdawałam sobie sprawę, że powinnam uciec od tego mężczyzny, ale nie miałam pojęcia, jak to zrobić, bo nie spuszczał mnie z oka.

Pojechaliśmy do innego luksusowego wieżowca w przeciwległej części miasta, gdzie zaprowadził mnie do apartamentu, w którym mieszkało siedem pięknych, młodych kobiet.

– Widzisz? Jeśli ze mną zostaniesz, będziesz miała mnóstwo przyjaciółek – powiedział. – Samotność ci nie grozi.

Większość dziewcząt wyglądała na nastolatki, ale ja na pewno byłam najmłodsza. Jedna z nich, studentka, uczyła się z podręczników. Huang rozsiadł się w wygodnym fotelu, a kilka dziewcząt zaczęło masować mu dłonie i stopy. Skorzystałam z okazji i wyszłam za jedną z pozostałych do kuchni.

– Nie chcę tu zostać – szepnęłam. – Pomożesz mi uciec?

– Zwariowałaś?! – zdziwiła się. – Dlaczego chcesz uciekać? To bogaty, hojny mężczyzna.

Wieczorem Huang zawiózł mnie z powrotem do apartamentu wypełnionego dziełami sztuki. Kiedy wyszedł do drugiego pokoju, wyjęłam komórkę i znowu zatelefonowałam do matki.

– Myślę, że to niedobre miejsce, *Umma* – powiedziałam po koreańsku. – Ten facet jest jakiś dziwny. Masują go kobiety i mówi, że chce, żebym urodziła mu dziecko, bo w życiu we wszystkim dopisuje mu szczęście z wyjątkiem jednego: nie ma syna...

Nagle zauważyłam, że Huang stoi obok mnie. Myślę, że nie rozumiał moich słów, ale musiał się domyślić, z kim rozmawiam, bo wyrwał mi z ręki komórkę.

– O nic się nie martw – powiedział do matki po chińsku. – Załatwię twojej córce dokumenty i będę ci co miesiąc wysyłał pieniądze. Wszystko będzie dobrze. – Matka w dalszym ciągu nie znała dobrze chińskiego, więc tak naprawdę nie rozumiała, o co chodzi: myślała, że mnie porwano.

Huang przerwał połączenie i schował moją komórkę do kieszeni.

Potem mnie objął. Odsunęłam się.

– Nie, nie o to mi chodzi – powiedziałam. – Chcę pracować.

Nagle zaczął mówić chłodnym tonem.

– Wiesz, co robią z uciekinierami, gdy wrócą do Korei Północnej? – spytał. – Wiążą ich ze sobą drutem, żeby nie mogli znowu uciec, przewlekając go przez mięśnie ramion. Mógłbym cię odesłać jeszcze dziś wieczorem. Albo kazać cię zabić i nikt nigdy by się nie dowiedział, co się z tobą stało.

Znowu spróbował mnie objąć. Ugryzłam go. Uderzył mnie tak mocno w twarz, że z ust pociekła mi krew.

Później się cofnął.

– Tak, nie musisz tego robić – powiedział. – Mogę mieć każdą dziewczynę, jakiej zapragnę. Wszystkie mnie kochają, nawet studentki. I zamierzam sprawić, że ty też będziesz mnie pragnąć.

Zostawił mnie samą w apartamencie i zamknął drzwi na klucz.

Myślałam tylko o tym, jak się stamtąd wydostać. Nie uciekłam z Korei Północnej po to, by stać się niewolnicą tego mężczyzny, zdobyczą przypominającą okaz w kolekcji klejnotów. Hongwei był zły, ale przynajmniej miał ludzkie serce. Ten mężczyzna przypominał bryłę lodu, kojarzył się z gadem. Nigdy nie spotkałam nikogo tak przerażającego.

Przez całą noc próbowałam otworzyć drzwi, ale włączały się alarmy i przybiegali ochroniarze. Zostałam uwięziona i nikt nie wiedział, gdzie jestem.

Nazajutrz wrócił Huang i próbował zastosować inną taktykę. Przyniósł mi piękne stroje, biżuterię i kazał je przymierzyć.

– Powiedz, czego pragniesz, to ci kupię – powiedział.

– Pozwól mi odejść – poprosiłam.

– Nie. Jak z tobą skończę, będziesz mnie błagała, żebym pozwolił ci zostać.

Nie wiem, ile czasu z nim spędziłam. Może tydzień, może dłużej.

Bez przerwy mnie obserwowano. Kiedy nie towarzyszył mi Huang, pilnowały mnie jego kochanki. Czułam się osaczona, podobnie jak kiedyś w Korei Północnej. Tak jak w rodzinnym kraju, dręczył mnie koszmarny strach, mroczny niczym nocne niebo i ciężki jak głaz przygniatający moje serce. Znalazłam się w pułapce.

Huang nie próbował mnie więcej zgwałcić, lecz potrafił być okrutny i brutalny. Kiedy odmówiłam przyjmowania posiłków, próbował karmić mnie siłą. Groził mi, a potem nagle stawał się miły. Myślałam, że nie wyjdę z tego żywa.

Pewnego dnia, gdy siedziałam z grupką kochanek Huanga w jego głównym antykwariacie, w drzwiach stanął Li, przyjaciel Hongweia. Huang wyszedł ze swojego gabinetu, by zobaczyć gościa.

– Witaj, wielki bracie Huang! – odezwał się Li. – Spotkanie z tobą to dla mnie zaszczyt.

– Skąd znasz moje imię? – spytał Huang.

– Któż nie znałby twojego imienia? – odpowiedział Li, po czym skinął w moją stronę. – Matka tej dziewczyny tęskni za nią. Przychodzę z wiadomością od Hongweia. On także chciałby ją odzyskać.

– Powiedz Hongweiowi, że ona już go nie potrzebuje – odparł Huang. – Prawda, dziewczyno?

Popatrzył na mnie, a ja skinęłam potakująco głową. Bałam się, że jeśli tego nie zrobię, zabije nas wszystkich, nie wyłączając Hongweia i mojej matki.

– Powiedz mu, jak dobrze cię traktuję – ciągnął Huang.

– Pan Huang traktuje mnie bardzo dobrze – zwróciłam się do Li.

Huang kazał mu odejść.

Wkrótce potem w kieszeni Huanga zadzwoniła moja komórka. Nosił ją przy sobie, by wiedzieć, kto do mnie telefonuje. Kiedy zobaczył, że to Hongwei, odebrał połączenie.

Hongwei przetrząsał Shenyang, próbując mnie odnaleźć. Był w rozpaczy, aż w końcu skontaktował się z moją matką, która pomogła mu mnie odszukać. Powiedział mi później, jak przebiegła jego rozmowa z Huangiem.

– Oddaj ją albo zaczynamy wojnę – rzekł. – Czarne albo białe: wybór należy do ciebie. Jeśli chcesz wciągnąć do tej gry policję, ja też wciągnę policję. Jeśli chcesz wciągnąć gangi, ja też wciągnę gangi.

– Naprawdę chcesz wywołać awanturę z powodu tej dziewczyny? – spytał Huang.

– Nie. Problem polega na tym, czy chcesz umrzeć z jej powodu i zostawić po sobie tyle pieniędzy – odpowiedział Hongwei.

Po tej rozmowie Huang zabrał mnie do apartamentu chronionego przez strażników i alarmy. Zdawałam sobie sprawę, do czego jest zdolny Hongwei, ale znałam Huanga na tyle dobrze, by wiedzieć, że nigdy nie pozwoli mu postawić na swoim. Dlatego spróbowałam innej taktyki.

– Rozumiem, jak bardzo się myliłam – powiedziałam Huangowi. – Nie chcę wracać do Hongweia. Jesteś znacznie ważniejszym człowiekiem. Dlaczego miałbyś rozpoczynać z nim wojnę?

Nie ma nic do stracenia, a ty możesz stracić wszystko. Powiem mu, że już go nie chcę.

Przekonałam handlarza antykami, że chcę się tylko znowu zobaczyć z matką.

– Jestem nieszczęśliwa wyłącznie dlatego, że bardzo za nią tęsknię – stwierdziłam.

Wiedziałam, że chociaż to bezwzględny przestępca, jest pobożnym buddystą i bardzo kocha swoją matkę.

– Proszę, pozwól mi pojechać i po raz ostatni zobaczyć się z matką. Mieszka w Chaoyangu. Później wrócę i zapomnimy o Hongweiu.

Sprawiłam, że mi uwierzył. Następnego dnia zaproponował, że każe jednemu ze swoich szoferów zawieźć mnie do Chaoyangu, ale odpowiedziałam, że nie, wystarczy, jeśli mnie wsadzi do autobusu. Oddał mi nawet moją komórkę.

Kiedy autobus opuścił terminal, zatelefonowałam do Hongweia.

Hongwei czekał na mnie na dworcu autobusowym w Chaoyangu. Rozpłakał się na mój widok.

– Och, moja Yeonmi-ya, co ty sobie myślałaś?! – szlochał. – Nie rozumiesz, jakimi prawami rządzi się świat...

Wynajął samochód i zawiózł mnie do gospodarstwa, w którym pracowała matka. Nikt inny nie wiedział, gdzie przebywa, więc Hongwei uznał, że będę tam bezpieczna, gdy Huang zacznie mnie szukać.

Przyszło mi do głowy, że Hongwei zaczął za mną tęsknić dopiero wtedy, gdy mnie stracił. I byłam zdumiona, że jest gotów zaryzykować wszczęcie wojny z takim bogatym i wpływowym człowiekiem tylko po to, by mnie odzyskać. Myślę, że Hongwei sam mógł się tym zdziwić. Później powiedział mi, że nigdy wcześniej nie podejmował żadnego ryzyka w imię miłości.

Dobrzy wieśniacy zgodzili się, bym została z matką. Mogłabym mieszkać u niej przez dłuższy czas, ale był lipiec 2008 roku i na początku sierpnia miały się rozpocząć igrzyska olimpijskie w Pekinie. W sąsiedniej wiosce policja chodziła od domu do domu, szukając nielegalnych imigrantów. Słyszałyśmy o deportacjach kilku Koreanek z Północy. Nasza chińska rodzina martwiła się, że ktoś w mieście może nas zadenuncjować i policja zrobi nalot na gospodarstwo. Dlatego zadzwoniłyśmy do Hongweia, który zorganizował nam kryjówkę w mieście, gdzie pogrzebano mojego ojca. Ale szybko nas tam rozpoznano jako uciekinierki z Korei Północnej, więc Hongwei przerzucił nas do swojego rodzinnego miasta Chaoyang. Przez pewien czas mieszkaliśmy wszyscy razem, lecz nie mieliśmy pieniędzy. W tym okresie matka zatelefonowała na komórkę naszej przyjaciółki Myung Ok, kobiety uciekającej przed swoim chińskim mężem. Myung Ok powiedziała, że jest z powrotem w Shenyangu i że ma pracę.

– Jaką pracę? – spytała matka.

– Jest trochę dziwna – odpowiedziała Myung Ok. – Jeśli przyjedziecie do Shenyangu, przedstawię was swojemu szefowi.

Matka i ja znowu byłyśmy zdesperowane. I nieustannie zmieniałyśmy mieszkania, nie tylko z obawy przed policją, ale również dlatego, że Hongwei był przekonany, iż prześladuje go duch mojego ojca.

Na początku ojciec pojawiał się w jego snach. Ale ostatnio, gdy Hongwei wchodził do pustego mieszkania, zastawał w kuchni ojca gotującego ryż albo siedzącego na łóżku i wpatrującego się w ścianę. Hongwei rozpłakał się i powiedział mi, że mój ojciec nigdy mu nie wybaczy tego, co mi zrobił. Zrozumiał, że musi mnie uwolnić. Żałował, że pozbawił mnie niewinności, przepraszał za wyrządzone krzywdy, choć zdawał sobie sprawę, że jest na to za późno. Ale obiecał, że zawsze będzie mnie chronił, czcił ducha mojego ojca i opiekował się jego grobem.

Mój stosunek do Hongweia jest bardzo skomplikowany. Przez długi czas go nienawidziłam i myślałam, że nigdy mu nie wybaczę, ale moje serce w końcu zmiękło. Nie był całkiem zły. Bardzo wiele dla mnie zrobił. Odnalazł moją matkę, pomógł ojcu przedostać się do Chin i pomógł mi go pochować. Wiem, że bardzo się starał odnaleźć również moją siostrę.

Kiedy mieszkaliśmy razem, kupował mi mnóstwo złotej biżuterii, a ja przez cały czas ją ukrywałam. Teraz mu ją zwróciłam. Potrzebował jej bardziej niż ja. W pewien sposób kupowałam swoją wolność.

Podziękowałam mu za wszystko, co dla mnie zrobił, i pożegnałam się.

Pojechałam z matką następnym autobusem do Shenyangu.

Rozdział siedemnasty

Jak manna z nieba

Kiedy przyjechałyśmy do mieszkania Myung Ok w Shenyangu, w końcu opowiedziała nam o pracy, jaką mogła nam załatwić. Wyjaśniła, że musimy po prostu flirtować z mężczyznami przez internet.

Myung Ok pracowała dla chińskiego szefa, zwanego *laoban*, który wynajmował kilka mieszkań wyposażonych w komputery podłączone do sieci. *Laoban*, gangster niskiego szczebla, podlegał innemu, ważniejszemu gangsterowi, jednemu z szefów mafii z Shenyangu organizującej internetowe usługi seksualne. Na dole drabiny znajdowały się Koreanki z Północy, które nie miały szans na inną pracę. Mieszkały w niewielkich pokoikach, gdzie mogły czatować przez całą dobę. Klienci – prawie wyłącznie Koreańczycy z Południa – wyszukiwali w sieci dziewczyny, które im się podobały, a potem prowadzili z nimi rozmowy (odbywało się to za pomocą klawiatury) i obserwowali wybranki przez kamery internetowe. Płacili kartami kredytowymi zależnie od czasu trwania połączenia. Większość dziewczyn rozbierała się przed klientami, ale niektóre po prostu prowadziły pikantne rozmowy.

Chodziło o to, by jak najdłużej utrzymać mężczyzn przed monitorem. Większość pieniędzy zatrzymywali *laoban*.

Nigdy wcześniej nie słyszałam o kamerkach internetowych; moja matka i ja uznałyśmy to za wyjątkowo dziwny sposób zarabiania na życie. Najpierw próbowałam znaleźć pracę w restauracji, ale bez dokumentów nie wchodziło to w rachubę. Policja robiła naloty na lokale, szukając nielegalnych imigrantów. Nasze możliwości znalezienia zatrudnienia były bardzo ograniczone. Miałam ciągle czternaście lat, lecz widziałam ludzi robiących różne paskudne rzeczy, by przeżyć – często znacznie gorsze niż flirtowanie z mężczyznami przez internet. Byłam własnością Hongweia, ale przynajmniej nigdy nie faszerował mnie narkotykami ani nie użyczał swoim przyjaciołom. W porównaniu z tym, co mogłoby się stać z matką i ze mną bez jego opieki, praca na czacie wydawała się łatwym wyborem.

Nie było to idealne zajęcie, ale przynajmniej nie musiałam uprawiać z nikim seksu. Nie należałam do nikogo i mogłam zarobić trochę pieniędzy. Zamierzałam zebrać gotówkę na wiarygodne dokumenty, a później zdobyć dobrą pracę i zaopiekować się matką.

Wkrótce po rozpoczęciu przez nas pracy Myung Ok, niewiarygodnie sprytna i przedsiębiorcza, odeszła od chińskiego szefa i wykupiła własną licencję na prowadzenie czatu erotycznego. Zaproponowała nam lepsze warunki, więc przeszłyśmy do niej.

Według dzisiejszych standardów technologia była bardzo prymitywna, ale i tak wprawiła nas w zdumienie. Nigdy wcześniej nie widziałyśmy komputera, dlatego musiałyśmy się nauczyć pisać znaki koreańskie, które pojawiały się na ekranie.

Matka miała z tym kłopoty. Kiedy klient chciał zacząć z nią rozmowę, tak długo szukała klawiszy, by napisać „Cześć!", że kiedy znowu unosiła wzrok, ekran był pusty – klient się rozłączył.

– Ja to zrobię, mamo – mówiłam. Chociaż pisanie zajmowało mi dużo czasu, moi klienci cierpliwie czekali. Godzili się także z tym, że nie chcę się rozbierać. Pozwalałam im oglądać tylko swoją twarz, a jeśli stawali się zbyt wulgarni lub natarczywi, po prostu się rozłączałam. Działało to na moją korzyść, gdyż mężczyzn ogarniała ciekawość i chcieli się o mnie więcej dowiedzieć. Zwykle pisałam to, co pragnęli usłyszeć, ale poznałam również kilku klientów, z którymi prowadziłam prawdziwe rozmowy. Stałam się bardzo popularna na czacie i czasami na moim ekranie pojawiało się jednocześnie sześciu lub siedmiu chętnych do rozmowy. Musiałam uważać, by ich nie pomylić i odpowiadać na pytania właściwych osób.

Im więcej pracowałam, tym więcej zarabiałam. Jeśli poświęcałam na to cały swój czas, mogłam zarobić około czterech tysięcy juanów miesięcznie – przeszło pięćset dolarów – po odliczeniu siedemdziesięciu procent pobranych przez szefów.

W końcu ja i matka miałyśmy dość ryżu i nie bałyśmy się każdej nocy, że zostaniemy zgwałcone. Ale nie byłyśmy wolne. Nasze klitki przypominały cele więzienne. Jeśli wychodziłyśmy na ulicę, musiałyśmy stale zerkać za siebie, by się upewnić, że nikt nas nie rozpoznał. Nie wiem, co mnie bardziej przerażało: perspektywa aresztowania przez chińską policję czy spotkanie z Huangiem albo jego ludźmi. Wiedziałam, że w dalszym ciągu mnie szuka, a nie był człowiekiem, którego można bezkarnie oszukać.

W pobliżu naszego bloku mieszkalnego znajdowało się gimnazjum. Widziałam z okna dziewczęta w moim wieku, które nosiły szkolne plecaki i bawiły się z koleżankami. „Kiedy będę taka jak one, *Umma*?" – spytałam matkę. Nie wiedziała, co odpowiedzieć.

Myślałam, że będziemy tak żyć zawsze, lecz matka poznała Koreankę z Północy o imieniu Hae Soon, mieszkającą w Shenyangu z Koreańczykiem z Południa. Przed poznaniem Hae Soon matka i ja nigdy nie rozważałyśmy możliwości ucieczki do Korei Południowej. Ale Hae Soon dużo wiedziała o tym kraju i twierdziła, że władze przyznają nam obywatelstwo, pomogą znaleźć pracę i mieszkanie. Zdawała sobie sprawę, jak niebezpieczna może być próba ucieczki z Chin. Schwytanie i deportacja do Korei Północnej oznaczały śmierć. Szukanie pracy w Chinach było przestępstwem, lecz próba ucieczki do Korei Południowej oznaczała zdradę stanu. Reżim wysyła takich ludzi do obozów dla więźniów politycznych, skąd nie ma powrotu, lub po prostu skazuje na śmierć.

Hae Soon powiedziała, że zna sposób wydostania się z Chin wypróbowany już przez inne osoby. W mieście Qingdao działali chrześcijańscy misjonarze, którzy potrafili przeprowadzić uciekinierów do Mongolii, dobrze traktującej uchodźców z Korei Północnej. Kiedy uchodźcy dotarli do Mongolii, zajmowała się nimi ambasada południowokoreańska. Hae Soon chciała pojechać do Qingdao i wyruszyć w drogę, lecz nie miała odwagi zrobić tego samotnie. Poprosiła mnie i matkę, byśmy jej towarzyszyły.

Kiedy usłyszałam opowieść Hae Soon, wiedziałam, że musimy uciec do Mongolii. Matka bardzo się bała. Mówiła, że w Shenyangu dobrze się nam powodzi, że próba ucieczki jest zbyt niebezpieczna, i usilnie starała się wyperswadować mi ten pomysł. Niemniej we mnie płonął dawny ogień; coś mi podpowiadało, że życie to coś więcej niż tylko przetrwanie. Nie wiedziałam, co nas czeka, ale wolałam umrzeć, niż dalej żyć tak jak teraz – chciałam być normalnym człowiekiem, a nie tropionym zwierzęciem. Znów chwyciłam matkę za ręce i nie puściłam, dopóki nie zgodziła się pojechać ze mną do Mongolii.

Hae Soon podała nam telefon komórkowy człowieka, który mógł nas skontaktować z misjonarzami. Kiedy matka do niego zadzwoniła, powiedział, że on również uciekł z Korei Północnej i że miłosierny Bóg okazał mu łaskę, gdyż odnalazł wolność. Matka poinformowała go, że mamy nadzieję dotrzeć do Korei Południowej i że poszukujemy mojej siostry, która może tam na nas czekać. Odparł, że Bóg jest wszechmocny, a jego potęga nie zna granic. Jeśli będziemy się modlić, wszystko będzie dobrze. Podał nam telefon misjonarzy w Qingdao. Mieli opowiedzieć nam o Bogu i pomóc znaleźć sposób ucieczki do Korei Południowej.

Matka zrelacjonowała mi tę rozmowę, lecz żadna z nas nie miała pojęcia, o czym mówi mężczyzna. Korea Północna to kraj ateistyczny, więc o chrześcijańskim Bogu usłyszałyśmy po raz pierwszy. Ale byłyśmy gotowe uwierzyć w coś nowego, jeśli miałyśmy dzięki temu przeżyć. Podobała się nam idea miłosierdzia. Jeszcze raz, nie mając wielu informacji, matka i ja postanowiłyśmy zaryzykować.

Jedyną przeszkodę stanowiły pieniądze. Zaoszczędziłyśmy trochę, ale ucieczka wymagała posiadania większej sumy.

Nie potrafię tego wyjaśnić, ale kiedy byłam głodna, zawsze wierzyłam, że jeśli mocno tego zapragnę, chleb spadnie na ziemię z nieba jak manna. Ojciec miał w sobie ten sam optymizm, mimo wszystkich przeciwności, jakie go spotykały. Jednak aby odnieść sukces, nie wystarczy optymizm i ciężka praca. Potrzebne jest również szczęście. Może stary wróżbita miał rację – mimo wszystkiego, co mnie spotkało, zawsze miałam w życiu mnóstwo szczęścia.

Kiedy przygotowywałyśmy się do ucieczki, nagle stała się ona możliwa dzięki przyjacielowi poznanemu w internecie. Zbliżał się do czterdziestki, miał wolny zawód, mieszkał w Korei Południowej i był jednym z moich stałych klientów. Większość mężczyzn, z którymi się kontaktowałam, myślała, że mieszkam gdzieś w Seulu: okłamywałam ich. Ale ten mężczyzna był inny. Traktował mnie jak żywego człowieka, więc opowiedziałam mu część swojej prawdziwej historii. Był tak poruszony, że postanowił pomóc mi w ucieczce. Przyleciał do Shenyangu, spotkał się ze mną i dał mi pieniądze na pokrycie naszych wydatków. Powiedział, że chce tylko, bym zatelefonowała do niego po dotarciu do Seulu, chociaż wątpię, czy naprawdę na to liczył. Był samotnym człowiekiem o dobrym sercu.

Wkrótce byłyśmy przygotowane do podróży. Matka spytała Myung Ok, czy chce z nami jechać, ale Myung Ok prowadziła własną firmę i bała się opuszczać Chiny.

Na początku lutego przyszła pora wyjazdu z Shenyangu. Stale myślałyśmy o niebezpieczeństwach ucieczki. Kupiłam sobie brązowy tweedowy płaszcz, by go nosić w czasie podróży, i postanowiłyśmy zaszaleć – wybrać się na ostatnią, smaczną kolację w koreańskiej restauracji, czego nigdy nie zrobiłybyśmy w normalnych okolicznościach. Poszłyśmy nawet do baru karaoke, gdzie można miło spędzić czas z przyjaciółmi.

Nie umiem dobrze śpiewać, ale zawsze uwielbiałam głos matki. Kiedy byłam mała, śpiewała mi, gdy sprzątała dom lub kładła mnie spać. Miała bardzo piękny głos, wyjątkowo ciepły. Kiedy usłyszałam śpiew matki, pękł mur, którym otoczyłam swoje serce. Przez prawie dwa lata miałam wrażenie, że moje zmysły obumarły. Nie potrafiłam widzieć ani słyszeć otaczającego mnie świata, nie czułam jego dotyku, smaku ani zapachu. Gdybym pozwoliła sobie na doświadczanie życia w całej jego intensywności, postradałabym zmysły. Gdybym zaczęła płakać, mogłabym nigdy nie przestać. Przetrwałam, ale nigdy nie czułam radości, nigdy nie czułam się bezpieczna. Teraz, gdy słuchałam matki śpiewającej stare piosenki, odrętwienie nagle mnie opuściło. Zdałam sobie sprawę, że bezgranicznie kocham matkę i boję się ją stracić. Trwoga wypełniająca moją pierś sprawiała niemal fizyczny ból. Matka była dla mnie wszystkim. Nie miałam nic innego.

Musiałam dotrzymać obietnicy, którą złożyłam ojcu – zapewnić matce bezpieczeństwo i odnaleźć Eunmi. Wymagało to ucieczki do Korei Południowej.

Rozdział osiemnasty

Śladem gwiazd

Nazajutrz rano moja matka, ja i Hae Soon zaczęłyśmy długą, pełną napięcia podróż autobusem z Shenyangu do Qingdao. Miałyśmy do pokonania około tysiąca dwustu kilometrów i w każdej chwili do autobusu mogli wejść chińscy policjanci, by sprawdzić dokumenty pasażerów. Ale dopisało nam szczęście i po dwóch dniach dotarłyśmy do miasta bez rewizji.

Qingdao to ogromny, nowoczesny port położony nad Morzem Żółtym naprzeciwko Półwyspu Koreańskiego. Podróżny posiadający paszport może stamtąd dolecieć w nieco ponad godzinę do portu lotniczego Inczhon w Seulu. Ale droga do wolności, którą muszą pokonać uciekinierzy z Korei Północnej, jest znacznie bardziej skomplikowana.

Na dworcu autobusowym w Qingdao spotkała nas Koreanka w średnim wieku i zaprowadziła do bloku mieszkalnego w nierzucającej się w oczy okolicy. Umieszczono nas w jednej z co najmniej dwóch kryjówek utrzymywanych w mieście przez działającą potajemnie misję protestancką. Na tym etapie sekretnej podróży uciekinierzy z Korei Północnej poznawali Biblię i czekali na okazję ucieczki przez Mongolię. Misję prowadził południowokoreański pastor, któremu pomagali Koreanka mieszkająca w Chinach i Chińczyk z ludu Han, chrześcijanin organizujący niebezpieczne przerzuty uciekinierów do granicy mongolskiej, pełniący rolę przewodnika.

Chińska Republika Ludowa ma skomplikowane relacje z organizacjami religijnymi; niekiedy stosowała wobec nich represje. W latach sześćdziesiątych, w okresie rewolucji kulturalnej, w Chinach zlikwidowano instytucje religijne, choć później, w epoce reform gospodarczych, niektórym z nich pozwolono działać otwarcie. Jednak misje chrześcijańskie nawracające niewierzących są nielegalne, podobnie jak udzielanie pomocy Koreańczykom z Północy próbującym uciekać do innych krajów. Powiedziano nam, że jeśli władze dowiedzą się o misji w Qingdao, pastor i jego pomocnicy trafią do więzienia, a my zostaniemy deportowane. Z tego powodu nigdy nie zdradziłyśmy prawdziwych nazwisk ludzi, którzy nas uratowali.

Nasza trzyosobowa grupa z Shenyangu dzieliła niewielkie mieszkanie z ośmioma lub dziewięcioma uciekinierkami z Korei Północnej. Ostrzeżono nas, byśmy nie hałasowały i nie opuszczały mieszkania samodzielnie – choć część kobiet mimo wszystko to robiła. Musiałyśmy kupować sobie jedzenie, otrzymując na to dziennie po pięć juanów na osobę – około sześćdziesięciu pięciu centów amerykańskich. Raz w tygodniu Koreanka mieszkająca w Chinach zabierała nas do sklepu, gdzie mogłyśmy bezpiecznie zrobić zakupy. Na szczęście ja i matka miałyśmy pieniądze, by kupić więcej jedzenia, i dzieliłyśmy się nim z naszą grupą.

Przed przyjazdem do Qingdao nigdy nie słyszałyśmy o Jezusie Chrystusie. Pomogli nam inni uchodźcy, którzy wytłumaczyli to w taki sposób: „Wyobraźcie sobie, że Bóg Ojciec to Kim Ir Sen, a Jezus to Kim Dzong Il. Wtedy zaczniecie coś rozumieć".

Muszę przyznać, że od razu zaakceptowałam chrześcijaństwo. Jeśli miałam uznać Chrystusa za Zbawiciela, by dotrzeć do Korei Południowej, mogłam zostać najlepszą chrześcijanką na świecie. Codziennie rano uczestniczyliśmy w nabożeństwie, a później przez cały dzień studiowaliśmy Biblię. Pastor kazał nam przepisywać kolejne strony Księgi Przysłów po koreańsku. Bez trudu zrozumiałam ideę wszechmocnego, wszechwiedzącego Boga. Przypominało mi się to, czego nas uczono o Ukochanym Przywódcy Korei Północnej – on również był wszechwiedzący i miał się nami opiekować w zamian za lojalność. Ale nie potrafiłam pojąć idei miłosiernego Boga. Zastanawiałam się, dlaczego taki Bóg istnieje w Korei Południowej, a w Korei Północnej nie.

Jednak szybko pochłonęła mnie poezja oraz duch Ewangelii i całkowicie zaakceptowałam Dobrą Nowinę. Okazało się również, że potrafię się bardzo dobrze modlić.

Wkrótce po przyjeździe matka zadzwoniła do przyjaciółki, Sun Hi, która mieszkała w sąsiedniej prowincji ze swoim chińskim „mężem" i dziewięcioletnią córką, Hyong Sim. Przez krótki czas dzieliłyśmy jedno z mieszkań Hongweia. Sun Hi i moja matka natychmiast się polubiły. Były rówieśniczkami, pochodziły z Hiesan (choć nie znały się w Korei Północnej) i obie szukały starszych córek, które zniknęły w świecie chińskich handlarzy żywym towarem. Sun Hi miała skomplikowane, tragiczne życie, ale była twardą, czasem wesołą kobietą i zaczęłyśmy traktować ją i jej córkę jak członków rodziny.

Matka opowiedziała jej o naszych planach i zasugerowała, że ona również mogłaby uciec do Korei Południowej, gdyby skontaktowała się z misją. Gospodarstwo męża Sun Hi było ubogie, więc przeżywała z córką trudne chwile i chętnie skorzystałaby z możliwości wyjazdu. W połowie lutego przybyła z Hyong Sim do Qingdao i dołączyła do naszej grupy.

Niestety, przygotowywałyśmy się właśnie do przeprowadzki do innego mieszkania. Matka nie potrafiła ułożyć sobie relacji z Hae Soon, która miała apodyktyczny charakter. Niechęć matki mogła być po prostu skutkiem stresu, ale nie była w stanie mieszkać z Hae Soon i nie chciała, byśmy jechały w tej samej grupie. Przekazałyśmy dziękczynne podarki miejscowej Koreance, która pomagała misji, i wkrótce przeniesiono nas do podobnego mieszkania, gdzie przebywała inna grupa, również szykująca się do wyjazdu. Miała wkrótce wyruszyć do Mongolii, dlatego liczyłyśmy, że opuścimy Chiny wcześniej od pozostałych.

W skład naszej grupy wchodziła matka, ja i trzy inne kobiety – jedna mieszkała w Chinach prawie dekadę, druga miała dwadzieścia kilka lat, trzecia była w wieku matki. Była również rodzina: ojciec, matka i trzyletni chłopiec. Mieli oni krewnych w Korei Południowej, którzy zapłacili dużo pieniędzy pośrednikowi, by wydostał ich z Korei Północnej. Po przekroczeniu granicy przerzucono ich bezpośrednio do misji w Qingdao, więc nigdy nie mieszkali w Chinach i nie znali ani słowa po chińsku.

Matka i ja polubiłyśmy tych ludzi i dobrze się czułyśmy w nowej grupie. Ukończyli kurs biblijny i pastor uważał, że wszyscy jesteśmy gotowi do drogi.

Pewnego dnia pod koniec lutego, kiedy przygotowywałyśmy się do wyjazdu, pastor zaprosił całą naszą grupę na spotkanie modlitewne. Chwaliliśmy Pana i wyznawaliśmy nasze grzechy – dla mieszkańców Korei Północnej jest to znajomy rytuał. Siedzieliśmy w kręgu, wspominaliśmy swoje złe uczynki i prosiliśmy Boga, by nam wybaczył.

Robiliśmy to z pastorem wiele razy, lecz tym razem wszystko potoczyło się inaczej. Kiedy wyznałam swoje grzechy, pastor powiedział:

– Nie masz nam nic więcej do powiedzenia?

Popatrzyłam na niego ze zdziwieniem. Odwrócił się w stronę matki.

– Na pewno nie macie żadnych innych grzechów na sumieniu?

Byłyśmy wstrząśnięte. Matka i ja porozumiałyśmy się w milczeniu wzrokiem. Mogłyśmy tylko przypuszczać, że jeden z członków drugiej grupy powiedział pastorowi o naszej pracy w seksbiznesie internetowym.

– Wyznałyśmy grzechy w sercu, przed Bogiem – odezwała się matka. – Czy musimy opowiadać o nich publicznie?

Oświadczył, że tak, że musimy się wyspowiadać przed wszystkimi i prosić o przebaczenie.

Zaczęłyśmy płakać, a wtedy poprosił obecnych o wyjście z sali.

Matka i ja powiedziałyśmy mu, że pracowałyśmy w Shenyangu na czacie erotycznym, że tego żałujemy, ale robiłyśmy to tylko po to, by przeżyć. Miałyśmy nadzieję, że Bóg nam wybaczył.

Pastor pokręcił poważnie głową.

– Nie. Jesteście grzesznicami. Nie mogę pozwolić, byście pojechały do Mongolii w stanie grzechu. Narazi to na niebezpieczeństwo niewinnych.

Długo go błagałyśmy, przyrzekając, że nigdy więcej nie popełnimy takiego grzechu. Bardzo, bardzo żałujemy. Czy może nam wybaczyć?

– To nie zależy ode mnie – odpowiedział. – Musicie się modlić do Boga o przebaczenie.

– Ma pan rację, pastorze – rzekła moja matka. – Popełniłyśmy zbyt wiele grzechów, a jeśli nasza głęboka skrucha nie wystarcza, by Bóg nam przebaczył, nie ośmielimy się jechać z innymi, bo mogłybyśmy wyrządzić im szkodę. Możemy tylko wyrazić żal i błagać o miłosierdzie.

Duchowny milczał przez chwilę. Później odczytał nam fragment Księgi Izajasza przetłumaczony na koreański:

– „Chodźcie i spór ze mną wiedźcie – mówi Pan. Choćby wasze grzechy były jak szkarłat, jak śnieg wybieleją; choćby czerwone jak purpura, staną się jak wełna".

Słowa pastora mnie uspokoiły i wiele razy dziękowałam mu za modlitwę. Ale wyszłam ze spotkania, czując się brudna i pełna wstydu z powodu tego, co robiłam, by przeżyć.

Następnego dnia miejscowa Koreanka powiedziała mojej matce, że możemy dołączyć do grupy.

Pastor jeszcze raz przyszedł do mieszkania, by pomodlić się z nami przed wyjazdem do Mongolii i życzyć nam bezpiecznej podróży. Wziął mnie na bok i zamienił ze mną kilka ostatnich słów.

– Proszę, żyj uczciwie w Korei Południowej – powiedział, akcentując słowo „uczciwie". Zorientowałam się, że ma złe przeczucia; przypuszczał, że moja przeszłość wpłynie na mój los. Jak miałam mu powiedzieć, że chcę tylko żyć i być wolna?

Nasza grupa planowała przekroczyć granicę Mongolii w nocy, pieszo, w najzimniejszej porze roku, kiedy temperatury w tej części pustyni Gobi spadają niekiedy do minus czterdziestu stopni Celsjusza. Ucieczki w zimie uważano za bezpieczniejsze – na granicy pojawiało się w tym czasie mniej chińskich patroli, gdyż strażnicy graniczni nie spodziewali się, że ktoś mógłby ryzykować zamarznięcie podczas takiej niebezpiecznej wędrówki. Mimo to przez cały czas groziło nam aresztowanie przed dotarciem do granicy. Matka i ja postanowiłyśmy, że nie damy się wziąć żywcem. Matka ukryła duży zapas tabletek nasennych

– tych samych, którymi zabiła się moja babka. Ja ukryłam ostrze brzytwy w pasku tweedowego płaszcza, by móc podciąć sobie gardło przed odesłaniem do Korei Północnej.

Wieczorem w przeddzień wyjazdu zadzwoniłam do Hongweia. Nie widzieliśmy się od wielu miesięcy i ciągle żywiłam do niego skomplikowane uczucia. Ale teraz, gdy groziła mi śmierć, pogodziłam się nieco z przeszłością. Poświęciłam zbyt wiele energii i czasu na nienawiść i nietolerancję wobec innych. Teraz, w wieku piętnastu lat, czułam, że mogę wyrażać miłość i wdzięczność ludziom będącym częścią mojego życia. Powiedziałam Hongweiowi, że modliłam się do ojca, by przestał go prześladować i by mu wybaczył. Modliłam się również o to, bym sama mogła mu wybaczyć. Chciałam, aby wiedział, że zamierzam uciec przez Mongolię, bo gdybym zginęła na pustyni, byłby jedynym człowiekiem, który mnie zapamięta.

Pod koniec rozmowy płakałam, a głos Hongweia załamywał się z emocji.

– Do widzenia, Yeonmi-ya! – powiedział. – Życzę ci wszystkiego najlepszego. Proszę, przeżyj.

Przynajmniej raz dostał to, czego chciał.

Dotarcie do granicy zajęło nam cztery długie dni. Nasza grupa uciekinierów podróżowała pociągiem i autokarem; towarzyszył nam Chińczyk pracujący dla misji. Był mężczyzną średniego wzrostu, zbliżał się do pięćdziesiątki i wyglądał przeciętnie, dzięki czemu nie zwracał na siebie uwagi, gdy eskortował uciekinierów, którzy nie mieli dokumentów i chcieli opuścić kraj. Nie mówił po koreańsku, a ja znałam język mandaryński najlepiej w naszej grupie, więc mogłam tłumaczyć jego instrukcje, co robić w razie zatrzymania przez policję.

– Jeśli jedno z was zostanie schwytane, nie może wydać reszty grupy – oświadczył. – Powinno powiedzieć policji, że podróżuje samotnie, by uratować pozostałych.

Kiedy wsiedliśmy w Qingdao do pociągu, byliśmy naturalnie bardzo zdenerwowani. Jechaliśmy przez cały dzień, udając, że śpimy, by nikt się do nas nie odzywał. W Pekinie przesiedliśmy się do autobusu, po czym ruszyliśmy krętymi drogami przez góry, gdzie dawni cesarze Chin wznieśli Wielki Mur, by powstrzymać plemiona najeźdźców nadciągające z północnych stepów. Wreszcie dotarliśmy na równiny i znaleźliśmy się na dwupasmowej drodze biegnącej przez pustynie Mongolii Wewnętrznej. Podróżowaliśmy bez bagażu, mając tylko niewielkie plecaki z butelkami wody, kanapkami i nielicznymi rzeczami osobistymi. Ściskaliśmy je nerwowo na kolanach i spoglądaliśmy na drogę, wypatrując posterunków kontrolnych lub blokad. Na szczęście ich nie było.

Długa podróż zakończyła się w Erlien, małym mieście granicznym w środku ogromnej pustyni Gobi, gdzie hulały tumany pyłu. Przybyliśmy wcześnie rano i nasz przewodnik zaczął szukać miejsca, gdzie moglibyśmy przeczekać do wieczora. Ale wszędzie zamykano nam drzwi przed nosem, bo nie mieliśmy dokumentów. W końcu znaleźliśmy hotelik, w którym przyjmowano gotówkę i nie zadawano pytań.

Spędziliśmy w pokoju nerwowy dzień, czekając na zapadnięcie nocy. Właściciele hoteliku wydawali się mnie i matce bardzo podejrzani, więc chociaż panowało lodowate zimno, trzymaliśmy otwarte okno, by wyskoczyć na zewnątrz w razie pojawienia się policji. Kiedy słońce zaczęło zachodzić, przewodnik oświadczył, że doprowadzi nas w pobliże granicy, a później musimy radzić sobie sami. Jedynym mężczyzną w naszej grupie był ojciec niosący małego synka; przewodnik kazał mu kierować grupą w czasie marszu przez pustynię. Koreanka z misji dała nam dwie latarki i dwa kompasy, a przewodnik pokazał mężczyźnie, w jakim kierunku mamy iść. Powinniśmy zmierzać na północny zachód, sforsować pięć linii zasieków z drutu kolczastego i dotrzeć do bardzo wysokiego ogrodzenia znajdującego się dokładnie na granicy. Znalazłszy się po drugiej stronie, powinniśmy powiedzieć pierwszej napotkanej osobie, że jesteśmy uchodźcami z Korei Północnej i że prosimy o pomoc. Jeśli nikogo nie spotkamy, musimy odnaleźć tory kolejowe i dotrzeć do najbliższego miasta.

Taki przynajmniej był plan.

W nocy przyjechała taksówka i zawiozła nas na plac budowy kilka kilometrów od miasta. Rodzice małego chłopca starali się go uspokoić, by nie zaczął płakać i nie zdradził naszej grupy w czasie wędrówki przez pustynię. Na szczęście był grzecznym dzieckiem i nie wydał żadnego dźwięku, ale i tak mieliśmy w pogotowiu środki uspokajające.

Nasz chiński przewodnik udzielił nam kilku ostatnich wskazówek, a ja przetłumaczyłam je na koreański.

– Na pustyni widać łunę miasta po mongolskiej stronie granicy – powiedział. – Idźcie w kierunku łuny. Światła miasta po chińskiej stronie są znacznie słabsze. Trzymajcie się od nich z daleka.

Na niebie lśnił sierp księżyca i niezliczone gwiazdy. Przewodnik wskazał najjaśniejszą z nich.

– Jeśli oddzielicie się od grupy albo nie będziecie mogli użyć kompasu, popatrzcie w niebo i znajdźcie tę gwiazdę. Wskazuje północ.

Później kazał nam ruszać. Ja i matka przeszłyśmy kilka kroków, spojrzałyśmy za siebie i zauważyłyśmy, że ukląkł na zamarzniętej ziemi. Złożył dłonie i wznosił je w stronę nieba. Zaczęłam się zastanawiać: *Dlaczego ten człowiek, który nawet nie zna naszego języka, troszczy się o nas tak bardzo, że jest gotów ryzykować dla nas życie?* Wzruszyło to nas do łez. Odmówiłam w duchu modlitwę dziękczynną i ruszyliśmy przez ciemną pustynię.

Teren był całkowicie otwarty, pozbawiony drzew, a nawet krzewów – wokół rozciągała się niezmierzona piaszczysta równina pokryta piaskiem, kamieniami i kępami suchej trawy. Chłód wydawał się żywą istotą, która postanowiła iść naszym śladem. Wpijał mi się w skórę, chwytał za nogi, by poruszały się wolniej. Natychmiast zaczęłam żałować, że mam na sobie tweedowy płaszcz kupiony w Shenyangu, a nie ciepłą kurtkę. Misjonarze kazali nam zabrać jak najmniej bagażu, ale potraktowałam ich słowa zbyt dosłownie. Nie wzięłam nawet rękawiczek ani szalika. Przytuliłam się do matki, by się ogrzać, a ona oddała mi swój ciężki płaszcz, bo dygotałam z zimna. Miała zbyt lekkie buty i ciągle się potykała na nierównym gruncie. W końcu ojciec chłopca dał matce zapasową parę butów sportowych. Były za duże, ale związała ciasno sznurowadła, by trzymały się na nogach. Wątpię, czy dotarłaby do granicy bez jego pomocy.

Była to najdłuższa noc w moim życiu. Kiedy rozlegał się jakiś hałas albo widzieliśmy w dali reflektory samochodu, wpadaliśmy w panikę. Po przeciśnięciu się przez czwartą zaporę z drutu kolczastego usłyszeliśmy warkot motorów, po czym zobaczyliśmy ogromny reflektor omiatający pustynię. Rzuciliśmy się na ziemię i staraliśmy się nie poruszać. Ojciec chłopczyka dostał na podróż nową, bezpieczną komórkę i czym prędzej połączył się z misją w Qingdao. Spytał pastora, czy reflektor należy do Chińczyków, czy do Mongołów. I co powinniśmy zrobić?

– Nie dajcie się aresztować – odpowiedział duchowny.

Leżeliśmy na ziemi i modliliśmy się, aż dźwięki ucichły i światło zniknęło w dali. Baliśmy się włączyć latarkę i popatrzeć na kompas, więc szliśmy i czołgaliśmy się przez pustynię, odnajdując drogę dzięki gwiazdom. Gdy pokonaliśmy piątą zaporę z drutu kolczastego, pomyślałam, że nasza gehenna wkrótce się skończy. Później gwiazdy skryły się za chmurami i straciliśmy orientację. Przez pewien czas krążyliśmy w kółko, aż wreszcie wpadliśmy na pomysł: wszystkie kobiety usiadły wokół jadącego z nami mężczyzny, by go osłonić, a on spojrzał na kompas w świetle latarki.

Z upływem czasu stawało się coraz zimniej i zaczęłam wątpić, czy dotrę do granicy. Myślałam o śmierci na pustyni. Czy ktoś odnajdzie moje kości i oznaczy mój grób? A może zostanę zapomniana, jakbym nigdy nie istniała? Zdałam sobie sprawę, że jestem na świecie zupełnie sama. Było to najbardziej przerażające, najsmutniejsze uczucie w moim życiu.

Tamtej nocy zaczęłam nienawidzić dyktatora Kim Dzong Ila. Wcześniej prawie się nad tym nie zastanawiałam, ale teraz zaczęłam go winić za nasze cierpienia. Nawet jeśli potrafił czytać w moich myślach, nie bałam się już go przeklinać, bo i tak czekała mnie śmierć. Co mógłby mi zrobić: zabić mnie po raz drugi? Chociaż spodziewałam się, że umrę, wyparcie się Ukochanego Przywódcy było prawdopodobnie najtrudniejszą rzeczą, jaką zrobiłam w życiu. Nie mogła mnie dosięgnąć zemsta Kim Dzong Ila, lecz miałam wrażenie, że czuję za plecami jego rękę próbującą mnie zatrzymać. Matka wyznała później, że kiedy szłyśmy w mroku, czuła to samo.

Myślałam, że nie może już być gorzej, gdy nagle w ciemności otoczyło nas stado dzikich zwierząt. Słyszałam ich zdyszane oddechy, gdy nas mijały, i widziałam błysk ślepi odbijających światło księżyca. Nie wiem, czy były to kozy, czy wilki, ale dosłownie oszalałam ze strachu.

– Pomocy! Jest tam kto? Pomocy!!! – krzyczałam. W tamtej chwili nie obchodziło mnie, czy usłyszą mnie Chińczycy, czy Mongołowie.

Ale wokół nie było nikogo.

Byłam gotowa się poddać, położyć się i umrzeć. Nie mogłam zrobić ani kroku do przodu. Kilka godzin wcześniej zaczęłam mieć halucynacje, widzieć ogrodzenia na horyzoncie. „*Umma*, patrz!" – powtarzałam wiele razy. Ale kiedy docierałyśmy na miejsce, widziałyśmy tylko pustynię.

Tuż przed świtem zrobiło się tak zimno, że baliśmy się, iż zamarzniemy na śmierć. W desperacji rozpaliliśmy niewielkie ognisko z gałązek i trawy, które zdołaliśmy znaleźć na pustyni. Ogień nie był wystarczająco duży i zaczęliśmy się zastanawiać, czy nie spalić kilku niepotrzebnych ubrań, gdy nagle usłyszeliśmy nadjeżdżający pociąg. Słychać go było blisko, choć wydawało się nam, że znajdujemy się na kompletnym pustkowiu. W ciężkim, zimnym powietrzu dźwięk zdawał się dochodzić z dwóch różnych miejsc. Większość członków grupy pobiegła w jednym kierunku, ale matka i ja sądziłyśmy, że źródło dźwięku znajduje się gdzie indziej, więc pobiegłyśmy w przeciwną stronę.

Po kilku minutach ujrzałyśmy w słabym świetle wielkie ogrodzenie znajdujące się na granicy. Myślałam, że to kolejny miraż, ale później zauważyłyśmy dziury w drucie kolczastym i strzępy materiału z ubrań ludzi, którzy przekraczali granicę przed nami. Udało się! Kiedy przeciskałyśmy się przez jedną z dziur, gruby drut kolczasty podarł mi spodnie i płaszcz, jakby próbował wciągnąć mnie z powrotem do Chin. Matka pomogła mi się oswobodzić i nagle byłyśmy wolne.

Kiedy dotarłyśmy do Mongolii, za naszymi plecami wstało słońce, rzucając długie, niewyraźne cienie. Matka chwyciła mnie za rękę i przypomniała, że jest czwarty marca – urodziny ojca.

Część trzecia

Korea Południowa

Rozdział dziewiętnasty

Ptaki wolności

Przez kilka minut oddychałyśmy wolnym powietrzem Mongolii, gdy nagle podbiegł do nas żołnierz w mundurze polowym.

Uniósł karabin i krzyknął coś w języku, którego nigdy nie słyszałyśmy. Musiało to oznaczać, że jest Mongołem. Byłyśmy uratowane!

– *Xiexie! Xiexie!* – zawołałam po chińsku. – Dziękuję! Dziękuję!

Żołnierz dalej coś wrzeszczał, ale ogarnęła mnie taka radość, że podskakiwałam z rękami nad głową. Usiłował zachować poważny wyraz twarzy, lecz nie mógł się powstrzymać od śmiechu.

Nastrój szybko się zmienił, gdy w dali pojawiła się reszta naszej grupy, trzymając ręce nad głowami, eskortowana przez kilku innych żołnierzy z wycelowaną bronią. Kiedy Mongołowie zgromadzili nas w jednym miejscu, zaczęli jednocześnie rozmawiać przez krótkofalówki i zapanował kompletny zamęt. Po kilku minutach po pustyni nadjechały z rykiem trzy lub cztery samochody terenowe, które nas otoczyły.

W jednym z wozów przybył wyższy oficer i wszystkim ośmiorgu uciekinierom kazano zająć miejsca na dwóch ławkach za jego plecami. Kiedy wcisnęliśmy się do auta, odwrócił się i powiedział po chińsku z brzydkim akcentem:

– *Hui zhongguo*, „Z powrotem do Chin".

Byłam wstrząśnięta. To nie powinno się zdarzyć! Niewiele myśląc, kilka z nas wyskoczyło z samochodu. Na siedzeniach została tylko moja matka i ojciec trzymający chłopca. Żołnierze próbowali wepchnąć nas z powrotem do pojazdu, ale chwytałyśmy się ich mundurów, płacząc i błagając o litość.

– Ratujcie nas! Prosimy, nie odsyłajcie nas do Chin! Zabiją nas!

Dotknęłam palcami brzytwy ukrytej w pasku od spodni, gotowa ją wyciągnąć i poderżnąć sobie gardło. Zamierzałam to zrobić. Nadszedł koniec.

– Zabijemy się, nim zdążycie nas odesłać! – krzyknęłam.

– Tak, wolimy umrzeć! – wrzasnęła jedna z kobiet.

Żołnierze wydawali się zbici z tropu, nawet zawstydzeni. W końcu jeden z nich powiedział:

– Dobrze. Jedźmy do Seulu.

Uspokoiłyśmy się na tyle, by wsiąść z powrotem do samochodu. Ale po chwili wszyscy wpadliśmy w panikę, gdy kierowca ruszył w stronę chińskiego punktu granicznego.

– Nie, nie możemy wrócić! – krzyknęłam. I znów rozległy się lamenty i błagania.

Jedna z kobiet z Korei Północnej trąciła ojca dziecka i powiedziała:

– Módl się!

– Modlę się! – szepnął w odpowiedzi.

Byłam zbyt wstrząśnięta, by pamiętać słowa modlitwy, ale misjonarze powiedzieli nam, że możemy się modlić własnymi słowami. Powtarzałam w duchu: „Krew Jezusa to moja krew".

Nie wiedziałam, co to znaczy, ale słowa zdawały się pasować do sytuacji; nie potrafiłam wymyślić niczego lepszego, co by pomogło nam przeżyć. Szczerze mówiąc, modliłabym się do skał, drzew i nieba, byle tylko się stamtąd wydostać.

Matka przez cały czas zastanawiała się, jak mnie ocalić. Myślała o wypchnięciu mnie z samochodu, bym mogła uciec przed dotarciem do Chin. W Korei Północnej wielu ludzi wyskakuje z pędzących pociągów, by uniknąć aresztowania. Później przypomniała sobie, że samochody różnią się od pociągów – mogą się zatrzymać, po czym żołnierze z łatwością by mnie schwytali. Jedynym realnym sposobem była próba popełnienia samobójstwa. Ale na szczęście nigdy do tego nie doszło.

Samochód przejechał przez miasto, podskakując na wybojach, minął drogę prowadzącą do chińskiego posterunku granicznego, aż wreszcie dotarł do mongolskiej bazy wojskowej.

Kiedy SUV przejechał przez bramę i stanął, ośmioro uciekinierów zaprowadzono do parterowego budynku, który wyglądał jak koszary lub więzienie. Kobietom kazano wejść po kolei do innego pomieszczenia, po czym umundurowana Mongołka kazała nam się rozebrać do naga. Przeszukała nawet nasze włosy, by sprawdzić, czy nie przemycamy pieniędzy ani narkotyków. Zabrała wszystkie juany chińskie, które miała przy sobie matka. Traktowano nas jak przestępców, nie jak uchodźców politycznych. Jednak umieszczono nas w dużej sali z pryczami, gdzie mogłyśmy się przespać, i dostałyśmy coś do zjedzenia. Przebywaliśmy w bazie wojskowej ponad tydzień, a żołnierze często grozili, że odeślą nas do Chin. Nie wiem, czy mówili poważnie, czy robili to ze złośliwości.

Od czasu do czasu pojawiali się mongolscy oficerowie, którzy robili nam fotografie i zadawali pytania, dlatego kazano mi pełnić rolę tłumaczki. Byłam najmłodszym członkiem grupy, nie licząc małego chłopca, ale potrafiłam się porozumieć z żołnierzami, więc poczułam się odpowiedzialna za naszą grupę.

Wszyscy poczuliśmy ulgę, gdy pewnego dnia kilku wysokiej rangi oficerów zawiozło nas pociągiem do stolicy, Ułan Bator, gdzie przeniesiono nas do innej bazy wojskowej, a w końcu do strzeżonego ośrodka na przedmieściach. Kiedy przybyliśmy na miejsce, znajdowało się tam przeszło dwudziestu innych uciekinierów obu płci; później niektórzy odjechali i pojawili się nowi.

Mężczyźni i kobiety spali w dwóch osobnych salach. Nie mieliśmy łóżek, tylko deski przykryte kocami. Raz w tygodniu personel przygotowywał gorącą wodę, byśmy wzięli kąpiel – mężczyźni zawsze myli się pierwsi, podobnie jak w Korei Północnej. Prawie przez cały czas marzliśmy, bo była ciągle zima, ale się nie skarżyliśmy. Koreańczycy z Północy uważali takie warunki za normalne, choć ci z Południa pewnie nazwaliby to miejsce obozem koncentracyjnym.

Nie mogliśmy opuszczać ośrodka; spaliśmy, jedliśmy posiłki i pracowaliśmy w ustalonych godzinach. Dorośli sprzątali budynek, a ja najczęściej porządkowałam teren na zewnątrz. Mniej więcej raz w tygodniu pojawiał się przedstawiciel ambasady południowokoreańskiej, który zadawał nam pytania i prosił o spisanie naszych historii. Jednak pracownicy ambasady nie potrafili nam powiedzieć, jak długo mamy czekać ani co to za ośrodek.

Wydawało się oczywiste, że istnieje cicha umowa między Mongolią a Koreą Południową, by przetrzymywać uchodźców w obozie przed odesłaniem samolotem do Seulu. Oficjalnie Mongolia przyjmowała północnokoreańskich uchodźców przybywających z terenu Chin i pozwalała im na wyjazd za granicę, jednak w praktyce wszystko było znacznie bardziej skomplikowane. Mongolia, niegdyś jedno z państw satelickich Związku Sowieckiego, stała się demokracją parlamentarną i wcielała w życie reformy gospodarcze. Utrzymywała stosunki dyplomatyczne i handlowe zarówno z Koreą Północną, jak i Południową, a także z Chinami i Stanami Zjednoczonymi. Sposób traktowania uchodźców północnokoreańskich zależał od stanu tych relacji w danym momencie. W 2005 roku granicę przekroczyło około pięciuset Koreańczyków z Północy. W 2009 roku ich liczba znacznie się zmniejszyła, gdyż Chiny zwiększyły liczbę patroli na granicy i doszło do ocieplenia stosunków między Ułan Bator a Pjongjangiem. Sytuacja pogorszyła się do tego stopnia, że pośrednicy i misje pomagające uciekinierom przestali ich kierować do Mongolii; wysyłano ich teraz alternatywną trasą przez Azję Południowo-Wschodnią.

Jak się okazało, nasza ósemka była jedną z ostatnich grup północnokoreańskich uciekinierów wysłanych do Mongolii przez misję w Qingdao. Miesiąc po naszej ucieczce przybyła do Mongolii Sun Hi wraz z córką. Kiedy ja i matka opuściłyśmy Qingdao poza kolejnością, Sun Hi, Hyong Sim i konfliktowa Hae Soon dołączyły do trzeciej grupy, która wyruszyła po pierwotnie planowanym terminie naszego wyjazdu do Mongolii. Okazało się, że miały wielkie szczęście – wszystkich członków naszej pierwotnej grupy schwytali na granicy Chińczycy, po czym deportowali do Korei Północnej.

Grupa Sun Hi wyjechała dwa tygodnie po schwytaniu pierwotnej grupy. Podobnie jak my przedostali się przez ogrodzenie i wpadli w ręce mongolskich strażników granicznych, którzy próbowali ich odesłać do Chin. Nim to się stało, Sun Hi połknęła truciznę i Mongołowie musieli przewieźć ją do szpitala, by nie umarła. Później dowiedziałyśmy się, że wkrótce zamknięto misję w Qingdao. Koreanka i chiński przewodnik trafili do chińskiego więzienia za udzielanie pomocy Koreańczykom z Północy próbującym uciec do wolności.

Matka i ja nie wiedziałyśmy, jak długo będziemy trzymane w Mongolii i czy zostaniemy odesłane do Chin. Każdy dzień oczekiwania sprawiał, że coraz bardziej traciłyśmy nadzieję. Pomagała mi praca na otwartym powietrzu, bo nie czułam się jak w więzieniu i mogłam podziwiać piękne widoki Ułan Bator. Niekiedy dołączała do mnie matka; obie lubiłyśmy patrzeć na góry i rozmyślać o wolności. Kilka razy dziennie nisko na niebie przelatywały smukłe, srebrzyste odrzutowce, które startowały z lotniska gdzieś w głębi doliny. Kiedy nabierały wysokości, wyglądały jak ptaki zmierzające do krainy, gdzie będą wolne. Matka zauważyła, że na nie patrzę, i powiedziała: „My też polecimy samolotem do Korei Południowej. Już niedługo". Usiłowałam sobie wyobrazić, że lecę na pokładzie jednego z odrzutowców, ale wydawało mi się to niemożliwe.

Dwudziestego kwietnia 2009 roku do obozu przyjechał przedstawiciel ambasady południowokoreańskiej i zawiózł nas na międzynarodowe lotnisko w Ułan Bator. Ponieważ nie miałyśmy dokumentów, otrzymałyśmy południowokoreańskie paszporty na fałszywe nazwiska, by przejść w Mongolii odprawę celną i paszportową.

Ostrzeżono nas, byśmy nie rozmawiały na lotnisku po koreańsku, więc siedziałyśmy w milczeniu w hali odlotów, bojąc się nawet oddychać. Kiedy widziałam kogoś ubranego w mundur wojskowy, cała się trzęsłam. (Zdarza się, że jeszcze dzisiaj reaguję tak na widok munduru). W końcu wprowadzono nas do odrzutowca i poczułam wielką ulgę, że nikt nas nie zatrzymał. Naturalnie znalazłyśmy się w samolocie po raz pierwszy w życiu. Po zajęciu miejsc wymieniłyśmy zdumione spojrzenia, a później przybiłam matce piątkę. Nauczyłam się tego gestu z południowokoreańskich filmów; byłam gotowa stać się Koreanką z Południa. Tak przynajmniej myślałam.

Czekając na start samolotu, mocno trzymałyśmy się za ręce. Czułam się jak w filmie, gdy w krytycznym momencie życia przebiegają człowiekowi przez głowę wspomnienia. Przypominałam sobie wędrówkę przez pustynię Gobi, zamarzniętą rzekę, po której przeszłyśmy do Chin, i własne ucieczki przed handlarzami i gangsterami, nim w końcu dotarłyśmy do Mongolii. Wyobraziłam sobie ojca, który w jakiś sposób stale mi towarzyszył, pomagał przeżyć i uniknąć niebezpieczeństw. Miałam wyrzuty sumienia, że zmarł, nie poznawszy smaku wolności, i że wyjeżdżam bez niego. Wstydziłam się jak człowiek, który ocalał, choć tak wielu przyjaciół i członków rodziny zginęło lub znalazło się w pułapce w piekle na ziemi. Smutek i poczucie winy łagodziła świadomość, że moja matka jest szczęśliwa. Miałyśmy nadzieję, że wkrótce odnajdziemy Eunmi – może już czeka na nas w Korei Południowej?

Siedziałam przy oknie i nie mogłam się doczekać startu, by zobaczyć widnokrąg i ocean, który znałam tylko ze zdjęć i filmów wideo. Ale kiedy samolot ruszył po pasie startowym, dostałam silnych mdłości wywołanych chorobą lokomocyjną. W ciągu całego lotu, trwającego trzy i pół godziny, nie patrzyłam w okno, nawet gdy zaczęliśmy podchodzić do lądowania w międzynarodowym porcie lotniczym Inczhon w Korei Południowej. Nie chciałam psuć pierwszego widoku wolności wymiotami.

Po wylądowaniu kazano nam zostać na miejscach i czekać, aż wszyscy pasażerowie opuszczą samolot. Później na pokład wszedł agent Narodowej Służby Wywiadowczej, południowokoreańskiego odpowiednika CIA, by wyprowadzić nas z maszyny. Na lotnisku dołączyli do niego kolejni agenci. Byli bardzo przystojni i mówili z pięknym akcentem, jak Koreańczycy z Południa, których widziałam na pirackich filmach wideo. Matka musiała trącić mnie łokciem w żebra, bym się na nich nie gapiła.

Po opuszczeniu samolotu znalazłam się w innym świecie. Pierwszą rzeczą, jaką ujrzałam, był olbrzymi biały korytarz zalany jaskrawym światłem. Weszliśmy na ruchomy chodnik, który jak za sprawą magii powiózł nas w stronę głównego terminalu. Eleganckie południowokoreańskie dziewczęta jadące w przeciwną stronę nosiły ładne skórzane bluzy i minispódniczki, a na uszach słuchawki w wesołych kolorach. Kiedy je zobaczyłam, miałam ochotę zapaść się pod ziemię, wstydząc się swojego brzydkiego tweedowego płaszcza i pocerowanych dżinsów. Lotnisko prezentowało się olśniewająco, a ja wyglądałam jak uboga dziewczyna ze wsi.

Dojechaliśmy ruchomym chodnikiem do głównego terminalu i przez chwilę wahałam się, czy zejść na lśniącą marmurową posadzkę. Wydawała się śliska jak zamarznięta rzeka i bałam się poślizgnąć. Wszyscy czekali na mnie, gdy poszłam do publicznej toalety. Myślałam, że widziałam w Chinach nowoczesne toalety, ale przeżyłam szok. Porcelanowe miski były tak olśniewająco czyste, że uznałam, że myje się w nich ręce. A krany w rzędach umywalek w czarodziejski sposób się włączały, gdy przechodziłam obok nich, później woda nagle przestawała płynąć. Byłam zbyt zawstydzona, by poprosić o pomoc; czułam się jak idiotka, która nie umie z niczym sobie poradzić. Jeszcze przed oficjalnym przekroczeniem granicy Korei Południowej miałam wrażenie, że poniosłam fiasko.

Przystojni agenci Narodowej Służby Wywiadowczej poprowadzili całą naszą ósemkę tylnymi korytarzami lotniska do czekającego autobusu.

Pierwszym przystankiem był szpital, gdzie po raz pierwszy w życiu przeszłam kontrolne badanie lekarskie. Czułam się naprawdę dziwnie, gdy zajmowali się mną lekarze wyposażeni w taki nowoczesny sprzęt. Najbardziej zdziwiło mnie to, że kazano mi nasiusiać do kubeczka. *Co takiego?!* Nie miałam pojęcia, jak to zrobić. A kubeczek był taki ładny, że wcale nie chciałam do niego sikać!

Nie czekaliśmy długo na wyniki badań. Byłam zdrowa. Nie miałam gruźlicy ani chorób zakaźnych. Wkrótce mogliśmy rozpocząć następny etap podróży.

Narodowe Centrum Wywiadowcze mieści się w ściśle strzeżonym, odciętym od świata kompleksie około godziny jazdy od Seulu. Natychmiast po przybyciu zabrano nam nasze rzeczy i otrzymaliśmy duże worki z ubraniami, szamponem i innymi niezbędnymi rzeczami osobistymi. W tym momencie przyjazne powitanie się zakończyło i stało się jasne, że Narodowe Centrum Wywiadowcze bardziej przypomina więzienie niż ośrodek dla uchodźców. Zajmujący się nami ludzie byli brutalni i posługiwali się bardzo ordynarnym językiem, nawet w stosunku do dzieci. Podobnie jak w Mongolii, zaprowadzono nas po kolei do sali, w której musiałyśmy się rozebrać do naga, po czym dokładnie nas przeszukano, co sprawiło, że poczułam się upokorzona i znieważona. Był to przygnębiający początek wolnego życia.

Zadanie Narodowego Centrum Wywiadowczego to wyeliminowanie oszustów: Koreańczyków z Chin próbujących wyemigrować do Korei Południowej oraz północnokoreańskich agentów udających uchodźców. To ważne zadanie, bo już kilkudziesięciu uciekinierów aresztowano za szpiegostwo. Jednak jest to zaledwie drobny odsetek dwudziestu sześciu tysięcy Koreańczyków z Północy, którzy przeszli przez centrum i mieszkają obecnie w Korei Południowej.

Agenci wyjaśnili, że przed wpuszczeniem do kraju musimy zostać przesłuchani i sprawdzeni. Moja matka i ja musiałyśmy zdecydować, jaką część naszej historii zamierzamy opowiedzieć. Pamiętałyśmy gwałtowną reakcję pastora z Qingdao, gdy dowiedział się, że pracowałyśmy na czacie erotycznym. Uznałyśmy, że im mniej Koreańczycy z Południa będą wiedzieli o naszej przeszłości, tym lepiej. Dlatego próbowałyśmy wymyślić historię, która tuszowałaby to, że sprzedano nas w Chinach, gdy miałam trzynaście lat, a później byłam kochanką Hongweia. Jednak opowieść ta była tak skomplikowana i trudna do zapamiętania, że matka doszła do wniosku, iż lepiej powiedzieć prawdę. Nie wspomniała tylko o rozwodzie z ojcem. Zresztą zawsze uważała rozwód za fikcję, sposób na zmianę miejsca zameldowania w czasie pobytu ojca w obozie. Chciała uczcić jego pamięć, pozostając jego żoną, nawet po śmierci.

Po zakończeniu rewizji naszą niewielką grupę zaprowadzono do sali, w której przeszło dwudziestu niedawno przybyłych uciekinierów leżało na kocach na podłodze. Strażnicy wręczyli nam papier i ołówki, po czym kazali dokładnie opisać swoje życie. Kiedy oddaliśmy zapisane kartki, mogliśmy rozmawiać, spać albo oglądać telewizję kablową, która nadawała tylko Discovery Channel z koreańskim dubbingiem lub koreańskimi napisami. Śledziłam programy o życiu na dnie oceanu, bezludnych wyspach i afrykańskich krokodylach. Po raz pierwszy w życiu widziałam, jak rozwija się dziecko w brzuchu matki. Czekanie trwało długo i wiele się w tym czasie nauczyłam. Jedzenie okazało się dobre. Dostawałyśmy dużo słodyczy oraz ciastek i stawałyśmy w kolejkach po nowe pyszne potrawy, na przykład curry, którego nigdy wcześniej nie próbowałam. Część personelu ośrodka traktowała nas nieprzyjemnie, ale większość była wyjątkowo miła i przyjacielska. Codziennie spędzaliśmy kilka godzin na ćwiczeniach fizycznych, ale poza tym trzymano nas w izolacji. Część osób zabierano na następną fazę przesłuchań, a na ich miejsce przybywały nowe.

Ludzie, których poznałyśmy, opowiadali mnóstwo przerażających i smutnych historii. Dowiedzieliśmy się, że inna przyjaciółka Myung Ok, która pracowała na czacie, by opłacić podróż do Azji Południowo-Wschodniej, utopiła się w wezbranym Mekongu, nim dotarła do Tajlandii. Moja matka i ja również chciałyśmy uciekać tą trasą, ale była dla nas za droga. Nie ma bezpiecznej drogi ucieczki z Korei Północnej i miałyśmy szczęście, że przeżyłyśmy.

Po około dwudziestu dniach spędzonych w wielkiej poczekalni matkę i mnie przeniesiono do mniejszego pokoju, w którym mieszkała kobieta z trojgiem dzieci. Powiedziała, że w Chinach aresztowano na jej oczach męża, ale – by ratować dzieci – udała, że go nie zna. Miała straszne wyrzuty sumienia, że go zostawiła. Matka próbowała ją przekonać, że postąpiła słusznie, lecz w nocy kobieta wołała męża przez sen.

Po kolejnych dwóch tygodniach przyszedł czas na indywidualne przesłuchania. Matkę i mnie przeniesiono do pojedynczych pokoi wyposażonych w niewielkie łóżko, stół, krzesło i maleńką toaletę. W porach posiłków ktoś przynosił do pokoju jedzenie na tacy, a później ją zabierał.

Przesłuchiwał mnie wysoki agent w średnim wieku mówiący z jedwabistym akcentem, który na początku wydał mi się czarujący. Ale wiele zadawanych przez niego pytań wywoływało we mnie niepokój, podobnie jak w czasie pobytu w Qingdao.

Zaczął od pytań o to, czego nauczyłam się w szkole, i o rzeczy znane tylko dzieciom z Korei Północnej, jak „przysięga młodego pioniera". Kazał mi narysować plan okolicy mojego domu i pytał, czym zajmowała się moja rodzina w Korei Północnej. Czasami zabierano mnie na przesłuchania do jego gabinetu, a niekiedy telefonował do mnie, by sprawdzić coś, co powiedziała matka. Wiedziałam, że to konieczne, ale czułam lęk. Zwłaszcza gdy kazał mi mówić o Chinach.

Pod koniec przesłuchania spytał:

– Masz jakieś tatuaże?

Wiedziałam, że tak naprawdę pyta: „Czy jesteś dziwką?", bo chińskie prostytutki można często rozpoznać na podstawie tatuaży na ramionach i plecach. Twarz paliła mnie ze wstydu, że mógł mi zadać takie pytanie. Czy miało to jakieś znaczenie? Znał moją przeszłość, wiedział, że pracowałam w seksbiznesie internetowym. Teraz spoglądał na mnie jak na grudkę błota zdrapaną z buta. W jego oczach byłam czymś gorszym od insekta.

– Nie, nie mam tatuaży – odpowiedziałam.

– Na pewno? – dopytywał się.

– Nie, nie mam. Dlaczego mi pan nie wierzy?

– Wiesz, że mogę przyprowadzić kobietę, by obejrzała twoje ciało.

– Proszę bardzo! Niech sprawdzi!

– Dobrze, dobrze – odpowiedział. – Wierzę ci.

Próbował zmienić temat.

– Co zamierzasz robić w Korei Południowej?

– Studiować na uniwersytecie – odpowiedziałam bez wahania.

Prychnął ze zdziwienia.

– Och, moim zdaniem to ci się nie uda – rzekł. – Ale cóż, każdy ma prawo dostać ostatnią szansę.

Ostatnią szansę? – pomyślałam. Ostatnią szansę daje się przestępcom. Wiedziałam, że nie popełniłam żadnych przestępstw, robiłam to, co musiałam, by przeżyć i ocalić rodzinę. Ale teraz zamarło we mnie serce. Zdałam sobie sprawę, że w tym miejscu nie ma dla mnie nadziei. Czułam się brudna i zagubiona, jak wtedy, gdy pastor opowiadał mi o grzechu. Jeśli tak mają mnie traktować ludzie, gdy się dowiedzą, kim jestem, muszę się stać kimś innym. Kimś akceptowanym, kto może odnieść sukces w Korei Południowej. Jak dotąd koncentrowałam się prawie wyłącznie na przetrwaniu. Znalazłam sposób, by przeżyć w Korei Północnej. Znalazłam inny sposób, by przeżyć w Chinach. Teraz zastanawiałam się, czy mam w sobie dość energii, by przeżyć w Korei Południowej. Poczułam się bardzo zmęczona.

Wróciłam do przypominającego celę pokoiku i spojrzałam przez okno na kraj, w którym miałam być wolna. Zobaczyłam tylko nowe piekło. Jak łatwo byłoby przeciągnąć ręką po ostrym metalowym parapecie, aż przecięłabym nadgarstek tak głęboko, by trysnęły potoki krwi i moje życie szybko się skończyło...

Jednak po chwili przypomniałam sobie, że muszę dotrzymać obietnicy. Podobnie jak ojciec, nie zamknę oczu, dopóki nie odnajdę Eunmi. Chciałam żyć, by znowu ją zobaczyć.

Uciekając z Chin, ja i matka pytałyśmy wszystkich, czy widzieli moją siostrę. Wszyscy zaprzeczali. Kiedy po raz pierwszy przybyłyśmy do Narodowego Centrum Wywiadowczego, podałyśmy agentom jej imię, lecz nie mieli o niej żadnych informacji. Byłam zdruzgotana, ale nie chciałam się poddać. Jeśli żyła w Chinach, musiałam tylko przekazać jej informację, gdzie może nas odszukać, a Eunmi znajdzie sposób, by do nas dotrzeć.

Pod koniec czerwca grupa stu trzydziestu nowo przybyłych uciekinierów była gotowa do opuszczenia Narodowego Centrum Wywiadowczego. Wszyscy przeszliśmy pozytywnie weryfikację przez kontrwywiad. Wieczorem w przeddzień naszego odjazdu administracja ośrodka wydała wielkie przyjęcie, by uczcić początek naszego nowego życia. Pracownicy życzyli nam szczęścia, bo wiedzieli, że będzie nam potrzebne. Udawaliśmy się do centrum dla uchodźców, gdzie uciekinierów z Korei Północnej uczono, jak stać się obywatelami Korei Południowej.

Rozdział dwudziesty

Sny i koszmary

W Ośrodku dla Przesiedleńców Hanawon na początku nauczono nas śpiewać hymn narodowy. Szło nam znakomicie. Była to jedna z umiejętności, którą Koreańczycy z Północy ćwiczą przez całe życie. Reszta okazała się znacznie trudniejsza.

Hanawon leży około siedemdziesięciu pięciu kilometrów na południe od Seulu, a nazwa ośrodka oznacza po koreańsku „Dom Jedności". Zespół budynków z czerwonej cegły otoczonych zielonymi trawnikami i wysokim ogrodzeniem zbudowało w 1999 roku południowokoreańskie Ministerstwo Zjednoczenia, agencja rządowa stworzona w celu przygotowania przyszłego zjednoczenia Północy i Południa. Prowadzone tam programy mają za zadanie pomóc uciekinierom w adaptacji do nowoczesnego społeczeństwa – co musiałoby przybrać masową formę, gdyby dwudziestu czterem milionom mieszkańców Korei Północnej pozwolono wkroczyć w dwudziesty pierwszy wiek.

Korea Południowa od przeszło sześćdziesięciu lat rozwija się samodzielnie, bez kontaktu z Pustelniczym Królestwem, i oba państwa różnią się nawet językami. Hanawon to coś w rodzaju centrum adaptacyjnego dla podróżników w czasie, którzy przybyli z Korei lat pięćdziesiątych i sześćdziesiątych: nigdy nie widzieli bankomatów, centrów handlowych, kart kredytowych ani internetu. Koreańczycy z Południa posługują się niezrozumiałym slangiem z wieloma zapożyczeniami z języka angielskiego zwanym „Konglish". Na przykład torebka to w Korei Południowej *han-du-bag-u*, od angielskiego słowa *handbag*. Zakupy określa się mianem *syoping*, od słowa *shopping*. Ze zdumieniem dowiedziałam się, że ludzie robią zakupy dla przyjemności. Poznałam znacznie więcej nowych słów: drukarka, skaner, hamburger, pizza, klinika. Nie były to tylko nowe wyrazy, lecz klucze pozwalające otworzyć drzwi do nieznanej krainy.

Było to niezwykłe, a zarazem porywające. Pracownicy ośrodka starali się wykorzystać nasz trzymiesięczny pobyt, by przekazać nam jak najwięcej informacji o nowej ojczyźnie, demokratycznej, skomputeryzowanej i pełnej ostrego współzawodnictwa. Wkrótce po przybyciu naszą niewielką grupkę z Qingdao przydzielono do jednego z zespołów – tak zwanej Grupy 129 – i wydano nam sportowe ubrania, które mieliśmy nosić w czasie naszego pobytu: spodnie od dresu, T-shirty, bluzy z kapturami i buty sportowe. Ośrodek zaprojektowano dla dwustu uchodźców, ale w czasie naszego pobytu przebywało w nim około sześciuset osób – wyłącznie kobiety i dzieci poniżej osiemnastego roku życia. Dorosłych mężczyzn umieszczono w innym miejscu. Spałyśmy po cztery lub pięć w pokoju i jadłyśmy posiłki w wielkiej stołówce.

Moja matka i inni dorośli uczyli się, jak otworzyć konto bankowe, posługiwać się kartą kredytową, opłacać czynsz i zarejestrować się jako wyborca, a tymczasem ja chodziłam wraz z innymi dziećmi i nastolatkami na zajęcia przygotowujące nas do podjęcia nauki w szkołach Korei Południowej, w których rygorystycznie przestrzegano standardów edukacyjnych. Na początku poddano nas testom sprawdzającym naszą wiedzę. Miałam piętnaście lat, ale po długiej przerwie w nauce uzyskałam w matematyce wyniki na poziomie drugiej klasy szkoły podstawowej, a z pisania i czytania okazałam się jeszcze gorsza.

Musiałam rozpocząć edukację szkolną od początku.

Wielu z nas z trudem przystosowywało się do zajęć lekcyjnych. Siedzenie bez ruchu na krześle wydawało się niewygodne i nienaturalne. Niekiedy byliśmy zdziwieni. W podręcznikach szkolnych nie uczono dodawania i odejmowania na „amerykańskich bandytach" – tutaj obrazki przedstawiały kolorowe jabłka i pomarańcze. Jednak ciągle nie znałam tabliczki mnożenia i miałam trudności z opanowaniem podstawowych rzeczy, jak alfabet łaciński. Znałam tylko alfabet koreański, a z obcymi wyrazami mieliśmy w Korei Północnej do czynienia tylko w transkrypcjach nazw rosyjskich. Uczenie się nowego alfabetu okazało się dla mnie wyjątkowo trudne i potrzebowałam specjalnej pomocy.

Nauczyciele poświęcali dużo czasu na opowiadanie nam o świecie poza zamkniętymi granicami Korei Północnej. Po raz pierwszy dowiedzieliśmy się, że istnieją zamożne kraje demokratyczne i że Korea Północna to jedno z najbiedniejszych, najbardziej represyjnych państw. Nauczyciele codziennie podważali fundamentalne idee wbijane nam od urodzenia do głów. Niektóre fakty były łatwiejsze do zaakceptowania od innych. Bez trudu uwierzyłam, że Kim Dzong Il mieszka w luksusowych pałacach, gdy jego naród głoduje, ale nie potrafiłam przyjąć do wiadomości, że wojnę koreańską rozpętał w 1950 roku jego ojciec, Wielki Przywódca Kim Ir Sen, a nie źli Amerykanie lub południowokoreańscy najeźdźcy. Przez długi czas po prostu nie chciałam w to wierzyć. Świadomość, że Korea Północna padła ofiarą imperialistycznej agresji, stanowiła część mojej tożsamości. Trudno wyzbyć się przekonań zakodowanych w sercu i mózgu niczym głos własnego ojca. Poza tym, skoro wszystko, czego mnie dotychczas uczono, okazało się kłamstwem, skąd miałam wiedzieć, że ci ludzie również nie kłamią? Nie mogłam wierzyć nikomu mającemu władzę.

W Hanawon uczyliśmy się również zasad rządzących społeczeństwem, którego częścią mieliśmy się stać. Na przykład powiedziano nam, że w Korei Południowej nie wolno nikogo uderzyć. Zapłacilibyśmy wysoką karę i moglibyśmy trafić do więzienia. Chłopcy byli wstrząśnięci, ale mnie się to podobało. W Korei Północnej i Chinach nie ma takich praw; kiedy ktoś mnie bił, nigdy nie spodziewałam się, że spotka go kara. Myślałam, że muszę się z tym godzić, bo jestem słaba. Południowokoreański system prawny wydał mi się bardzo dobry, ponieważ chronił słabszych przed silniejszymi. Nigdy wcześniej nie wyobrażałam sobie, że to możliwe.

Nie wiem, czy inni uciekinierzy mieli podobne kłopoty, ale dla mnie najtrudniejszą częścią programu było opanowanie sztuki przedstawiania się na zajęciach. Prawie nikt nie wiedział, jak to zrobić, i nauczyciele podpowiedzieli nam, że na początku powinniśmy podać nazwisko, wiek i nazwę rodzinnego miasta. Później możemy opowiedzieć o swoim hobby, ulubionym piosenkarzu lub gwieździe filmowej, a na koniec opisać, co zamierzamy robić w przyszłości. Kiedy wyczytano moje nazwisko, zamarłam. Nie miałam pojęcia, czym jest hobby. Wyjaśniono mi, że to ulubione zajęcie, które sprawia, że człowiek jest zadowolony, jednak nie przychodziło mi nic do głowy. Moim jedynym celem w życiu było służenie reżimowi. Kogo mogło obchodzić, co chciałabym robić, gdy dorosnę? W Korei Północnej nikogo nie interesowała jednostka, liczyło się tylko społeczeństwo. Całe to ćwiczenie wydało mi się krępujące i dziwaczne.

– Jeśli to zbyt trudne, powiedz nam, jaki jest twój ulubiony kolor – poprosiła nauczycielka, gdy zauważyła moje zmieszanie.

W Korei Północnej dzieci zwykle uczą się wszystkiego na pamięć i istnieje tylko jedna prawidłowa odpowiedź na każde pytanie. Kiedy nauczycielka spytała o mój ulubiony kolor, zaczęłam się zastanawiać, co powinnam odpowiedzieć. Nigdy nie uczono mnie krytycznego myślenia, dlatego nie umiałam dokonywać przemyślanych wyborów.

– To wcale nie takie trudne – powiedziała nauczycielka. – Ja najbardziej lubię kolor różowy. A ty?

– Ja też różowy! – odparłam z ulgą, że wreszcie mogę podać właściwą odpowiedź.

W Korei Południowej znienawidziłam pytanie: „Co o tym sądzisz?". Kogo obchodzi, co sądzę? Minęło dużo czasu, nim zaczęłam samodzielnie myśleć i rozumieć, dlaczego moje opinie mają jakieś znaczenie. Po pięciu latach wolności już wiem, że mój ulubiony kolor to wiosenna zieleń i że moje hobby to czytanie książek i oglądanie filmów dokumentalnych. Nie naśladuję już innych ludzi.

Wierzę, że nasi nauczyciele w Hanawon mieli najlepsze intencje, gdy ostrzegali nas, jak trudno będzie współzawodniczyć w nauce z młodymi ludźmi urodzonymi w Korei Południowej. Kraj ten zajmuje pierwsze miejsce na świecie w indeksie Pearsona, mierzącym poziom standardów edukacyjnych, Wielka Brytania jest szósta, a Stany Zjednoczone piętnaste. Mówiono nam, że południowokoreańskie dzieci mają taką obsesję na punkcie edukacji, że uczą się siedem dni w tygodniu, a wolny czas poświęcają na zajęcia dodatkowe, by wyprzedzić rówieśników. Opowiadając nam o tym, nauczyciele z Hanawon chcieli wyrobić w nas realistyczne poglądy na temat możliwości integracji w szkołach publicznych, jednak ja czułam, że odbierają mi nadzieję. Jeszcze nie rozpoczęłam nauki, a już prawie miałam ochotę skapitulować.

Nigdy nie przypuszczałam, że wolność może być taka okrutna i trudna. Do tej chwili sądziłam, że wolność polega na tym, że można nosić dżinsy i oglądać każdy film, na jaki ma się ochotę, bez obawy aresztowania. Teraz zrozumiałam, że trzeba przez cały czas myśleć – a to jest wyczerpujące. Chwilami zastanawiałam się, czy gdyby nie ciągły głód, nie czułabym się lepiej w Korei Północnej, gdzie myślano i decydowano za mnie.

Byłam zmęczona odpowiedzialnością. W Chinach zarabiałam na siebie i matkę, utrzymywałam ją przy życiu. Teraz nie wiedziałam, jak znów stać się dzieckiem. Po przybyciu do Hanawon mieszkałyśmy w jednym pokoju z kobietą mającą córkę w moim wieku. Kobieta narzekała, że jestem zbyt niezależna i dojrzała, twierdziła, że powinnam się zachowywać bardziej jak dziecko. Ale nie wiedziałam, co to znaczy. W głębi duszy czułam, że mam tysiąc lat.

Chciałam, by ludzie mnie lubili, więc starałam się zachowywać jak dziecko w obecności starszych kobiet i wtopić się w grupę nastolatków. Nie wiem, czy mi się udało. Członkinie naszej grupy codziennie się spotykały i odbywałyśmy wspólne wycieczki, ale czułam się bardzo samotna. Nauczyciele oprowadzili nas po Seulu, pokazali muzeum wojny koreańskiej i rzekę Han, nauczyli kupować bilety i korzystać z metra. Hałas, warkot samochodów, błyskające reklamy i tłumy ludzi – wszystko to wprawiało mnie w zdenerwowanie. Uśmiechałam się i udawałam, że słucham. Z pozoru byłam idealnym dzieckiem, lecz wszystko we mnie kipiało.

Pewnego dnia stałam koło kawiarni, rozmawiając z kilkoma północnokoreańskimi nastolatkami w moim wieku. Jeden z chłopców plotkował o dziewczynie mającej małe dziecko.

– Nie można ufać dziewczynom z Północy – zauważył drugi. – Wszystkie sprzedawano i kupowano. Ta po prostu nie może tego ukryć.

– Nie masz pojęcia, o czym mówisz! – odezwałam się. – Co ty wiesz o handlu dziewczynami?

Kiedy rozmawiano o Chinach, starałam się bagatelizować temat handlu żywym towarem. Matka i ja nigdy nie rozmawiałyśmy o przeszłości. Spoglądałyśmy na siebie i rozumiałyśmy się bez słów: *Ptaki i myszy słyszą twoje szepty*. Matka miała własne problemy dotyczące dziwnego nowego świata, do którego miała wejść. Ale podchodziła do wszystkiego bardziej optymistycznie. Uznawała za dobry każdy dzień, w którym nie musiała walczyć o przetrwanie.

Obie próbowałyśmy zapomnieć o złych wspomnieniach i żyć, jakby nic się nie stało. Chciałam wymazać dawne życie, lecz horrory powracały, gdy zasypiałam. Nieustannie dręczyły mnie koszmary i zwykle obracały się wokół tego samego tematu: płynęła wokół mnie woda i musiałam uciec na drugą stronę rzeki. Ktoś zawsze mnie gonił i nigdy nie mogłam uciec. Czasem koszmary były tak okropne, że budziłam się z krzykiem. Dopiero po chwili zauważałam gruby koc na łóżku, przypominałam sobie, że jestem bezpieczna, że przeżyłam, że uciekłam.

Jednak czasami, nawet w środku dnia, zastanawiałam się, czy nie jestem ciągle w Korei Północnej, a wszystko inne to po prostu sen.

Szczypałam się tysiąc razy dziennie. Bałam się, że lada chwila się obudzę i znajdę się w zimnym domu w Hiesan, sama z siostrą, leżąc na podłodze, spoglądając na księżyc za oknem i zastanawiając się, kiedy matka wróci z jedzeniem.

Czasami szczypałam się tak mocno, że miałam siniaki i krwawiłam. Musiałam czuć ból, by uwierzyć, że obecne życie jest rzeczywiste. Niekiedy robiłam to po prostu po to, by się przekonać, czy potrafię coś czuć. Było we mnie jakieś dziwne odrętwienie, podobne do obojętnego towarzysza, który obserwował mnie z pewnej odległości. Nie umiałam nawiązać kontaktu ze światem.

W Korei Północnej nie istnieją wyrazy oznaczające „depresję" i „zespół stresu pourazowego", więc nie miałam pojęcia, co to za stany i czy mogę cierpieć z ich powodu. Idea psychoterapii była dla mnie tak obca, że gdy zaproponowano ją nam w Hanawon, nie miałam pojęcia, o czym mowa. Widziałam niedawno wyniki badań, z których wynika, że po przybyciu do Korei Południowej siedemdziesiąt pięć procent uciekinierów z Korei Północnej cierpi na jakieś formy zaburzeń emocjonalnych lub psychicznych. Moim zdaniem oceny te są zaniżone. W Hanawon wszyscy próbowaliśmy się zachowywać jak normalni ludzie, a jednocześnie dręczyły nas wspomnienia przeszłości i niepewność jutra.

W początkowym okresie istnienia Republiki Korei uciekinierzy z Północy byli traktowani jak bohaterowie: zwykle otrzymywali wysokie nagrody, dotacje i stypendia. Ale po klęsce głodu w latach dziewięćdziesiątych do Korei Południowej napłynęła tak wielka fala uchodźców, że istniejący system opieki nad nimi znalazł się u kresu wydolności. W 2009 roku pojawiła się rekordowa liczba uciekinierów, łącznie dwa tysiące dziewięćset czternaście osób.

Teraz, inaczej niż w przeszłości, gdy uciekinierami byli przede wszystkim wykształceni mężczyźni, do Korei Południowej przybywały głównie ubogie kobiety z północnej części kraju – takie jak moja matka i ja. Z czasem pomoc udzielana uchodźcom stawała się coraz mniejsza. Jednak ciągle była jedyną szansą na adaptację do nowego życia.

Dwudziestego szóstego sierpnia 2009 roku w Hanawon wydano przyjęcie dla członków Grupy 129 z okazji zakończenia zajęć. Matka i ja otrzymałyśmy dokumenty potwierdzające obywatelstwo Republiki Korei. Poczułam przypływ ogromnej ulgi. Uważałam, że to ostatni krok na drodze do wolności. Ale kiedy przeszłyśmy przez bramę Hanawon, zaczęłam tęsknić za ośrodkiem. Znalazłam się teraz w krainie wyborów, gdzie w supermarketach sprzedawano piętnaście gatunków ryżu, i brakowało mi miejsca, w którym mówiono by nam, co mamy robić.

Kiedy rozpoczęłyśmy nowe życie, odkryłam, jak bolesna może być wolność.

W ciągu następnych pięciu lat matka i ja otrzymałyśmy łączne subsydia w wysokości dwudziestu pięciu tysięcy dwustu trzydziestu czterech dolarów, przeznaczone na mieszkanie i inne wydatki. Może się to wydawać dużą sumą, dopóki nie zdamy sobie sprawy, że większość przeciętnych południowokoreańskich rodzin zarabia taką kwotę w ciągu roku. Uchodźcy muszą ciężko pracować, by osiągnąć dochody podobne do większości obywateli, a wielu z nich nigdy się to nie udaje. Poinformowano nas, że możemy otrzymać nieco więcej pieniędzy, jeśli zgodzimy się zamieszkać poza zatłoczoną stolicą. Matka przyjęła propozycję i wysłano nas do niewielkiego miasta przemysłowego Jesan, około dwóch godzin jazdy koleją od Seulu.

Nasze mieszkanie przygotowały i opłaciły władze. Otwarły rachunek bankowy na nazwisko matki i otrzymałyśmy jednorazową zapomogę na zagospodarowanie się. Ale nie wypłacono nam wszystkiego od razu. Zdarzało się, że chińscy handlarze żywym towarem tropili uciekinierów na terenie Korei Południowej, by odebrać od nich długi. Istnieli również południowokoreańscy oszuści, którzy potrafili wyłudzać od uchodźców pieniądze otrzymane od rządu na urządzenie się w nowym miejscu. Często się to zdarzało, ponieważ niedawno przybyli Koreańczycy z Północy byli naiwni jak dzieci.

W Korei Północnej nie ma umów zawieranych na piśmie, toteż w Hanawon wbijano nam do głów, że dokumenty są niezwykle ważne, że kiedy ktoś coś podpisuje, ponosi za to odpowiedzialność. Nie można zmienić zdania. Ale trudno się wyzbyć starych przyzwyczajeń i nauczyć nowych. Dlatego władze uznały, że jeśli wypłaty będą rozłożone w czasie, przynajmniej nie stracimy wszystkiego za jednym zamachem. Gdyby wiedziały, w jakich warunkach żyjemy w Jesan, zdałyby sobie sprawę, że i tak mamy niewiele do stracenia.

Nasze osiedle znajdowało się na wzgórzu na skraju miasta, w niewielkiej odległości od kilku sklepów i przystanku autobusowego, z którego można było dojechać do bardziej zaludnionych miejsc. Czynsze były tu bardzo niskie, a wielu lokatorów naszego budynku korzystało ze wsparcia państwa: starcy i inwalidzi pozbawieni rodzin mogących się nimi opiekować, kilka osób chorych psychicznie, które powinny przebywać w zakładach psychiatrycznych, oraz my.

Nasze mieszkanie składało się z jednego pokoju z kuchnią. Spałyśmy na macie rozłożonej na podłodze, a balkon służył za składzik. W budynku roiło się od karaluchów; obok mieszkał chory psychicznie mężczyzna, który wrzeszczał w dzień i w nocy. Na szczęście sąsiadka z drugiej strony była miłą starszą panią; podarowała nam miskę do ryżu i kilka ładnych talerzy, których już nie potrzebowała. Kupiłyśmy w komisie małą używaną lodówkę. Reszta wyposażenia pochodziła z pokrytej trawą i betonem wysepki na parkingu, gdzie mieszkańcy wyrzucali niepotrzebne ubrania i sprzęt gospodarstwa domowego. Matka i ja nie wierzyłyśmy w swoje szczęście, gdy znalazłyśmy tam lampy, garnki, używany materac, a nawet mały odbiornik telewizyjny. Ludzie nieustannie się wprowadzali i wyprowadzali, więc co tydzień pojawiały się nowe skarby. Doszłyśmy do wniosku, że Koreańczycy z Południa wyrzucają nawet więcej użytecznych rzeczy niż Chińczycy.

Inną wspaniałą cechą Korei Południowej były tanie owoce. W Korei Północnej pomarańcze i jabłka to niewyobrażalny luksus, więc matka uwielbiała je kupować i dzielić się nimi ze mną. Miała bardzo ciężkie życie, ale zawsze potrafiła zachować optymizm. Każdy dzień, gdy nie musiała walczyć o przetrwanie, wydawał jej się piękny. Potrafiła również dostrzegać zabawne strony w wielu rzeczach, w tym w samej sobie. Popełniałyśmy mnóstwo błędów, mając do czynienia z nieznanymi artykułami codziennego użytku, i pewnego dnia matka psiknęła sobie do ust moimi perfumami, ponieważ myślała, że to odświeżacz do ust. Kiedy przestała się krztusić i przeklinać, wybuchła śmiechem. Zanosiłyśmy się od śmiechu, aż łzy spływały nam po policzkach.

Pewnego dnia wkrótce po przyjeździe do Jesan obudził mnie chichot matki.

– Co się stało, *Umma*? – spytałam. – Co cię tak śmieszy?

– Lodówka, Yeonmi-ya! – odpowiedziała. – Przed chwilą usłyszałam, że sama się włączyła!

Rozdział dwudziesty pierwszy

Głód wiedzy

Moim pierwszym celem było poznanie kilku prawdziwych Koreańczyków z Południa. Jak dotąd widywałyśmy tylko innych uciekinierów, funkcjonariuszy południowokoreańskich służb wywiadowczych i specjalnie przeszkolony personel. Bardzo chciałam również dowiedzieć się więcej o komputerach i postanowiłam odwiedzić klub internetowy, który zauważyłam wśród sklepów w pobliżu naszego mieszkania. W odróżnieniu od kawiarenek internetowych, które są dostępne dla wszystkich, w klubach tych płaci się za korzystanie z sieci, a ich użytkownicy grają w gry i czatują z przyjaciółmi. Związałam włosy w kucyk, włożyłam czyste ubranie i zeszłam ze wzgórza.

Klub internetowy znajdował się na pierwszym piętrze, prowadziły do niego brudne betonowe schody. Wydał mi się niewiarygodnie nowoczesny, z kolorowymi światełkami i rzędami stanowisk komputerowych, przy których siedzieli młodzi mężczyźni wpatrujący się jak zahipnotyzowani w monitory.

Zebrałam się na odwagę i pchnęłam szklane drzwi. Gdy weszłam, uniósł na mnie wzrok starszy mężczyzna pełniący funkcje recepcjonisty.

– Chciałabym skorzystać z komputera... – bąknęłam.

Kiedy tylko usłyszał mój akcent, zorientował się, że nie pochodzę z Korei Południowej.

– Cudzoziemcom wstęp wzbroniony – powiedział.

– Okej, jestem z Północy, ale mam już obywatelstwo Korei Południowej – odparłam, kompletnie wstrząśnięta. Miałam łzy w oczach.

– Nie, jest pani cudzoziemką – oświadczył. – Cudzoziemcom wstęp wzbroniony!

Odwróciłam się, zbiegłam po schodach i popędziłam do naszego mieszkania. Czułam się koszmarnie.

Następnego dnia miałam ochotę zostać w łóżku, przykryć głowę kocem i nic nie robić, ale matka kazała mi się ubrać. Był początek września i zaczęły się już zajęcia szkolne. Musiałam rozpocząć naukę.

Wyniki moich testów świadczyły, że jestem na poziomie południowokoreańskich ośmiolatków, ale byłam prawie dwa razy starsza i zbyt duża na szkołę podstawową. Jeśli chciałam kontynuować naukę w normalnej szkole publicznej, musiałam się zapisać do miejscowego gimnazjum. Mogłabym iść do specjalnej szkoły przeznaczonej tylko dla uciekinierów, lecz chciałam jak najszybciej zaadaptować się do życia w Korei Południowej.

Gimnazjum mieściło się w nowoczesnym ceglanym budynku, w którym wisiały kolorowe plakaty gratulujące uczniom osiągnięć w nauce i sporcie. Matka i ja spotkałyśmy się z dyrektorem w jego gabinecie; uprzedził nas na samym początku, że będzie mi trudno odnieść sukces.

– Mieliśmy kilka lat temu północnokoreańskiego chłopca, ale nie zdołał nadrobić zaległości i odpadł – powiedział. Spojrzał na nas znacząco, jakby chciał zasugerować, że ja również jestem beznadziejnym przypadkiem.

– Mundurki są bardzo kosztowne – dodał. – Musimy się postarać o używany, który twoja mama potrafi dopasować.

Później zaprowadzono mnie do klasy, żebym poznała nowe koleżanki i kolegów. Wszystkie dziewczęta nosiły eleganckie mundurki, a ja byłam ubrana w używany strój otrzymany od pracownika socjalnego. Odezwałam się do kilkorga dzieci, ale popatrzyły na mnie w milczeniu i odeszły. Później usłyszałam, jak grupka uczennic rozmawia o mnie, nie przejmując się moją obecnością.

– Co tu robi ta małpa? – spytała jedna z nich.

– Dlaczego ma taki dziwny akcent? – zainteresowała się druga. – Jest szpiegiem?

Pod koniec dnia wróciłam z matką do domu i nigdy więcej nie pokazałam się w gimnazjum.

Po tym doświadczeniu zaczęłam tak się obawiać innych ludzi, że nie chciałam opuszczać mieszkania. Jeśli już musiałam wyjść na dwór, oblewałam się zimnym potem i tak mocno biło mi serce, że myślałam, iż zaraz umrę. Czułam się dobrze poza domem tylko późnym wieczorem, gdy nikogo nie było w pobliżu. Matka prowadziła mnie na niewielki plac zabaw przeznaczony dla nielicznych dzieci mieszkających na osiedlu. Siadałam na huśtawce, a matka opowiadała mi, co robiła w ciągu dnia, lub śpiewała stare piosenki.

– Musisz mieć w sobie więcej pewności siebie, Yeonmi – powtarzała. – Dlaczego jesteś taka przerażona, gdy ludzie na ciebie patrzą?

Nie potrafiłam tego wyjaśnić.

Po miesiącu życia w ukryciu zdałam sobie sprawę, że muszę wrócić do świata. Nawet jeśli wielu Koreańczyków z Południa uważa, że nie mam przyszłości, nawet jeśli uważają mnie za głupią, zacofaną i niewiarygodną, powinnam im pokazać, co potrafię. Postanowiłam odnieść sukces. Pierwszy krok to zdobycie wykształcenia.

Ojciec powiedział mi przed śmiercią, czego żałuje. Zawsze chciał, bym się uczyła i przynosiła do domu dobre stopnie. Wiedział, że chciałabym wstąpić na studia i zostać lekarką jak wielu członków naszej rodziny. Ale po jego aresztowaniu to marzenie stało się nierealne. Teraz istniał sposób, by spełnić życzenie ojca.

Wiele rzeczy, których nauczyłam się w Hanawon, nie miało żadnego sensu. Ale jedno często powtarzane zdanie naprawdę zrobiło na mnie wrażenie: „W demokratycznym społeczeństwie ciężka praca przynosi owoce". Na początku w to nie wierzyłam. W Korei Północnej wszystko wygląda inaczej – praca przynosi korzyści tylko wtedy, gdy ktoś ma dobry *songbun* i odpowiednie kontakty. Ale wiedziałam, że potrafię ciężko pracować, i ekscytowała mnie myśl, że moje wysiłki mogą zostać wynagrodzone. Nie znałam jeszcze słowa „sprawiedliwość", w ogóle nie rozumiałam tego pojęcia, lecz intuicyjnie mi się podobało. Musiałam natychmiast wziąć się do nauki, by zrealizować swoje cele, nie było ani chwili do stracenia.

W listopadzie 2009 roku zapisałam się do chrześcijańskiej Szkoły Niebiańskich Snów w pobliskim mieście Czhonan, zakładu edukacyjnego z internatem przeznaczonego wyłącznie dla uchodźców z Korei Północnej. Prawie wszystkie szkoły dla uchodźców prowadzą chrześcijanie i nie miałam wielkiego wyboru. Szkoła Niebiańskich Snów znajdowała się najbliżej miejsca zamieszkania matki.

Musiałam nadrobić mnóstwo zaległości. Zamierzałam uzyskać świadectwa ukończenia gimnazjum i liceum, a następnie rozpocząć studia razem z normalnymi maturzystami w moim wieku. W Szkole Niebiańskich Snów uczyło się około piętnaściorga nastolatków – ich liczba niekiedy się zmieniała – w tym kilka dziewcząt, które poznałam w Hanawon. Nie byłam lubiana przez koleżanki. Postanowiłam wyzbyć się jedynej rzeczy, która zdradzała, że jestem uciekinierką z Korei Północnej, i starałam się mówić z południowokoreańskim akcentem. Dziewczęta uważały, że zachowuję się dziwnie i wyniośle. Nauczyciele mówili, że nie jestem wystarczająco „otwarta". Nie miałam ochoty spędzać dużo czasu na czytaniu Biblii i chodzeniu do kościoła, co wszyscy uważali za bardzo ważne. Interesowała mnie tylko nauka. Miałam w sobie ogromny głód wiedzy i nie chciałam się czymkolwiek rozpraszać. Koleżanki nazywały mnie „maszyną do wkuwania".

Większość czasu spędzałam w swoim pokoju i czytałam. Pamiętam dziwną przyjemność, którą odczuwałam w trakcie lektury książek o Korei Północnej, choć teraz nie poznawałam tylko przygód Kim Ir Sena i Kim Dzong Ila.

Tymczasem matka czuła ulgę, że znalazłam się w internacie, gdzie jestem bezpieczna i ktoś mnie karmi. Planowała odwiedzić Chiny.

Kiedy opuściłyśmy Hanawon, matka nawiązała kontakt z kilkoma pośrednikami w Chinach, którzy wysłali kobietę w Hiesan, by spytała o Eunmi. Chciałyśmy wiedzieć, czy aresztowano ją w Chinach i deportowano do Korei Północnej, podobnie jak wiele znanych nam kobiet. Ale nikt nie miał żadnych wiadomości o mojej siostrze od chwili jej ucieczki dwa i pół roku wcześniej.

Rozpuściłyśmy wieść wśród chińskich handlarzy żywym towarem, że proponujemy nagrodę w wysokości dziesięciu tysięcy dolarów za informacje o Eunmi. W tym samym czasie matka złożyła podanie o paszport południowokoreański. W pierwszych miesiącach pobytu w Jesan żyłyśmy w nędzy, bo oszczędzałyśmy każdy grosz na poszukiwania siostry. Kiedy moja matka otrzymała paszport, zarezerwowała miejsce w samolocie lecącym do Chin.

Trudno sobie wyobrazić, jak wielkiej odwagi wymagała od niej ta podróż. W dalszym ciągu prawie nie mówiła po chińsku i nigdy nie podróżowała po Chinach bez przewodnika. Chociaż miała teraz południowokoreańskie obywatelstwo, nie miałyśmy pewności, czy nie zostanie znowu porwana i sprzedana; mogła nawet wpaść w ręce agentów północnokoreańskiego wywiadu, którzy przerzuciliby ją za granicę, gdzie czekałaby ją pewna śmierć. Ale przezwyciężyła obawy i poleciała samolotem do nadmorskiego kurortu Dalian – tak było taniej – po czym samotnie wyruszyła w długą drogę autobusem do Shenyangu.

Zatrzymała się u naszej starej przyjaciółki Myung Ok, szefowej z czasów pracy na czacie erotycznym, i zaczęła szukać Eunmi. Wcześniej, jako nielegalne imigrantki, bałyśmy się kontaktować z krewnymi ojca mieszkającymi w mieście Yanbian w północno-wschodnich Chinach. Obawiałyśmy się, że nawet próba zatelefonowania do nich może sprowadzić policję do naszego mieszkania. Teraz matka odszukała ich za pośrednictwem banku, gdzie niegdyś pracowała ciotka ojca. Cieszyłyśmy się z odnowienia kontaktu z tą częścią rodziny, ale z rozczarowaniem dowiedziałyśmy się, że nie mają żadnych informacji o Eunmi.

Matka wróciła zniechęcona do Korei Południowej, spędziwszy w Chinach dwadzieścia dni. Nie zdołała odnaleźć córki, lecz nie traciłyśmy nadziei, że Eunmi kiedyś nas odszuka. Jednak matka nie wróciła z pustymi rękoma. Zanim pojechałyśmy do misji w Qingdao, umieściłyśmy nasze rzeczy w bezpiecznym miejscu w Shenyangu. W czasie ucieczki nie chciałyśmy mieć przy sobie niczego, co świadczyłoby, że pochodzimy z Korei Północnej.

Była tam niewielka paczka fotografii rodzinnych, jedyne pamiątki po ojcu, Eunmi i ukochanych krewnych pozostałych w kraju. Teraz matka przywiozła je do Korei Południowej.

Podróż matki miała jeszcze jeden pozytywny skutek. W przeszłości Myung Ok nie chciała uciekać z Chin, bo obawiała się, że zostanie aresztowana i deportowana do Korei Północnej, gdzie czekałyby ją tortury i śmierć. Ale matka opowiedziała jej o wspaniałym życiu w Korei Południowej i o tym, że władze pomagają uciekinierom.

– Popatrz na to! – powiedziała do Myung Ok, machając jej przed nosem paszportem. – Po przybyciu możesz otrzymać obywatelstwo i bez obaw podróżować po całym świecie! Będziesz wolna!

Widok paszportu dodał Myung Ok odwagi i postanowiła zaryzykować. Moja matka i ja zatelefonowałyśmy do kilku osób i zaaranżowałyśmy jej ucieczkę przez Tajlandię. Myung Ok wyjechała po kilku miesiącach i w końcu dotarła do Korei Południowej.

Nie zostałam długo w Szkole Niebiańskich Snów. Pod koniec listopada, gdy matka wróciła z Chin, zrezygnowałam z nauki i wprowadziłam się z powrotem do jej mieszkania. Miałam wrażenie, że program zajęć nie zaspokaja moich potrzeb, i nie lubiłam dodatkowych zajęć religijnych. Nie chciałam udawać, że jestem bardziej wierząca niż w rzeczywistości. Kiedy słuchałam kazań, przypominał mi się czasem pastor z Qingdao, który sprawił, że poczułam się brudna i grzeszna.

Powróciwszy do domu, zajęłam się wyłącznie czytaniem. Pochłaniałam książki, stały się dla mnie czymś niezbędnym do życia, jak tlen. Nie czytałam dla wiedzy ani dla przyjemności, czytałam, by żyć. Miałam do dyspozycji zaledwie trzydzieści dolarów miesięcznie i wszystko, co mi zostawało, przeznaczałam na książki. Niektóre pochodziły z księgarni, inne z antykwariatu. Nawet gdy byłam głodna, książki wydawały się ważniejsze od jedzenia. Dopiero znacznie później dowiedziałam się o istnieniu bibliotek publicznych. Teraz trudno w to uwierzyć, ale po naszym przybyciu do Korei Południowej nie miałyśmy prawie żadnych informacji o życiu w tym kraju.

Zaczęłam od przekładów literatury dziecięcej na koreański, po czym czytałam ilustrowane przewodniki po różnych krajach świata. Kupowałam książki o mitologii rzymskiej i historii powszechnej. Przeczytałam biografie Abrahama Lincolna, Franklina Roosevelta i Hillary Clinton. Interesowała mnie Ameryka i szczególnie lubiłam biografie, ponieważ opisywały życie ludzi, którzy musieli pokonywać przeszkody lub przesądy, by coś osiągnąć. Dawało mi to nadzieję, że mogę odnieść sukces, choć nikt we mnie nie wierzy, choć sama w siebie nie wierzę.

W ciągu następnych osiemnastu miesięcy życia nadrobiłam dwanaście lat nauki. Chodziłam do kilku szkół specjalnych, w których zdobyłam świadectwa ukończenia gimnazjum i liceum, ale największe korzyści dała mi samodzielna nauka. Przyrzekłam sobie, że przeczytam sto książek rocznie, i dotrzymałam słowa.

Czytałam, by uzupełnić wiedzę i zagłuszyć złe wspomnienia. Odkryłam, że im więcej czytam, tym głębsze stają się moje myśli, tym szersze staje się moje spojrzenie, a emocje mniej płytkie. Słownictwo używane w Korei Południowej było znacznie bogatsze od tego, które znałam, a kiedy człowiek dysponuje większą liczbą słów, by opisywać świat, potrafi myśleć w sposób bardziej złożony. W Korei Północnej reżim nie chce, by ludzie myśleli, i nienawidzi subtelności. Wszystko jest czarne albo białe, nigdy szare. W Korei Północnej słowo „miłość" może opisywać tylko uczucie do Przywódcy. Słyszałyśmy słowo „miłość" używane w inny sposób w przemycanych serialach telewizyjnych i filmach, ale nie potrafiłyśmy go stosować w odniesieniu do codziennego życia w Korei Północnej – rodziny, przyjaciół, żony, męża. W Korei Południowej istnieją różne rodzaje miłości – do rodziców, przyjaciół, natury, Boga, zwierząt i, oczywiście, ukochanej osoby.

Kiedy przebywałam w Narodowym Centrum Wywiadowczym, czasami uczestniczyłam w spotkaniach z przyjeżdżającymi tam ludźmi z zewnątrz, którzy prosili uciekinierów, by wypełniali ankiety, lub prowadzili z nimi rozmowy. Jedna z tych osób, kobieta, opowiedziała nam o miłości. Stwierdziła, że jeśli ktoś mówi do rośliny „kocham cię", staje się ona zdrowsza i bujniejsza. Dlatego jest tak ważne, by ludzie, na których nam zależy, słyszeli od nas to słowo. Zachęcała nas, by każdy z uczestników zajęć zwrócił się do sąsiada i powiedział, że go kocha. Było to bardzo dziwne ćwiczenie, ale właśnie wtedy zrozumiałam, że można wyrażać miłość do przyjaciół, a nawet roślin lub zwierząt. Wszystkiego trzeba się nauczyć, nawet podstawowych ludzkich emocji.

Zaczęłam rozumieć, że nie można osiągać postępów ani się uczyć, jeśli nie wzbogaca się własnego języka. Dosłownie czułam, że mój mózg wraca do życia, jakby w miejscach, które przedtem były ciemne i jałowe, pojawiały się nowe ścieżki. Czytanie nauczyło mnie, co znaczy żyć i być człowiekiem.

Czytałam klasykę literacką, na przykład *Buszującego w zbożu*, *Władcę much* i opowiadania Tołstoja. Zakochałam się w Szekspirze. Ale prawdziwym punktem zwrotnym stało się odkrycie *Folwarku zwierzęcego* George'a Orwella. Przypominało to znalezienie brylantu w kopcu piasku. Miałam wrażenie, że Orwell wie, skąd pochodzę i co przeżyłam. Folwarkiem zwierzęcym była w istocie rzeczy Korea Północna, Orwell opisywał moje życie. Widziałam w jego zwierzętach własną rodzinę – babkę, matkę, ojca i siebie; ja również byłam jedną z „nowych świń" bez ideałów. Sprowadzenie horroru Korei Północnej do prostej alegorii zniszczyło władzę reżimu nade mną. Pomogło mi się wyzwolić.

Kiedy przebywałam w Hanawon, ośrodek kilka razy odwiedzili uciekinierzy, którzy zaadaptowali się już do życia w społeczeństwie południowokoreańskim, i dzielili się z nami swoimi doświadczeniami. Jeden z nich udzielił nam prostej rady, jak zdobywać przyjaciół wśród Koreańczyków z Południa: trzeba orientować się w najpopularniejszych programach telewizyjnych i gwiazdach, by móc o nich rozmawiać. Nawet oglądanie filmów i telewizji stało się dla mnie formą nauki. Uczyłam się na pamięć nazwisk aktorów, fabuł filmów i seriali. Notowałam nazwy zespołów muzycznych i słuchałam masy piosenek, aż nauczyłam się rozpoznawać największe przeboje lat siedemdziesiątych, osiemdziesiątych, dziewięćdziesiątych.

Czytałam artykuły o celebrytach, poznawałam ich życiorysy i związane z nimi skandale, jakbym spędziła całe życie w Korei Południowej. Byłam zdumiona weselami popularnych postaci, sukniami ślubnymi projektowanymi przez kreatorów mody. Nie miałam pojęcia, kim jest kreator mody, ale w szkole znajdowała się sala, gdzie mogłam korzystać z internetu i sprawdzać różne rzeczy. Istnienie „celebrytów" wydawało mi się bardzo dziwne. W Korei Południowej pięknych ludzi darzono taką samą czcią jak Przywódcę w Korei Północnej. Ogromna różnica polegała na tym, że mieszkańcy Korei Południowej sami mogli wybrać osoby, które podziwiali.

Stopniowo mój północny akcent zniknął i zaczęłam mówić jak mieszkanka Seulu. Nauczyłam się ubierać, jeść i rozmawiać jak Koreanka z Południa. Kiedy nieznajomi pytali, skąd pochodzę, odpowiadałam, że z Jesan; mogli to interpretować, jak chcieli. Robiłam wszystko, by zerwać z przeszłością. Nigdy nie skontaktowałam się z nikim, kto znał mnie w Chinach. Moja matka utrzymywała bliskie stosunki z Sun Hi i Myung Ok, gdy osiedliły się na Południu, ale ja nie. Nie chciałam mieć nic wspólnego z wczesnym etapem swojego życia, który stopniowo zaczął mi się wydawać nierealny jak na poły zapomniany sen.

Matka powiedziała mi, że niezdrowo jest siedzieć przez cały czas w domu i czytać. Namawiała mnie do powrotu do internatu, dlatego wiosną 2010 roku zapisałam się do innej chrześcijańskiej szkoły dla uchodźców, by uzyskać zaświadczenie o ukończeniu gimnazjum, po czym przeniosłam się do filii Szkoły Niebiańskich Snów w Seulu, chcąc ukończyć liceum. W dalszym ciągu rzadko chodziłam na zajęcia i uczyłam się samodzielnie. Ale w testach uzyskiwałam dobre wyniki.

W kwietniu 2011 roku, dwa lata po przybyciu wraz z matką do Korei Południowej, przystąpiłam do egzaminu kończącego liceum i zdałam. Było to słodkie zwycięstwo. Myślałam o wszystkich ludziach, którzy spisali mnie na straty: pastorze z Qingdao, przesłuchującym mnie agencie wywiadu, dyrektorze południowokoreańskiej szkoły, wielu nauczycielach przekonanych, że ten dzień nigdy nie nadejdzie. To, że starałam się osiągnąć coś niemożliwego, powiększało moją motywację, a ukończenie liceum dowiodło, że w moim życiu może istnieć sprawiedliwość. Ciężka praca przynosi owoce.

Matka nie mogła uwierzyć, że jej niezbyt bystra córka, wychowana w Hiesan, uzyskała zaświadczenie o ukończeniu liceum. Ale przypomniała mi, że w Korei Północnej istnieje przysłowie: „Inteligencję dziecka można poznać dopiero wtedy, gdy dorośnie". Nie chciała powiedzieć wprost, że jest ze mnie dumna, jednak widziałam, że tak było.

Sama również przeszła trudny okres, próbując się zaadaptować do życia w Korei Południowej. Ciężko pracowała fizycznie, podobnie jak wielu uciekinierów w pierwszym okresie pobytu. Zajmowała się sprzątaniem i zmywała naczynia w barze kawowym, gdzie poznała mężczyznę pracującego w miejscowej saunie. Zaczęli się spotykać, po czym matka zatrudniła się jako bufetowa w ośrodku rekreacyjnym, gdzie pracował jej partner. Niestety okazał się bardzo brutalny. Nie zdawałam sobie sprawy z sytuacji, aż wreszcie pewnej nocy, gdy przebywałam w Szkole Niebiańskich Snów, zatelefonowano do mnie ze szpitala w Jesan.

– Dzwonię w sprawie pani matki – powiedziała pielęgniarka. – Musi pani przyjechać ją odebrać.

Ubrałam się, pobiegłam do metra i złapałam pierwszy poranny pociąg do Jesan, odchodzący około piątej. Najpierw zajrzałam do naszego mieszkania. Kiedy tam weszłam, przedpokój był zbryzgany krwią, a w pokoju zobaczyłam wielką kałużę krwi. Sąsiadka powiedziała, że doszło do okropnej bójki. Przyjaciel matki uderzył ją w głowę ciężką metalową patelnią, aż straciła przytomność. Potem uciekł, zostawiając ją leżącą na podłodze. Sąsiedzi zadzwonili na policję, która zawiozła matkę do szpitala.

Moja biedna matka była w żałosnym stanie. Miała obandażowaną głowę; doznała wstrząsu mózgu. Wróciłam do mieszkania, by zmyć krew, a ona w tym czasie wypisała się ze szpitala na własne życzenie, bo nie stać nas było na opłacenie rachunku za pobyt. Nie miała pieniędzy na taksówkę, a w autobusie dostałaby mdłości, więc wróciła do domu pieszo. Kiedy stanęła w drzwiach, wyczerpana i oszołomiona, o mało nie pękło mi serce. Nawet w Korei Południowej nie miałyśmy łatwego życia.

Nigdy nie oskarżyła przyjaciela o pobicie. Policja przesłuchała ją i chciała postawić mu zarzuty, ale moja wyrozumiała matka przebaczyła mu i poprosiła, by go nie karali. Myślę, że po doświadczeniach z północnokoreańską policją nie chciała narażać nikogo na tortury, nawet człowieka, który próbował ją zabić. Nie zdawała sobie sprawy, że w Korei Południowej policja działa zupełnie inaczej.

Po pobiciu matka próbowała zerwać z partnerem, ale śledził ją, nachodził w mieszkaniu o różnych porach, groził. Po dwóch miesiącach skapitulowała i znów przyjęła go do siebie. Nie przestał być brutalny i w dalszym ciągu ją bił. Czasami dostawałam od matki esemesy: „Jeśli dziś umrę, będziesz wiedziała, kto mnie zabił".

Dostawałam szału na myśl, że tyle wycierpiała, by stać się wolnym człowiekiem, a teraz, w Korei Południowej, musi żyć w ciągłym strachu. Skoro nie chciała wnieść oskarżenia przeciwko swojemu partnerowi, wydawało się, że policja nie może zapewnić jej bezpieczeństwa.

Musiał istnieć jakiś sposób. Pomyślałam, że jeśli funkcjonariusze nie mogą jej chronić, sama mogę się tym zająć. Mogłabym zdobyć wykształcenie prawnicze i zostać policjantką, a nawet prokuratorem. W Korei Północnej policja bierze łapówki i wtrąca ludzi do obozów. W Chinach zastygałam ze strachu na widok człowieka w mundurze, bo każdy tamtejszy policjant mógł mnie aresztować. W całym moim życiu policjanci nigdy mnie przed niczym nie ochronili. W Korei Południowej właśnie na tym polegała istota ich pracy. Dlatego postanowiłam wstąpić do policji – stać się częścią formacji, której najbardziej się obawiałam.

Sprawdziłam rankingi uczelni i okazało się, że najbardziej ceniony dyplom administracji policyjnej można uzyskać na Uniwersytecie Dongguk w Seulu. Dlatego postanowiłam rozpocząć tam studia.

Rozdział dwudziesty drugi

W drodze na spotkanie

Uniwersytet Dongguk leży na szczycie stromego wzgórza w Seulu, skąd rozciąga się widok na stolicę i zadrzewione stoki parku Namsan. Uczelnię założyli w 1906 roku buddyści i chociaż przyjmuje studentów należących do wszystkich wyznań, jej cztery zasady odzwierciedlają genezę szkoły:

Miej czysty, jasny umysł.
Mów prawdę i postępuj uczciwie.
Kochaj bliźnich i okazuj im życzliwość.
Wyzwól ludzkość od cierpienia.

Miałam wrażenie, że mogę się podpisać pod tymi zasadami, zwłaszcza ostatnią. Przez dwa pierwsze lata wolności pracowałam nad sobą, budząc własny umysł i otwierając go na możliwości stwarzane przez świat. Byłam teraz bezpieczna, ale nie mogłam przestać myśleć o rodzinie, przyjaciołach i innych ludziach, którzy nadal cierpieli, oraz siostrze, wciąż zaginionej. Coś musiało sprawić, że uciekłam, przeżyłam i odnalazłam wolność, a oni nie. Ale w dalszym ciągu nie potrafiłam w pełni wyrazić swoich myśli.

Moim bezpośrednim celem było rozpoczęcie studiów na prestiżowym uniwersytecie. Ponieważ byłam uciekinierką z Korei Północnej, moje czesne miał płacić w połowie rząd, a w połowie uczelnia – pod warunkiem że uzyskam dobre wyniki w nauce – zatem pieniądze nie stanowiły przeszkody. Jednak zdawałam sobie sprawę, że moje nietypowe doświadczenia edukacyjne z pewnością okażą się problemem. Podobnie jak wszyscy uciekinierzy byłam zwolniona z budzącego lęk ośmiogodzinnego egzaminu sprawdzającego ogólne przygotowanie do studiów, ale przed przyjęciem musiałam zdać trudne testy, w tym egzamin ustny. Wszystko zależało od rozmowy kwalifikacyjnej, na którą umówiłam się na początku lata 2011 roku w biurze rekrutacji uniwersytetu.

Byłam tak zdenerwowana, że przyjechałam na kampus o piątej rano. Siedziałam na ławce w chłodnym porannym powietrzu, czekając na początek rozmowy. Na jednym z końców dużego głównego dziedzińca znajduje się posąg Buddy i tuż przed wyznaczoną godziną stanęłam przed nim, by się pomodlić.

Chociaż w czasie pobytu wśród misjonarzy w Chinach przyjęłam chrześcijaństwo, moja wiara nie ograniczała się do jednej religii. Wychowano mnie jako ateistkę mającą czcić tylko północnokoreańskich dyktatorów i moja dusza ciągle poszukiwała miejsca, gdzie znalazłaby spokój. Mimo wszystkich dowodów świadczących o czymś przeciwnym wierzyłam, że wszechświatem rządzi miłość, która w jakiś sposób popycha nas w stronę dobra, a nie zła. Wierzyłam, że częścią tej siły jest Jezus, Budda i inne byty duchowe wzywane przez ludzi w chwilach rozpaczy. Zjednoczył się z nią również mój ojciec. Kiedy stanęłam przed Buddą, złożyłam przed sobą dłonie i poprosiłam ojca, by mnie prowadził. Ciągle czułam się z nim mocno związana i wiedziałam, że doda mi sił, jeśli się do niego zwrócę. Tego ranka intensywnie odczuwałam jego obecność.

Było oczywiste, że nie jestem przygotowana do studiów, i profesorowie wchodzący w skład komisji kwalifikacyjnej zdawali sobie z tego sprawę.

– Dzień dobry! Nazywam się Yeonmi Park. Urodziłam się w Hiesan w Korei Północnej. Przybyłam niedawno do Korei Południowej, prawie bez żadnego wykształcenia, i w ciągu dwu lat udało mi się wiele osiągnąć. Zapewniam, że jeśli władze uniwersytetu obdarzą mnie zaufaniem, nie zawiodę go.

Byłam wstrząśnięta własną pewnością siebie. Profesorowie również wydawali się zdziwieni.

– Jak dotąd radziła sobie pani bardzo dobrze – odezwał się jeden z nich. – Ale pani formalne wykształcenie jest niepełne i nie uczyła się pani angielskiego, który jest wymagany do uzyskania dyplomu.

– Wszyscy wiemy, że wielu Koreańczyków z Północy nie kończy studiów. Czy może pani obiecać, że w pani przypadku będzie inaczej? – spytał inny.

Popatrzyłam na nich i powiedziałam:

– Tak, to prawda, że nie posiadam takich samych umiejętności jak inni kandydaci, ale mogę je opanować. Co ważniejsze, inni studenci uczyli się w szkole, a ja uczyłam się od życia. Dzięki temu wiem coś, czego oni nie wiedzą. Jeśli dostanę szansę, odniosę sukces i sprawię, że uczelnia będzie ze mnie dumna.

W sierpniu sprawdziłam w internecie wyniki rekrutacji i znalazłam swoje nazwisko na liście studentów wydziału prawa karnego Uniwersytetu Dongguk.

Zasłoniłam twarz dłońmi i rozpłakałam się. Wreszcie ktoś we mnie uwierzył.

W Korei Południowej rok akademicki zaczyna się na początku marca, miałam więc siedem miesięcy do rozpoczęcia nauki w Dongguk. Ponieważ nie ukończyłam jeszcze Szkoły Niebiańskich Snów w Seulu, mieszkałam w internacie i uczęszczałam na niektóre zajęcia, przygotowując się do studiów. Pracowałam również na pół etatu jako ekspedientka w sklepie dyskontowym i kelnerka w sali weselnej eleganckiego hotelu. Myślę, że nie dostałabym tej pracy, gdybym mówiła lub wyglądała jak uciekinierka z Korei Północnej. Wszyscy myśleli, że pochodzę z Seulu.

Byłam gotowa zapomnieć o przeszłości i rozpocząć nowe życie jako południowokoreańska studentka. Ale pod koniec 2011 roku zatelefonował do mnie producent programu nadawanego przez telewizję kablową EBS, czyli Educational Broadcasting System. Chciał przeprowadzić wywiad z uchodźcą z Korei Północnej i dowiedział się o mnie od kogoś związanego z Hanawon. Zgodziłam się z nim spotkać i opowiedziałam o swojej ucieczce przez pustynię i poszukiwaniach siostry, która zaginęła w Chinach. Pod koniec rozmowy powiedział mi, że szuka młodej, ambitnej uciekinierki, która potrafi wyrażać swoje myśli i mogłaby wystąpić w programie. Czy byłabym zainteresowana?

Poczułam przypływ paniki i natychmiast odpowiedziałam:

– Nie!

– To popularny program, oglądany w wielu miejscach – rzekł. Milczał przez chwilę. – Może pomógłby ci znaleźć siostrę?

Nie zastanawiałam się wcześniej nad taką możliwością. Południowokoreańską telewizję oglądano w internecie w całych Chinach. Gdybym opowiedziała historię Eunmi, może by mnie zobaczyła, znalazła sposób nawiązania kontaktu i moglibyśmy pomóc jej uciec?

Z drugiej strony publiczny występ wiązał się z dużym ryzykiem. W Korei Południowej mieszkało kilka kobiet, które mnie znały i wiedziały, co robiłam w Chinach, by przeżyć. Gdyby mnie zdemaskowały, mogłabym stracić szansę na karierę prawniczą.

Przedyskutowałam propozycję z matką i doszłyśmy do wniosku, że warto zaryzykować, jeśli może to pomóc odnaleźć Eunmi.

Nagranie programu trwało dwa dni. Filmowano mnie głównie na plażach i w wesołych miasteczkach; spacerowałam wraz ze starszym uciekinierem, opowiadając o młodym pokoleniu Koreańczyków z Północy mającym dostęp do zagranicznych płyt DVD, różnym od starszej generacji, o innym światopoglądzie. W którymś momencie zaprowadzono mnie do szkoły gry na akordeonie kierowanej przez parę uciekinierów z Korei Północnej i sfilmowano, gdy słuchałam północnokoreańskich piosenek. Ogarnął mnie straszliwy smutek i rozpłakałam się przed kamerą. Powiedziałam, że gdy byłyśmy dziećmi w Hiesan, Eunmi również grała na akordeonie. Nie widziałam jej od pięciu lat i bardzo za nią tęskniłam.

Po emisji programu w styczniu 2012 roku mocno biło mi serce, gdy ktoś dzwonił na moją komórkę z nieznanego numeru. Miałam nadzieję, że to wiadomość od Eunmi w Chinach. Jednak mijały dni i siostra milczała.

W marcu 2012 roku rozpoczęłam studia w Dongguk. Uniwersytet oferował mi takie mnóstwo wiedzy, że nie mogłam się nią nasycić. Na pierwszym roku zapisałam się na zajęcia z gramatyki i konwersacji angielskiej, historii powszechnej, kultury chińskiej, historii Korei i Stanów Zjednoczonych, socjologii, globalizacji, zimnej wojny i innych przedmiotów. Samodzielnie czytałam wielkich zachodnich filozofów, jak Sokrates i Nietzsche. Wszystko było dla mnie nowe.

Mogłam wreszcie myśleć o czymś więcej niż jedzenie i bezpieczeństwo, co sprawiło, że poczułam się bardziej człowiekiem. Wcześniej nie zdawałam sobie sprawy, że wiedza może dawać szczęście. Kiedy byłam mała, marzyłam, by mieć wiadro chleba. Teraz zaczęłam snuć wielkie marzenia.

Niestety powstrzymały mnie praktyczne wymogi życia uniwersyteckiego. Podczas pierwszych zajęć profesor podzielił nas na grupy i kazał przygotować prezentację. Po dołączeniu do swojej grupy musiałam przyznać, że nie mam pojęcia, czym jest prezentacja i jak pomóc ją przygotować. Pozostali studenci zajęli się pracą na komputerach i projektowaniem, ja miałam się zająć zbieraniem materiałów. Nie byłam pewna, o co właściwie chodzi. Jak dotychczas większość swojej wiedzy zdobyłam samodzielnie i zdałam sobie sprawę, że moja kariera akademicka zakończy się fiaskiem, jeśli natychmiast nie dowiem się czegoś o zbieraniu materiałów za pomocą komputera. Postanowiłam nauczyć się podstawowych umiejętności poruszania się w internecie.

Wcześniej wynajęłam maleńki pokoik w suterenie w pobliżu uniwersytetu, ale nigdy nie spędzałam w nim dużo czasu. W trakcie roku akademickiego praktycznie nie wychodziłam z nowoczesnej, przeszklonej biblioteki Uniwersytetu Dongguk, z mnóstwem niezwykłych książek i natychmiastowym dostępem do internetu. Było to moje ulubione miejsce, jadalnia, a niekiedy sypialnia. Najbardziej lubiłam bibliotekę późnym wieczorem, gdy było tam mniej studentów, których obecność mnie rozpraszała. Kiedy miałam ochotę zrobić sobie przerwę, wychodziłam do niewielkiego ogrodu, gdzie stała ławka z widokiem na stolicę. Często kupowałam za kilka centów małą kawę i siedziałam tam przez pewien czas, spoglądając na morze świateł Seulu. Czasami zastanawiałam się, jak w jednym miejscu może być tyle świateł, gdy zaledwie pięćdziesiąt kilometrów na południe cały kraj jest pogrążony w ciemności. Nawet nad ranem w mieście jarzyły się tysiące lamp: zapalały się i gasły neony, na słupach napowietrznych linii energetycznych błyskały światła ostrzegawcze, ruchliwymi autostradami pędziły samochody z włączonymi reflektorami, przywodząc na myśl ciałka krwi w gigantycznym układzie krwionośnym. Wszystko wydawało się związane ze mną, a jednak bardzo odległe. Zastanawiałam się: kim naprawdę jestem? Koreanką z Północy czy z Południa? A może ani tym, ani tym?

Najzabawniejsze, że jednymi z najtrudniejszych zajęć okazał się kurs o nazwie „Zrozumieć Koreę Północną". Po raz pierwszy poznałam szczegółowe informacje polityczne i ekonomiczne o kraju, w którym się urodziłam. W czasie zajęć bardzo się starałam nie otwierać ust ze zdumienia. Nie mogłam uwierzyć, że przed nastaniem klęski głodu większość Koreańczyków z Północy otrzymywała rację chleba wynoszącą siedemset gramów dziennie. W czasach mojego dzieciństwa uważalibyśmy się za szczęściarzy, gdyby cała nasza rodzina dostała tyle chleba przez tydzień! W trakcie zajęć poinformowano nas, że Wielki Przywódca Kim Ir Sen zabił milion sześćset tysięcy ludzi, którzy zginęli w czasie czystek. Byłam wstrząśnięta. W dalszym ciągu nie mogłam uwierzyć w to, co słyszę, choć miało to znacznie większy sens od bajek, że Kim Dzong Il potrafi zmieniać pogodę siłą swojego umysłu.

Chociaż zwykle siadałam w pierwszych ławkach, robiłam dużo notatek i prosiłam profesorów o dodatkową pomoc, to jednak nigdy nie odezwałam się do wykładowcy prowadzącego zajęcia o Korei Północnej. I nigdy nie powiedziałam mu, że stamtąd pochodzę.

Trafnie przewidziałam, że prawie nikt w Dongguk nie obejrzy odcinka programu telewizji EBS o moim życiu jako uciekinierki z Korei Północnej, i nigdy nie podawałam żadnych informacji o sobie. Studenci mojego wydziału wiedzieli, kim jestem, ale tylko koledzy z roku. Miałam mnóstwo przyjaciół, którzy nie mieli pojęcia, że jestem Koreanką z Północy. Mogłabym utrzymać wszystko w tajemnicy, gdybym zrezygnowała z poszukiwania Eunmi. Ale to nie wchodziło w rachubę.

Wkrótce po emisji programu EBS zatelefonowała do mnie producentka nowego show telewizyjnego zatytułowanego *W drodze na spotkanie*, nadawanego przez kablówkę. Chciała, żebym w nim wystąpiła.

W owym czasie w programie *W drodze na spotkanie* pojawiały się atrakcyjne, utalentowane młode kobiety, które rozmawiały z celebrytami, śpiewały, tańczyły i występowały w skeczach kabaretowych. Specyfika programu polegała na tym, że wszystkie uczestniczki były uciekinierkami z Korei Północnej (z czasem pojawili się mężczyźni i starsze kobiety). Program miał za zadanie zainteresować społeczeństwo problemami uchodźców i zwalczać stereotypy na temat Koreańczyków z Północy, uważanych za ponuraków i nudziarzy podobnych do robotów. Skecze kabaretowe wykpiwały niektóre aspekty życia w Pustelniczym Królestwie, jak również uprzedzenia, z którymi mieli do czynienia uchodźcy po przybyciu do Korei Południowej. Jednak prowadził go dział rozrywkowy, a nie edukacyjny stacji telewizyjnej, więc forma była lekka, dowcipna, podobnie jak modna, kolorowa scenografia. W większości wypowiedzi były niemądre, rozmowy starannie montowano, ale taki właśnie był urok tego programu.

W drodze na spotkanie szybko zyskało wielką popularność wśród Koreańczyków z Południa, którzy nie wiedzieli prawie nic o Korei Północnej. Badania opinii publicznej wykazały, że po obejrzeniu programu widzowie mieli lepszą opinię o uciekinierach. Pod koniec odcinka uchodźca z Korei Północnej miał prawo zwrócić się do ukochanej osoby pozostawionej w kraju. Była to emocjonalna, smutna część programu, która przypominała o bólu ukrytym za uśmiechami wszystkich ślicznych dziewcząt na estradzie.

Na początku odrzuciłam propozycję udziału w widowisku. Ciągle miałam nadzieję, że po programie w EBS nadejdzie wiadomość od Eunmi. Ale gdy mijały tygodnie, a potem miesiące, zdałam sobie sprawę, że muszę dotrzeć do szerszej publiczności, by nawiązać kontakt z siostrą. *W drodze na spotkanie* wydawało się idealnym wyborem. W dalszym ciągu obawiałam się, że rozpozna mnie ktoś, kto znał mnie w przeszłości, lecz przestałam o tym myśleć i podjęłam nowe wyzwanie – co mi zawsze jakoś dobrze wychodziło.

Kiedy po raz pierwszy przyszłam do studia, poprosiłam o utajnienie mego prawdziwego nazwiska. Myślałam, że zabezpieczy to moich krewnych w Korei Północnej i pomoże mi uchronić prywatność.

Producenci wypytywali mnie o moje życie. Powiedziałam, że powodziło się nam raz lepiej, raz gorzej, ale w którymś okresie należeliśmy do klasy uprzywilejowanej. Oglądałam filmy wideo i grałam w Nintendo, a mój ojciec należał do partii i jeździł do Pjongjangu. Większość kobiet rozmawiających z producentami i scenarzystami – był to dopiero trzeci odcinek programu – pochodziła z bardzo ubogich rodzin z północnej części kraju, toteż opowiadały straszliwe historie o głodzie i cierpieniu. Wydawałam się reprezentantką elity Korei Północnej i potrzebowali kogoś takiego dla kontrastu.

Ponieważ już nawet nie myślałam o dawnych przejściach, nie miałam powodu, by szczegółowo opisywać, co się działo po aresztowaniu ojca, o miesiącach, które Eunmi i ja spędziłyśmy samotnie w lodowatym domu w Hiesan, prawie bez jedzenia i bez światła mogącego rozproszyć przerażający mrok. Nie musiałam opowiadać, jak wędrowałam z siostrą po wzgórzach, jedząc liście i piekąc ważki, by napełnić sobie żołądek. Albo mówić o trupach, na które próbowałyśmy nie patrzeć w drodze do szkoły. I z pewnością nie o tym, co wydarzyło się w Chinach.

Kiedy przygotowywano mnie do występu, zmieniłam się w Ye Ju, uprzywilejowaną Koreankę z Północy. Rozpuściłam dziewczęcy kucyk, włożyłam sukienkę i szpilki, a charakteryzatorzy zmienili mnie w północnokoreańskiego wystrojonego Kopciuszka. Z łatwością nauczyłam się śpiewać i tańczyć; byłam zadowolona z perspektywy rozmowy z celebrytami na interesujące ich tematy. Miałam nadzieję, że mój głos w jakiś sposób dotrze aż do Chin.

Po pierwszym występie producenci zaprosili mnie do następnego odcinka i na jakiś czas stałam się regularnym gościem. Przed każdym nagraniem producenci i scenarzyści wysyłali każdej z uczestniczek listę pytań związaną z tematem programu. Później, w studio, czytałyśmy scenariusz oparty na naszych odpowiedziach. W jednym z nich nazwano mnie „Paris Hilton Korei Północnej". Musiałam sprawdzić w internecie, kim jest Paris Hilton. Później, gdy w programie wystąpiła moja matka, pokazano kilka naszych zdjęć rodzinnych, na których nosiła modne ubrania.

– Tak naprawdę to moja matka przypomina Paris Hilton – powiedziałam. – Kiedy mieszkała w Korei Północnej, nosiła nawet torebki Chanel!

Oczywiście nie wspomniałam, że były to używane podróbki przemycone z Chin i że szybko przestało być nas stać na takie ekstrawagancje. Matka i ja próbowałyśmy odpowiadać na pytania zgodnie z oczekiwaniami widzów. Na tej samej zasadzie twierdziłam, że różowy to mój ulubiony kolor, by sprawić przyjemność nauczycielce.

Jednak w porównaniu z niektórymi uczestniczkami programu prowadziłyśmy dostatnie życie. Nawet gdy popadłyśmy w biedę, powodziło się nam lepiej niż dzieciom żebrzącym na dworcu kolejowym, które nigdy nie używały mydła i nie znały smaku mięsa. Część osób występujących w programie przeżyła prawdziwy koszmar. Nie wiem, czy nie potrafiłam przyjąć do wiadomości okrucieństwa Kimów, czy zaakceptować swojej prawdziwej tożsamości, ale czasem uważałam, że reżyserzy widowiska specjalnie wybierają osoby epatujące swoim cierpieniem.

– Yeonmi myśli, że pozostałe dziewczęta kłamią – oświadczyła matka w czasie rozmowy z jednym z prowadzących program. Wspomnienie tego odcinka prześladuje mnie po dziś dzień. – Czasami dzwoni do mnie po nagraniu i pyta: „Czy naprawdę pochodzę z Korei Północnej? Czasami nie rozumiem, co mówią inne uczestniczki".

Obie stałyśmy się więźniami swoich ról. Ale matka mówiła prawdę, gdy powiedziała, że nie zdawałam sobie sprawy, jak cierpią inni ludzie. I miała rację, gdy stwierdziła, że udział w programie mnie zmienił, ponieważ „dowiedziałam się dużo o rzeczywistości Korei Północnej".

W końcu zaczęłam naprawdę słuchać, co mówią inne kobiety. Ich historie potwierdzały to, czego się uczyłam na studiach. Niczym świadkowie wzywani przez sąd, moje towarzyszki po kolei zeznawały na procesie bezdusznego reżimu traktującego nas wszystkich jak śmieci, których można się pozbyć. W 2011 roku zmarł Kim Dzong Il, rzekomo nieśmiertelny, i władzę dyktatorską odziedziczył jego tłusty syn, Kim Dzong Un. Kimowie, niegdyś czczeni jak bóstwa, okazali się zbrodniarzami. A wszyscy zbrodniarze powinni ponieść karę.

Niestety udział w programie telewizyjnym w Korei Południowej nie pomógł mi odnaleźć Eunmi. Pod koniec występu, z twarzą zalaną łzami, zwróciłam się bezpośrednio do siostry, prosząc, by się z nami skontaktowała, jeśli słyszy mój głos, gdziekolwiek jest. Ale odpowiedzią było milczenie.

Rozdział dwudziesty trzeci

Cudowna Boża łaska

Spoglądając wstecz, zdaję sobie sprawę, że byłam szalona, gdy sądziłam, iż mogę prowadzić podwójne życie: pozostać normalną południowokoreańską studentką, a jednocześnie występować jako uciekinierka z Korei Północnej w popularnym programie telewizyjnym. W czasie nagrywania *W drodze na spotkanie* posługiwałam się pseudonimem i nosiłam makijaż. Wierzyłam, że nikt mnie nie pozna. Jednak w końcu większość profesorów i przyjaciół z Dongguk domyśliła się, że to ja wystąpiłam w telewizji; część z nich przeżyła wstrząs i rozczarowanie, że nie powiedziałam wcześniej, kim naprawdę jestem. Naturalnie sama nie byłam jeszcze pewna, kim jestem ani kim chcę być. Czasami rozpoznawano mnie na ulicy, co zwykle mnie przerażało, dopóki nie zrozumiałam, że zaczepiają mnie fani, a nie północnokoreańscy agenci lub znajomi z przeszłości.

Stres związany ze studiami w pełnym wymiarze godzin, występy w programie i samokształcenie przy użyciu internetu wkrótce zaczęły mnie męczyć. Byłam tak zajęta, że prawie nie spałam i często zapominałam o jedzeniu. Studia na wydziale prawa karnego w Dongguk obejmowały nie tylko teorię, lecz również szkolenie wojskowe oraz ćwiczenia sportowe; po rozpoczęciu semestru biegałam prawie w każdy dzień tygodnia i przez cały czas ćwiczyłam. Moja waga spadła poniżej trzydziestu sześciu kilogramów i często miewałam zawroty głowy. Nie byłam w stanie wytrzymać wysiłku fizycznego, musiałam przerwać ćwiczenia. Mimo to w dalszym ciągu chudłam, a w czasie egzaminów końcowych zemdlałam i trafiłam na szpitalną izbę przyjęć. Lekarze powiedzieli, że cierpię wskutek stresu i niedożywienia. Dosłownie zapracowywałam się na śmierć.

Ponieważ musiałam zrezygnować z zajęć sportowych, prawdopodobnie nie miałabym większych szans na służbę w policji. Ale pomyślałam, że mogę dalej studiować prawo. Im lepiej poznawałam zasady działania wymiaru sprawiedliwości, tym bardziej mnie one fascynowały. Jednak było oczywiste, że niezależnie od kierunku studiów muszę się uczyć angielskiego, i nie robiłam wystarczających postępów. Dlatego postanowiłam spędzić lipiec i sierpień w letniej szkole języka angielskiego na tropikalnej wyspie Cebu na Filipinach.

Odłożyłam honorarium za udział w programie telewizyjnym i była to pierwsza rzecz w całym moim życiu, którą zrobiłam tylko dla siebie. Na początku się wahałam, ale przekonało mnie do wyjazdu kilku przyjaciół. Bardzo ekscytowała mnie myśl, że zobaczę trochę świata, a jednocześnie uzupełnię swoją wiedzę. Jednak w szkole językowej było mnóstwo Koreańczyków z Południa, więc nie miałam wielu okazji do ćwiczenia angielskiego. Zdobyłam nowych przyjaciół, którzy brali mnie za Koreankę z Południa, bez przerwy jadłam mango i siedziałam w płytkiej wodzie, patrząc na kolorowe ryby pływające wokół moich stóp. W dalszym ciągu nie umiałam pływać, ale czasem nowi przyjaciele zanosili mnie na barana na głębszą wodę, podobnie jak kiedyś Eunmi w rzece Jalu.

Moje oceny z pierwszego semestru opublikowano w internecie. Zajęłam trzydzieste trzecie miejsce wśród dziewięćdziesięciu studentów mojego rocznika. Wszyscy byli zdumieni – ja również – ponieważ prawo karne to najbardziej wymagający kierunek na całym uniwersytecie. W następnym roku moje wyniki jeszcze się polepszyły i w końcu wiosennego semestru 2013 roku byłam czternasta w swoim roczniku. Udowodniłam samej sobie i władzom uczelni, że uciekinierka z Korei Północnej może współzawodniczyć z Koreańczykami z Południa. W końcu zaczęłam żyć normalnie.

Latem 2013 roku postanowiłam zrobić krótką przerwę w studiach i występach w programie telewizyjnym. Matka i ja pogodziłyśmy się z myślą, że Eunmi zniknęła, choć ciągle miałyśmy nadzieję, że żyje gdzieś daleko. Matka zaczęła się spotykać z dobrodusznym mężczyzną mającym własną firmę usługową, a jej brutalny przyjaciel wreszcie przestał nas nachodzić. Teraz, gdy prowadziła szczęśliwszą, bardziej ustabilizowaną egzystencję, uznałam, że mogę wyjechać z domu na kilka miesięcy.

Czytałam biografie sławnych amerykańskich bojowników o prawa obywatelskie, jak Martin Luther King, Rosa Parks i inni, którzy poświęcili swoje bezpieczeństwo, a nawet życie, by inni byli wolni. Zainteresowały mnie ich historie i podobała mi się myśl, że należy się oddać jakiejś ważnej idei. Matka już wcześniej zdawała sobie z tego sprawę. Zawsze powtarzała, że aby osiągnąć szczęście, trzeba dawać coś innym, niezależnie od tego, jak jest się ubogim. Uważała, że jeśli może coś komuś zaofiarować, jej życie nabiera większej wartości. Mimo wielu poświęceń dla rodziny żyłam jak dotąd bardzo egoistycznie. Może powinnam przestać się skupiać na własnych potrzebach, przeznaczać każdą godzinę na samokształcenie i zrobić coś dla innych ludzi?

W czasie mojego pobytu w Szkole Niebiańskich Snów w Seulu przyjechali do nas członkowie chrześcijańskiej organizacji młodzieżowej Youth With A Mission z Tyler w Teksasie, by nas ewangelizować. Wspomnieli o możliwości uczestnictwa w pięciomiesięcznym wolontariacie w Teksasie; miał on na celu niesienie pomocy ubogim i obejmował czteromiesięczne studia biblijne. Udział w tym programie wydał mi się sposobem spłacenia części wielkiego długu wdzięczności wobec misjonarzy, którzy wiele poświęcili, by pomóc mi uciec do Mongolii. A przy tym mogłam odwiedzić Stany Zjednoczone i zobaczyć trochę świata, nie dysponując dużą sumą pieniędzy ani nie znając dobrze angielskiego. Nie byłam szczególnie pobożną chrześcijanką, ale perspektywa współpracy z młodymi, zaangażowanymi ludźmi wydawała się ekscytująca.

Czułam lekkie mdłości, gdy koła samolotu dotknęły pasa w międzynarodowym porcie lotniczym im. George'a Busha w Houston, lecz tym razem nie z powodu choroby lokomocyjnej. Nagle znalazłam się na terytorium wroga. Kiedy opuściliśmy samolot, w mojej wyobraźni pojawiły się obrazy amerykańskich żołnierzy z krogulczymi nosami, którzy przebijali bagnetami bezbronne północnokoreańskie matki. W moim mózgu w dalszym ciągu tkwiła propaganda zakodowana w dzieciństwie i wyuczone emocje pojawiały się bez ostrzeżenia. Dlaczego postanowiłam odwiedzić ten zły kraj? Rozejrzałam się po porcie lotniczym i nagle trwoga znikła. Rodzice trzymali dzieci za ręce, ludzie jedli chipsy, zauważyłam grupki nastolatków w bluzach sportowych z logo znanych drużyn. Różnili się od Koreańczyków tylko tym, że mówili innym językiem. Byłam zaskoczona, jak szybko kłamstwo traci moc w konfrontacji z prawdą. Po kilku minutach to, w co wierzyłam przez wiele lat, po prostu zniknęło.

Przesiadłam się do innego samolotu i poleciałam do Tyler, niewielkiego miasta około stu pięćdziesięciu kilometrów na południowy wschód od Dallas. Miejscowe lotnisko miało rozmiar hali odlotów w porcie lotniczym w Inczhon i pomyślałam: *Czy to naprawdę Ameryka? Sądziłam, że jest większa.* Czekał na mnie południowokoreański misjonarz; pojechaliśmy samochodem do siedziby organizacji Youth With A Mission, położonej pod miastem i mieszczącej się na dawnym ranczu. Minęliśmy bramę i jechaliśmy dalej. Zaczęłam powoli rozumieć, że Stany Zjednoczone to jednak ogromny kraj. Po jakiejś godzinie wydały mi się jeszcze większe, gdy dołączyliśmy do grupy studentów w centrum handlowym Walmart, by kupić jedzenie. Jeszcze nigdy nie widziałam tak niezwykłego sklepu i nie mogłam uwierzyć, że jest taki ogromny. Artykuły również wydawały się gigantyczne. Chwyciłam wielki niebieski pojemnik mąki owsianej z wizerunkiem sympatycznego staruszka. Musiałam spróbować jasnopomarańczowego makaronu z serem; nigdy wcześniej nie widziałam podobnej potrawy i można ją było przyrządzić w mikrofalówce, co budziło moją ekscytację. Kupiłam paczkę chipsów z tortilli, prawie tak dużą jak ja, a także strój roboczy i parę adidasów. Nigdy wcześniej nie przypuszczałam, że będzie mnie na nie stać.

Jak dotychczas Ameryka robiła na mnie ogromne wrażenie.

Na ranczu przebywało kilkudziesięciu młodych ludzi z różnych części świata, w tym Tajlandii i Ameryki Południowej. Uczestniczyli w różnych programach związanych ze studiowaniem Biblii; ja wzięłam udział w tak zwanym Discipleship Training Program, gdzie mieliśmy „uczyć się o Bogu, uczyć się o świecie, uczyć się o nas samych". Spędziłam wiele czasu z inną uciekinierką z Korei Północnej i kilkoma południowokoreańskimi misjonarzami. Rozmawiałam z wieloma ludźmi – lecz niestety nie po angielsku. Ale ćwiczyłam angielski, gdy tylko miałam okazję rozmawiać z Amerykanami. Odkryłam, że tak naprawdę powinnam się uczyć hiszpańskiego. Po wstępnym przeszkoleniu około dwudziestu z nas wyjechało na blisko dwumiesięczną misję do Kostaryki.

Wylądowaliśmy w stolicy, San José, po czym wsiedliśmy do autobusu i pojechaliśmy do nadmorskiego miasta Golfito. Zadaniem naszej misji było głoszenie Ewangelii i udzielanie praktycznej pomocy ludziom będącym w potrzebie. Zajmowaliśmy się prostytutkami i narkomanami, zbieraliśmy śmieci, sprzątaliśmy schroniska i, ogólnie rzecz biorąc, czyniliśmy dobro. Skończyło się lato i zaczęła się pora deszczowa, noce były prawie tak samo gorące jak dni. Część naszej grupy spała na balkonie domu pastora, gdzie w niedziele odbywały się nabożeństwa. Leżeliśmy na przepoconych śpiworach i chociaż mieliśmy moskitierę, jeszcze nigdy w życiu nie pokąsały mnie tak owady. Spuchły mi nogi, a miejsca ugryzień się zaogniły; byłam do tego stopnia udręczona, że zastanawiałam się, czy nie zrezygnować i nie wrócić do domu.

Później zdarzyła się niezwykła rzecz. Pomimo cierpień przestałam się modlić za siebie. Po raz pierwszy w życiu modliłam się za innych. I zrozumiałam, dlaczego przyjechałam do Kostaryki.

Uczucie to narastało we mnie już od pewnego czasu. Czytałam robiącą głębokie wrażenie książkę zatytułowaną *Don't Beat Someone, Even with Flowers*, napisaną przez Kim Hye Ja, znaną koreańską aktorkę i działaczkę praw człowieka, która została ambasadorką organizacji World Vision International i w latach dziewięćdziesiątych odwiedzała obozy dla ofiar głodu w Etiopii. Jej poruszające relacje na temat nieszczęść Afryki, Indii i innych krajów otworzyły mi oczy. Nauczyły mnie, czym jest współczucie.

Do chwili przeczytania tej książki sądziłam, że mieszkańcy Korei Północnej są jedynymi cierpiącymi ludźmi na świecie.

Chociaż wielu uchodźców otwarcie opowiadało o głodzie i brutalności, tylko nieliczne kobiety publicznie przyznały, że je zgwałcono lub że stały się przedmiotem handlu żywym towarem. Z pewnością nie jako dzieci. Było to zbyt hańbiące, by o tym mówić. Dlatego myślałam, że ten koszmarny los spotkał tylko mnie. A teraz przeczytałam, że podobne rzeczy przytrafiają się innym dziewczętom i kobietom w różnych krajach świata. Nie byłam sama. Zdałam sobie sprawę, że za bardzo skupiłam się na własnym bólu. Ale ciągle nie umiałam płakać z powodu cierpień nieznajomych ludzi. Uważałam to za niemożliwe, bo żadna nieznajoma osoba nigdy nie płakała nad moim losem.

Wybrałam Youth With A Mission, bo wiedziałam, że służą najuboższym, najbardziej zapomnianym społecznościom, jednak zrozumiałam, że nie przybyłam do Kostaryki dla innych ludzi – zrobiłam to dla siebie. Bezdomni z Kostaryki mogli myśleć, że rozdaję ryż i zbieram śmieci dla nich – lecz w gruncie rzeczy robiłam to dla siebie.

Pomagając innym, odkryłam, że zawsze istniało we mnie współczucie, choć o tym nie wiedziałam i nie potrafiłam go wyrazić. Nauczyłam się, że skoro mogę współczuć innym, mogę również współczuć sobie. Zaczęłam odzyskiwać zdrowie.

Po zakończeniu misji w Kostaryce polecieliśmy z powrotem do Stanów Zjednoczonych, by pomagać bezdomnym w Atlancie w stanie Georgia.

Schronisko dla bezdomnych, w którym pracowałam, wydało mi się pałacem. Bezdomni mieli łóżka, korzystali z laptopów, chłodzili wodę sodową w lodówce. Mogli w każdej chwili odejść. Ale nie byli szczęśliwi i nie mieli nadziei. Uważali, że nie mają innym nic do zaoferowania. Uznałam to za zdumiewające.

Nasza grupa rozdawała im hot dogi i sprzątała pokoje. Kiedy skończyliśmy, poproszono mnie, bym porozmawiała z bezdomnym, którym miałam się opiekować. W dalszym ciągu mówiłam bardzo słabo po angielsku, więc opowiedziałam swoją historię prostymi słowami, częściowo na migi. Rozumiał, że pochodzę z kraju o nazwie Korea Północna i że podjęłam szaleńczą ucieczkę. Pokazałam, że byłam głodna i przerażona, że ścigała mnie policja. Zadygotałam, zaczęłam naśladować czołganie się i powiedziałam: „Piasek, piasek, piasek!", więc domyślił się, że szłam przez pustynię. Kiedy skończyłam swoją opowieść, ze zdziwieniem zauważyłam, że po jego policzkach płyną łzy. Powiedziałam mu, że chciałam być wolna, tak jak on w Ameryce.

Emocjonalna reakcja mężczyzny sprawiła, że zrozumiałam potęgę swojej historii. Dawała mi ona nadzieję na nowe życie. Opowiadając o sobie, mogłam ofiarować coś innym.

Tego dnia dowiedziałam się jeszcze jednego: wszyscy mamy swoje pustynie. Mogą być inne niż moja, ale wszyscy musimy je przejść, by odnaleźć sens życia i wolność.

W listopadzie, po zakończeniu programu, przyjaciółka z misji zaprosiła mnie i innego chłopca z Korei Północnej do spędzenia Święta Dziękczynienia wraz z jej rodziną w Wirginii. Esther Choi była Amerykanką pochodzenia koreańskiego, której rodzice wyemigrowali z Korei Południowej przed trzydziestu laty. Czułam się zaszczycona, że mogę poznać jej rodziców, i natychmiast ich polubiłam. Mieszkali tak daleko od ojczystego kraju, że skrupulatnie pielęgnowali dawną kulturę; bardziej przypominali Koreańczyków z Północy niż znanych mi mieszkańców Korei Południowej. Zauważyłam nawet, że posługują się staroświeckim słownictwem, które dobrze znałam.

Było to moje pierwsze amerykańskie Święto Dziękczynienia i bardzo się ucieszyłam, że spędzę z nimi trochę czasu. Matka Esther zamierzała upiec wielkiego indyka i przygotować wiele koreańskich dań, w tym kimchi. Podekscytowało mnie to, bo od dawna nie jadłam kimchi, mojej ulubionej potrawy. Kilka dni przed świętem jechałam samochodem z Esther i jej matką po specjalny gatunek kapusty pochodzący z ogrodu jednego z ich krewnych, gdy nagle zadzwoniła moja komórka.

Telefonowała matka z Korei Południowej. W jej głosie brzmiała histeria.

– Yeonmi! Twoja siostra! Znalazłam twoją siostrę!

Serce zabiło mi mocno w piersi. Głęboko odetchnęłam. W Chinach zgłaszali się do nas oszuści, którzy twierdzili, że odnaleźli Eunmi, by wyłudzić od nas pieniądze. Kiedy okazywało się, że to nieprawda, nasze nadzieje rozpadały się w gruzy.

– *Umma*, co to znaczy, że ją znalazłaś? – spytałam.

– Jest tutaj, w Korei Południowej. W Narodowym Centrum Wywiadowczym. Zatelefonowali do mnie.

Wrzasnęłam tak głośno, że Esther i jej matka pomyślały, iż coś się stało. Matka i ja jednocześnie płakałyśmy i rozmawiałyśmy; żadna z nas nie wierzyła, że to prawda. Matka powiedziała, że w drodze wyjątku pozwolono jej odwiedzić Eunmi w Narodowym Centrum Wywiadowczym, gdzie my również spędziłyśmy pewien czas po przybyciu do Korei Południowej. Zamierzała zabrać komórkę i pozwolić mi porozmawiać z Eunmi.

Nie miałam kontaktu z siostrą od siedmiu lat. Nagle musiałam jak najszybciej wrócić do Korei Południowej. Pojechaliśmy z powrotem do domu, bym mogła zmienić datę odlotu. Planowałam zostać w Stanach jeszcze kilka miesięcy, zwiedzić różne części kraju. Teraz najważniejszy stał się powrót do domu.

Tej nocy nie mogłam spać. Przez moją głowę przebiegały myśli, pędząc jak wody rzeki, która przerwała tamę. Zniknęły wszystkie mury, jakie wzniosłam wokół siebie, by zabezpieczyć się przed bólem powodowanym stratą siostry, i teraz musiałam przeżywać wszystkie emocje, dobre i złe. Mogłam tylko próbować to wytrzymać.

Następnego dnia nie byłam w stanie przełknąć ani kęsa; przez wiele godzin spacerowałam po domu tam i z powrotem, aż zadzwonił telefon i usłyszałam głos siostry. Poczułam wielką ulgę, ale z początku nie wiedziałam, co powiedzieć.

– Wkrótce się zobaczymy – rzekłam po chwili niezręcznej ciszy.

– Tak, niedługo – odpowiedziała cichym, zduszonym głosem.

Ton wydał mi się znajomy i o mało nie pękło mi serce. W podobny sposób mówił ojciec po zwolnieniu z obozu pracy z przyczyn zdrowotnych. Był to głos schwytanego jeńca, człowieka bojącego się powiedzieć coś niewłaściwego, lękającego się kary. Był to mój własny głos sprzed wielu lat, który przypominał, jak długą drogę musimy przebyć.

Dotarłam do kraju po prawie trzech dniach podróży i oczekiwania na lotniskach. Normalnie uciekinierzy pozostają w izolacji aż do zakończenia przesłuchań, ale uprzejmi funkcjonariusze Narodowej Służby Wywiadowczej zrobili dla mnie wyjątek i pozwolili mi odwiedzić Eunmi w celu jej „identyfikacji". Zaprowadzili mnie do sali widzeń i oto ujrzałam siostrę, choć myślałam, że nigdy więcej jej nie zobaczę. Spoglądałam na jej delikatną twarz w kształcie serca i drobne dłonie. Znów mówiłyśmy niewiele. Trzymałyśmy się w milczeniu za ręce i płakałyśmy. Odmówiłam w myślach modlitwę do ojca, który na pewno uśmiechał się do nas z góry. Udało się.

Historia Eunmi należy do niej i nie chcę zdradzać szczegółów jej prywatnego życia. Mogę powiedzieć, że w czasie swojego pobytu w Chinach nigdy nie widziała moich występów w telewizji. Nie miała pojęcia, że uciekłyśmy z Korei Północnej ani że przez cały czas jej szukamy. Byłyśmy wstrząśnięte, gdy zrozumiałyśmy, że chwilami znajdowałyśmy się tuż obok siebie. Jak podejrzewałyśmy, Eunmi i jej przyjaciółkę ukryto w jednym z domów na przedmieściach Hiesan należących do handlarzy żywym towarem, gdy szukałyśmy jej z matką i przygotowywałyśmy naszą ucieczkę. Żadna z nas nie zdawała sobie sprawy, że tego straszliwego dnia oddzielała nas tylko cienka ściana. Porównałyśmy wspomnienia i okazało się, że Eunmi mieszkała w tej samej prowincji, gdy ja i matka pracowałyśmy w Shenyangu. Byłyśmy blisko, a jednak równie dobrze mogłyśmy przebywać na przeciwległych krańcach świata. Kiedy ludzie ukrywają się przed policją, niewielkie są szanse, że przypadkiem się spotkają.

W końcu Eunmi zdołała uciec przez Azję Południowo-Wschodnią i samodzielnie dotarła do Korei Południowej. Mimo wszystko poradziła sobie bez naszej pomocy.

Kiedy moja siostra skończyła szkołę w Hanawon, wprowadziła się do mojego mieszkania w pobliżu Dongguk. Znalazła pracę w niepełnym wymiarze godzin i zaczęła się przygotowywać do egzaminów potwierdzających opanowanie materiału gimnazjum i liceum, podobnie jak ja wcześniej. Ponieważ Eunmi zawsze uczyła się lepiej ode mnie, przewidywałam, że nadrobi zaległości szybciej, i tak się stało. Po około trzech miesiącach uzyskała świadectwo ukończenia gimnazjum, a po kolejnych siedmiu liceum. Gdy moja siostra do nas przyjechała, przez długi czas była milcząca i zamknięta w sobie, jakby w jej sercu nie było miejsca dla mnie i matki. Dobrze to rozumiałyśmy i dałyśmy jej czas, by doszła do siebie. W końcu w sercu Eunmi znalazło się miejsce dla nas wszystkich. I nie tylko dla nas.

Rozdział dwudziesty czwarty

Powrót do domu

Koreańczycy tak lubią Nowy Rok, że obchodzą go dwa razy. Najpierw urządzają przyjęcia sylwestrowe w stylu zachodnim z pokazami sztucznych ogni o północy, by uczcić początek roku kalendarzowego, a potem, pod koniec stycznia lub w lutym, z jeszcze większą liczbą fajerwerków i uroczystości przez trzy dni obchodzą początek roku księżycowego. W tym okresie spotykamy się z rodzinami, by wspominać przeszłość i snuć plany na przyszłość. Kiedy w 2007 roku uciekłam z matką z Korei Północnej, przestałyśmy obchodzić Nowy Rok, bo było to dla nas zbyt smutne. Początek roku 2014 już taki nie był. Odnalazłyśmy Eunmi, a ja miałam mnóstwo planów.

Przede wszystkim chciałam wrócić na uniwersytet i uzyskać dyplom. Wybrałam kierunek studiów z myślą o wstąpieniu do policji i chronieniu matki przed jej przyjacielem skłonnym do przemocy. Nauka poszerzyła moje horyzonty i rozbudziła poczucie sprawiedliwości, teraz więc chciałam ukończyć prawo, by reprezentować Koreańczyków z Północy, którzy nie mieli głosu ani nadziei – ludzi takich jak niegdyś ja sama.

Nie spodziewałam się, że przed upływem roku zacznę występować na arenie międzynarodowej jako orędowniczka sprawiedliwości na świecie. I że reżim północnokoreański publicznie oznajmi, że jestem „marionetką działającą w ruchu praw człowieka". Nigdy nie przypuszczałam, że ujawnię, co mnie spotkało w Chinach. Ale wkrótce odkryłam, że aby uzyskać całkowitą wolność, muszę stawić czoło prawdzie o swojej przeszłości.

Rok rozrachunków zaczął się spokojnie, od noworocznego postanowienia, by poprawić angielski. Nawet po kilkumiesięcznym pobycie wśród misjonarzy nie potrafiłam płynnie mówić w tym języku. Dlatego zapisałam się na intensywny kurs językowy w Seulu, w którym uczestniczyli uciekinierzy z Korei Północnej i anglojęzyczni wolontariusze mieszkający w Korei Południowej. Zapisałam się nie do jednego nauczyciela, lecz do wszystkich dziesięciu jednocześnie. Kazali mi mnóstwo czytać – poczynając od Szekspira, a kończąc na Fredericku Douglassie, zbiegłym niewolniku i przywódcy ruchu abolicjonistycznego. Kiedy poznałam jego buntowniczy list do dawnego właściciela, zaczęłam się zastanawiać, jaki list mogłabym napisać do Kim Dzong Una, gdybym miała odwagę. Może, podobnie jak Douglass, powiedziałabym mu, że jestem istotą ludzką i że już do niego nie należę. Teraz należę do siebie.

Kiedy nie czytałam i nie studiowałam z nauczycielami, słuchałam angielskich audiobooków i wystąpień na konferencji TED – nawet przez sen. Ściągnęłam całe dziesięć sezonów amerykańskiego serialu komediowego *Przyjaciele*. Spytajcie mnie o coś związanego z Rossem i Rachel – na pewno znam odpowiedź. Nauczyciele skarżyli się tylko, że mówię z coraz silniejszym amerykańskim akcentem, posługując się slangiem z lat osiemdziesiątych.

Kiedy w marcu 2013 roku rozpoczęłam nowy semestr w Dongguk, mój angielski był znacznie lepszy i przygotowywałam się do uzyskania dyplomu z zakresu zarządzania policją. Od czasu do czasu nagrywałam jeszcze odcinki *W drodze na spotkanie*, ale po ucieczce Eunmi z Chin udział w tym programie stracił dla mnie na znaczeniu. Znalazłam inny, bardziej bezpośredni sposób walki o sprawiedliwość dla Koreańczyków z Północy.

W połowie lutego 2014 roku zaproszono mnie do wygłoszenia referatu na temat Korei Północnej – po angielsku – dla studentów Canadian Maple International School w Seulu. Szef mojego programu językowego uznał, że pomoże mi to nabrać pewności siebie w posługiwaniu się angielszczyzną. Nie byłam tego pewna, ale pomyślałam: Czemu nie?

Związałam włosy z tyłu i włożyłam „oficjalną" granatową sukienkę. W swoim pierwszym publicznym wystąpieniu opowiedziałam studentom o swoim życiu, praniu mózgu, braku wolności, strachu i głodzie. Powiedziałam, że jestem przedstawicielką nowego pokolenia Koreańczyków z Północy, pokolenia jangmadangów, czyli czarnego rynku, które dorastało po śmierci Kim Ir Sena, gdy rozpadł się dawny system gospodarczy. Wskazałam, że młodzi ludzie w moim wieku stopniowo wprowadzają zmiany w kraju. Może jeszcze nie zmiany, ale dzieje się wystarczająco dużo, bym miała nadzieję na poprawę losu przyjaciół, krewnych i milionów ludzi, którzy po mojej ucieczce pozostali w Korei Północnej.

Później przez godzinę odpowiadałam na pytania. Jeden ze studentów powiedział, że moja historia go „zainspirowała". Musiałam szybko sprawdzić w komórce, co znaczy to słowo. Do tamtej chwili nie wiedziałam, że opowieść może kogoś „zainspirować", ale najwyraźniej tak się stało.

Aż do początku 2014 roku ludzie – w tym Koreańczycy z Południa – w większości wiedzieli o Korei Północnej bardzo niewiele: słyszeli o szaleńczych pogróżkach użycia broni jądrowej i widywali fotografie przywódców, dziwacznych, przerażających, źle ostrzyżonych. Ale w lutym ONZ opublikowało raport dokumentujący łamanie praw człowieka w Korei Północnej, w tym eksterminację, gwałty i głód. Po raz pierwszy przywódcom Korei Północnej zaczęło grozić oskarżenie przed Międzynarodowym Trybunałem Karnym o zbrodnie przeciwko ludzkości. Jednak większość z około trzystu świadków, których relacje wykorzystano w raporcie, pozostała anonimowa, a inni z powodu niedostatków językowych nie potrafili opowiedzieć swoich historii. Nagle pojawiło się zapotrzebowanie na uciekinierów znających język angielski, którzy mogliby występować w imieniu milionów mieszkańców Korei Północnej uwięzionych za murem milczenia i terroru.

Po moim wystąpieniu w szkole kanadyjskiej otrzymałam kolejne zaproszenia; występowałam publicznie i udzielałam wywiadów w mediach różnych krajów, poczynając od Australii, a kończąc na Stanach Zjednoczonych. W maju opublikowałam w „The Washington Post" artykuł napisany wspólnie z Caseyem Lartigue'em juniorem. Do wiosny 2014 roku nie byłam zupełnie pewna, czym zajmuje się ruch praw człowieka. Teraz nagle zaczęto mi mówić, że stałam się twarzą tego ruchu. Zdawałam sobie sprawę, że nie jestem jeszcze odpowiednio przygotowana, by kogokolwiek reprezentować, a zwłaszcza mieszkańców Korei Północnej. Ale od tamtej chwili moje życie zaczęło przypominać pędzący pociąg. Nie mogłam wyskoczyć, nawet gdybym chciała. Może sądziłam, że jeśli będę się poruszać dostatecznie szybko, moja przeszłość nie zdoła mnie doścignąć.

W czerwcu poleciałam do Los Angeles na konferencję, po czym następnego dnia musiałam wracać do Seulu na egzaminy końcowe. W czasie tej podróży nie udało mi się odwiedzić Hollywood, chociaż miałam nadzieję spotkać Leonarda DiCaprio i powiedzieć mu, jak wiele znaczył dla mnie *Titanic*, gdy dorastałam w Korei Północnej.

Mniej więcej w tym okresie zatelefonował do mnie południowokoreański inspektor policji, który opiekował się matką i mną. W ciągu pierwszych pięciu lat od przybycia do Korei Południowej wszyscy uciekinierzy pozostają pod opieką funkcjonariusza policji, by bezpiecznie zaadaptować się do nowego życia. Inspektor zwykle chciał znać harmonogram moich zajęć i pytał, jak się czuję. Ale tym razem chodziło o coś innego. Powiedział, że kazano mu sprawdzić, czy nic mi nie grozi, ponieważ pojawiły się informacje, że jestem bacznie obserwowana przez władze północnokoreańskie. Nie powiedział mi, skąd to wie, tylko ostrzegł, że powinnam uważać, co mówię. Bo może to być niebezpieczne.

Jeśli ktoś chciał mnie przestraszyć, osiągnął swój cel. Nigdy nie przyszło mi do głowy, że reżim uzna mnie za kogoś tak ważnego, by mógł stanowić zagrożenie. Albo że zacznie mi grozić. Inspektor rozmawiał z moją matką i ją również przestraszył. Chciała, bym natychmiast przestała występować publicznie. Dlaczego nie mogę po prostu prowadzić normalnego życia i skończyć studiów zamiast próbować zbawiać świat? Ale im więcej o tym myślałam, tym większa złość mnie ogarniała. Uciekłam z Korei Północnej, ryzykując życie, a jej władze ciągle próbują mnie kontrolować. Jeśli im na to pozwolę, nigdy nie będę wolna.

W semestrze wiosennym uzyskałam w Dongguk oceny wyższe niż przeciętna i twardo zamierzałam ukończyć rok akademicki. We wrześniu 2014 roku wróciłam na kilka tygodni na uczelnię, jednak życie znów pokrzyżowało moje plany.

Przyjęłam kilka zaproszeń do Europy na październik, w tym na doroczny szczyt organizacji One Young World w Dublinie, gdzie miałam reprezentować Koreę Północną. Było to coś w rodzaju ONZ dla młodych liderów. Miał mnie zapowiedzieć James Chau, brytyjski dziennikarz i działacz ruchu praw człowieka znany w całej Azji jako spiker China Central Television. Przygotowując się do wystąpienia, spędziliśmy emocjonujący ranek, rozmawiając o swoim życiu, i podałam mu pewne szczegóły swojej historii. Po raz pierwszy zamierzałam wygłosić przemówienie na temat okropności handlu żywym towarem w Chinach – chociaż nie miałam zamiaru ujawniać, że ja również zostałam sprzedana.

Kazano nam włożyć tradycyjne stroje z naszych krajów, miałam więc na sobie powłóczysty różowo-biały *hanbok*. Zajęłam miejsce na scenie, z której miałam wygłosić krótkie przemówienie do tysiąca trzystu delegatów, gości i przedstawicieli mediów przybyłych na konferencję.

Zanim James zaczął mnie zapowiadać, denerwowałam się tym, co mam powiedzieć. Siedziałam na scenie z młodzieżowymi reprezentantami krajów takich jak Ukraina i Afryka Południowa i bałam się, że nie okażę się dostatecznie przekonującym mówcą, by reprezentować swój naród na tym forum. Chcąc przezwyciężyć lęk, starałam się skupić na tym, jak poprawnie wymówić angielskie wyrazy *international* i *execution*. Ale kiedy James zaczął opowiadać moją historię, po jego policzkach popłynęły łzy. Objęłam go, by go pocieszyć, ale rozpłakał się jeszcze bardziej. Kiedy opisał, jak moja matka pozwoliła się zgwałcić, by mnie ratować, i jak pochowałyśmy prochy ojca na samotnym wzgórzu w Chinach, beczałam razem z nim.

Zawsze bardzo się obawiałam stracić panowanie nad emocjami. Czasami czuję, że wzbierająca we mnie złość przypomina twardą, zbitą kulę, i wiem, że jeśli pozwolę jej się uwolnić, eksploduje i nie będę w stanie jej kontrolować. Kiedy zaczynam płakać, martwię się, że nigdy nie przestanę. Dlatego staram się nie okazywać uczuć. Ludzie, którzy mnie poznają, myślą, że jestem wyjątkową optymistką, pozytywnie nastawioną do świata. Moje rany są dobrze ukryte. Ale tego dnia w Dublinie wszyscy mogli je ujrzeć. Kiedy podeszłam do mównicy z kartką z przemówieniem, starałam się powstrzymać łzy.

Publiczność wstała z miejsc i widziałam, że wszyscy obecni na sali płaczą razem ze mną, podczas gdy ja usiłowałam nad sobą zapanować.

Opuściłam wstęp i próbowałam powiedzieć, że reprezentuję swój naród, a nie siebie. Ale natychmiast straciłam umiejętność posługiwania się angielskim, musiałam zaczerpnąć głęboko tchu i zacząć od nowa.

– Korea Północna to kraj, którego nie można sobie wyobrazić... – rozpoczęłam. Opowiedziałam ludziom zebranym na sali, że w Korei Północnej można zostać skazanym na śmierć za nielegalną rozmowę telefoniczną z zagranicą. Powiedziałam, że gdy byłam mała, matka zabroniła mi szeptać, bo mogły mnie usłyszeć nawet ptaki i myszy.

– W dniu naszej ucieczki z Korei Północnej widziałam, jak moja matka została zgwałcona przez chińskiego handlarza, który miał ochotę na mnie – ciągnęłam, a po mojej twarzy spływały łzy. Powiedziałam, że uchodźcy z Korei Północnej są bezbronni w Chinach. – Siedemdziesiąt procent północnokoreańskich kobiet i nastolatek pada ofiarą gwałtów. Czasami są sprzedawane za dwieście dolarów...

Otworzyłam drzwi i wyszłam na światło dnia. Nie wiedziałam, dokąd mnie zaprowadzi ta droga, ale zdawałam sobie sprawę, że nie jestem sama.

– Kiedy wędrowałam przez pustynię Gobi, bałam się nie śmierci, lecz tego, że zostanę zapomniana. Bałam się, że umrę na pustyni i nikt nigdy nie pozna mojego nazwiska; nikogo nie będzie obchodzić, czy przeżyłam, czy umarłam. Ale wy mnie słuchacie. Troszczycie się o mnie.

Wszyscy znów wstali z miejsc i zaczęli płakać razem ze mną. Rozejrzałam się i poczułam, że na tej sali sprawiedliwość jest czymś żywym. Czułam, przynajmniej przez chwilę, że jest jeszcze nadzieja dla nas wszystkich.

Ale musiałam przebyć jeszcze jedną pustynię.

Po swoim wystąpieniu doczekałam do końca konferencji, po czym wróciłam do pokoju hotelowego i padłam ze zmęczenia. Kiedy w końcu sprawdziłam komórkę, znalazłam w skrzynce odbiorczej mnóstwo próśb o wywiady przesłanych przez media z całego świata. Dalszy ciąg przypominał trąbę powietrzną – choć w dziwny sposób zachowywałam dystans względem tego, co się dzieje, jakby automatycznie zadziałał mechanizm pozwalający przeżyć w trudnej sytuacji, odsuwając mnie na bezpieczną odległość i tonując emocje. Występując przed kamerami, obserwowałam samą siebie z zewnątrz.

Podczas trzech tygodni spędzonych w Europie udzieliłam dziesiątek wywiadów. Po jakimś czasie przestałam je liczyć. Pozwoliłam się nawet sfilmować przez ekipę BBC przed ambasadą Korei Północnej w Londynie, co przepełniło mnie takim lodowatym, czarnym przerażeniem, że prawie nie mogłam wykrztusić słowa. Nigdy nie korzystałam z pomocy tłumaczy, nigdy nie zakładałam, że dziennikarze mogą mnie nie zrozumieć albo że ja nie zrozumiem ich pytań. Uznałam również, że zmieniając kilka szczegółów związanych z ucieczką mojej rodziny do Chin, zdołam w dalszym ciągu ukrywać fakt, że stałam się przedmiotem handlu żywym towarem. Myślałam, że jeśli powiem prawdę o innych sprawach, wszystko będzie dobrze: skoro moje przeżycia są prawdziwe, szczegóły nie mają znaczenia. Najczęściej po prostu reagowałam na pytania, improwizowałam niczym jazzman grający tę samą melodię zawsze nieco inaczej, nie zdając sobie sprawy, że są ludzie, którzy mnie obserwują.

Niespełna miesiąc po wystąpieniu w Dublinie zaczęłam pracować nad tymi wspomnieniami. Trochę to dziwne, że osoba, która niedawno skończyła dwadzieścia jeden lat, opisuje historię swojego życia, zwłaszcza gdy przez kilka lat usiłowała utrzymywać niektóre rzeczy w tajemnicy. Kiedy zaczęłam przelewać wspomnienia na papier, zrozumiałam, że nie mogę już niczego ukrywać. Jak mogłabym namawiać ludzi, by poznali prawdę o Korei Północnej, prawdę o tym, co spotyka kobiety, które uciekają do Chin i wpadają w ręce handlarzy i gwałcicieli, gdybym sama nie potrafiła stawić czoła prawdzie?

Kiedy w listopadzie wróciłam do Seulu, przez całą noc rozmawiałam z matką i siostrą; zastanawiałyśmy się, co robić. Matka i ja nie opowiedziałyśmy Eunmi wszystkiego, co zdarzyło się w Chinach. Same też o tym nie rozmawiałyśmy. Teraz naszą historię pozna cały świat. Czy warto to robić? Byłam pewna, że ludzie będą na mnie patrzeć zupełnie inaczej, gdy się dowiedzą, co mnie spotkało i co robiłam, by przeżyć. Mimo ultraszybkich pociągów, nowoczesnej architektury i K-popu społeczeństwo Korei Południowej w dalszym ciągu jest bardzo konserwatywne i ma staroświeckie poglądy na cnotę kobiety. Nie umiałam sobie wyobrazić, jak będę mogła tu żyć po ujawnieniu swojej historii. Czy miałoby to jakieś znaczenie? Czy ktoś mnie wysłucha? Czy przejmie się na tyle, by próbować coś zmienić?

Matka, siostra i ja rozmawiałyśmy i płakałyśmy przez całą noc. Matka, która niegdyś miała nadzieję, że odzyskam rozsądek i zrezygnuję z działalności publicznej, przeszła przemianę. Teraz rozumiała ukrytą siłę tkwiącą w naszej wspólnej historii.

– Musisz powiedzieć światu, że Korea Północna to jeden wielki obóz koncentracyjny – oznajmiła. Chciała, by ludzie wiedzieli, że musiałyśmy uciec, by poznali prawdę o Koreankach z Północy sprzedawanych w Chinach. – Jeśli ty nie przemówisz w ich imieniu, Yeonmi-ya, kto to zrobi? – spytała. Eunmi ją poparła.

Rankiem podjęłam decyzję. Opiszę całe swoje życie, niczego nie ukrywając, nie zatajając prawdy o moim udziale w handlu żywym towarem. Był to jedyny sposób, by nadać mojemu życiu jakiś sens.

Kiedy postanowiłam zdradzić swój sekret, po raz pierwszy poczułam się naprawdę wolna. Miałam wrażenie, że poprzednio przygniatały mnie gęste chmury, które teraz się uniosły, i znowu mogłam swobodnie oddychać.

Kilka miesięcy po rozpoczęciu pracy nad książką otworzyłam laptopa i kliknęłam w link do filmu na YouTubie nakręconego przez północnokoreańską instytucję propagandową. Podczas gdy dwóch spikerów państwowej telewizji przemawiało do kamery, na ekranie pojawiła się wielka fotografia mojej twarzy. W tle rozległa się narastająca złowieszcza muzyka, niczym ścieżka dźwiękowa z horroru, po czym pojawił się tytuł: *Trujący grzyb, który wyrósł na stercie śmieci.* Północnokoreańska propaganda jest wyśmiewana na Zachodzie z powodu swoich ordynarnych kłamstw i pogróżek, więc te obelgi mogłyby się wydawać zabawne – ale wypowiedziano je śmiertelnie poważnie, a ich obiektem była moja rodzina.

Inspektor policji nie mylił się przynajmniej w jednej kwestii: władze Korei Północnej bacznie mnie obserwowały. Na początku 2015 roku reżim umieścił w sieci dwa filmy wideo, w których nazwano mnie kłamczynią i „propagandową marionetką działającą w ruchu praw człowieka".

Przeanalizowali udzielane przeze mnie wywiady i zaatakowali mnie za rzekome niekonsekwencje. Jeżeli reżim nie mógł zakwestionować moich słów, wymyślał kłamstwa o mnie i mojej rodzinie. Oskarżyli matkę o niemoralność, a ojca o to, że handlował żywym towarem, ponieważ pomógł naszym sąsiadkom uciec do Chin. Z jakiegoś tajemniczego powodu próbowali dowieść, że kłamałam w sprawie śmierci ojca, i sfilmowali lekarza, który zapewnił, że ojciec zmarł na raka w szpitalu w Korei Północnej, a nie w Chinach.

Co najgorsze, zmusili do występu w filmie moich krewnych i przyjaciół z dzieciństwa. Nie widziałam stryja Park Jina, ciotek i kuzynów od ośmiu długich lat, teraz zaś z przerażeniem patrzyłam, jak udzielają wywiadów przed kamerą. Propagandyści reżimu dotarli nawet do Jong Ae, naszej dobrej sąsiadki w Hiesan, która pomogła mnie i siostrze, gdy zostałyśmy same i byłyśmy w rozpaczliwej sytuacji. Bolało mnie, że wszyscy źle o nas mówią, lecz przynajmniej dowiedziałam się, że żyją.

Na początku 2015 roku odwiedziłam Nowy Jork. Zaproszono mnie do uczestnictwa w zajęciach w Barnard College – w dalszym ciągu zamierzam uzyskać dyplom – gdzie miałam poszerzyć swoją wiedzę o prawach człowieka. Pewnego popołudnia szybko przeglądałam prośby setek przyjaciół, które nagromadziły się na mojej publicznej stronie na Facebooku, gdy nagle zauważyłam czyjś znajomy uśmiech. Cofnęłam się szybko niczym postać z kreskówki odsuwająca się od skraju przepaści... i zobaczyłam fotografię Yong Ja, najlepszej przyjaciółki z dzieciństwa w Hiesan! Nie miałam z nią żadnego kontaktu od ucieczki do Chin.

„Czy to Yeonmi Park, którą kiedyś znałam?" – zaczynała się wiadomość na Facebooku. Drżałam tak, że ledwie widziałam ekran. „Tak! To ja!" – odpowiedziałam natychmiast i Yong Ja przekazała mi numer swojego telefonu. Uciekła do Chin i, podobnie jak Eunmi, przedostała się do Korei Południowej przez Azję Południowo-Wschodnią. Dowiedziała się, że żyję i przebywam w Korei Południowej, podczas przesłuchań w Narodowym Centrum Wywiadowczym, a później odnalazła mój profil na Facebooku. Cudownie było znowu usłyszeć jej głos. Natychmiast odnowiłyśmy naszą przyjaźń i teraz bez przerwy rozmawiamy przez internet.

Ciągle mam nadzieję, że moi przyjaciele z Korei Północnej odnajdą drogę do wolności. Matka zawsze bardzo lubiła Chun Guena, chłopca, który chciał mnie poślubić w Hiesan, i nawet próbowała go odnaleźć, by pomóc mu uciec, gdyby miał na to ochotę. Ale usłyszeliśmy smutną historię. Niespełna rok po opuszczeniu przez nas Korei Północnej cała rodzina Chun Guena zniknęła. W Hiesan krążą pogłoski, że jego ojciec, specjalista w zakresie agronomii, został obciążony przez reżim odpowiedzialnością za nieudane zbiory i trafił do jednego ze strasznych obozów dla więźniów politycznych, a Chun Guena i jego matkę zesłano do małego miasteczka w jednej z prowincji na północy.

Chun Guen przyrzekł, że będzie na mnie czekał przez osiem lat, a potem mnie odnajdzie. Kiedy piszę te słowa, minęło osiem lat. Zastanawiam się, gdzie jest, czy ciągle żyje, czy w ogóle mnie pamięta. Chociaż moje życie się zmieniło, wierzę, że któregoś dnia znajdzie się w Korei Południowej. Podobnie jak dwadzieścia pięć milionów mieszkańców mojego kraju, Chun Guen zasługuje na wolność.

Wiosną 2015 roku moja matka pojechała ze swoim partnerem do Chin po szczątki ojca.

Po wielu godzinach poszukiwań na wzgórzach wznoszących się nad Yangshanzhen odnalazła miejsce, gdzie osiem lat wcześniej zaniosłam w środku nocy prochy ojca. Ktoś dbał o jego grób i nawet zasadził na nim drzewo, przypominające samotnego strażnika. Hongwei dotrzymał słowa.

Moja matka zawiozła prochy ojca do Korei Południowej. Cała nasza rodzina znowu jest razem. Mam nadzieję, że pewnego dnia spełnię ostatnią wolę ojca i przeniosę jego szczątki do Hiesan, gdzie zostanie pochowany obok ojca i dziadka na wzgórzu nad rzeką Jalu. Jeśli nadejdzie ten dzień, odwiedzę również grób babki i powiem jej, że Joseon jest znowu jednym krajem.

Podziękowania

Maryanne Vollers, bez Ciebie ta książka by nie powstała. Okazałaś nie tylko inteligencję i dobroć, lecz również głęboką, szczerą miłość do narodu północnokoreańskiego i całej ludzkości. To, że mogłam z Tobą pracować i nazywać Cię przyjaciółką, to dla mnie wielki zaszczyt i przywilej.

Jestem głęboko wdzięczna znakomitemu zespołowi wydawniczemu Penguin Books: Juliet Annan i Annie Ridley z filii Fig Tree w Wielkiej Brytanii oraz Ann Godoff i Sarah Hutson z centrali Penguin Press w Stanach Zjednoczonych.

Specjalne podziękowania dla Karoliny Sutton, Amandy Urban, Matthew J. Hiltzika i Carlton Sedgeley.

Thorze Halvorssenie Mendozo, jesteś dla mnie starszym bratem, którego znalazłam w tym nowym świecie. Stanowisz najlepszy przykład, jak należy bronić sprawiedliwości i walczyć z tyranią. Dziękuję, że stałeś się moim mentorem i że nauczyłeś mnie mnóstwa interesujących słów. Mój podziw dla Ciebie jest bezgraniczny.

Dziękuję pracownikom Human Rights Foundation: Alexowi Gladsteinowi, Sarah Wasserman, Benowi Palubie i Johnowi Lechnerowi.

Wyrażam wdzięczność przyjaciołom i mentorom z Liberty in North Korea: Hannah Song, Sokeel J. Park, Justinowi Wheelerowi, Blaine Vess, Kirze Wheeler i Tony'emu Sasso. Kiedy bardzo Was potrzebowałam, pomogliście mi zrozumieć nowy świat i nauczyliście, jak stać się rzeczniczką narodu północnokoreańskiego. Dzięki Waszym radom stałam się lepszą osobą i skuteczniejszą orędowniczką wolności.

Dziękuję Caseyowi Lartigue'owi juniorowi za dodawanie mi odwagi i wspieranie od samego początku, a także wszystkim, którzy uczyli mnie angielskiego, zmieniając mój świat.

Dziękuję Jang Jin Sungowi, memu przyjacielowi i mentorowi, który pomógł mi zrozumieć życie po drugiej stronie ciemności i przetrwać; dziękuję Henry'emu Songowi, Shirley Lee i północnokoreańskim uchodźcom i bojownikom o wolność, którzy dostarczają mi inspiracji i są moimi przyjaciółmi: Josephowi Kimowi, Seong Ho Ji, Park Sang Hakowi, Jihyun Park i bardzo wielu innym.

Dziękuję Jamesowi Chau za to, że płakał wraz ze mną nad mym narodem. Twoje zachęty były dla mnie bardzo ważne w trudnym czasie. Bez Twojego wsparcia i wiary nigdy nie stałabym się tym, kim jestem teraz.

Joshuo Bedell, Twoja hojność i dobroć są niewymierne. Jestem Ci ogromnie wdzięczna za to, że uczyłeś mnie i służyłeś za przewodnika z tak wielką cierpliwością.

Dziękuję mej angielskiej rodzinie: Charlotte, Adamowi, Clemency, Madison i Lucien Calkin, oraz mojej dobrej przyjaciółce Jai J. Smith. Jestem wdzięczna Billowi Campbellowi i reszcie rodziny z Montany.

Dziękuję moim dobrym przyjaciołom, których tu wymieniam. Są to: Alexander Lloyd, Cameron Colby Thomson, Daniel Pincus, Jonathan Cain, Daniel Barcay, Gayle Karen Young, Sam Potolicchio, Dylan Kaplan, Sam Corcos, Parker Liautaud, Axel

Halvorssen, Uri Lopatin, Peter Prosol, Masih Alinejad, Tommy Sungmin Choi, Matthew Jun Suk Ha, Wolf von Laer, Ola Ahlvarsson, Ken Schoolland, Jennifer Victoria Fong Chearvanont, Malibongwe Xaba i Li Schoolland.

Dziękuję organizacji One Young World: Kate Robertson, Davidowi Johnsowi, Elli Robertson, Melanie York, Mathew Belshawowi i wszystkim ambasadorom One Young World. Czuję się zaszczycona, że uczyniliście mnie częścią Waszej cudownej wspólnoty. Wasze wsparcie i głęboka sympatia dla społeczeństwa Korei Północnej dają mi ogromną nadzieję i odwagę, by występować przeciwko tyranii. Wasza ciężka praca sprawia, że świat staje się z każdym dniem lepszy.

Dziękuję członkiniom organizacji Women in the World: Tinie Brown, Karen Compton i wszystkim kobietom, które namawiały mnie w czasie konferencji, bym była dzielna i walczyła o sprawiedliwość, wolność i równość.

Dziękuję członkom Renaissance Weekend, których tu wymieniam. Są to: Philip Lader, Linda LeSourd Lader, Dustin Farivar, Eric O'Neill, Christine Mikolajuk, Kerry Halferty Hardy, Frank Kilpatrick, Linda Hendricks Kilpatrick, Yan Wang, Justin Dski, Ben Nelson, Mark A. Herschberg, Katherine Khor, Stephanie A. Yoshida, Janice S. Lintz.

Dziękuję producentom i realizatorom programu telewizyjnego *W drodze na spotkanie*, a także swoim profesorom z Uniwersytetu Dongguk oraz przyjaciołom z katedry administracji policją, którzy pomagali mi i udzielali wsparcia, gdy przeżywałam trudny okres. Jestem wdzięczna wszystkim nauczycielom i wolontariuszom ze szkół dla uchodźców.

Osobami, którym pragnę złożyć specjalne podziękowania, są: Judd Weiss, Suleiman Bakhit, Todd Huffman, Katy Pelton, rektor Barnard College Debora Spar, dziekan Jennifer G. Fondiller, Sue Mi Terry, David Hawk, Greg Scarlatiou, Curtis Castrapel, Beowulf Sheehan, Esther Choi i jej kochająca rodzina, Christian Thurston, Daniel Moroz, Cat Cleveland, Eunkoo Lee, Ryung Suh, Justice Suh, Madison Suh, Diane Rhim, Joshua Stanton, Sunhee Kim, Jieun Baek, Felicity Sachiko, Paul Lindley z Ella's Kitchen, C.J. Adams z Google Ideas, Austin Wright, John Fund, Mary Kissel i Michael Lai z Minerva Schools KGI.

Andrew Moroz, w moim życiu zdarzyło się kilka cudów i Ty jesteś jednym z nich. Przywróciłeś mi wiarę w miłość.

Zmieniłam nazwiska kilku osób z szacunku dla ich prywatności i troski o bezpieczeństwo, w tym mojej ukochanej przyjaciółki „Yong Ja", której przekazuję wyrazy miłości i serdeczne podziękowania. Jestem również winna wdzięczność misjonarzom pracującym w Chinach, południowokoreańskiemu pastorowi i wszystkim, których nazwiska nie mogły się pojawić w tej książce, ale są zapisane w moim sercu.

Dziękuję swojej matce, Keum Sook Byeon. To, że jestem Twoją córką, to największe błogosławieństwo i szczęście w moim życiu. Przeszłyśmy razem zamarzniętą rzekę i lodowatą pustynię; jesteś jedyną osobą, która zna mnie tak dobrze, że nie potrzebuję słów, by wyrazić swoje uczucia. Żyłam dla Ciebie, gdy znajdowałam się w niewoli, i żyję dla Ciebie, gdy jestem wolna. Jesteś dla mnie źródłem inspiracji i siły, by walczyć o zmianę naszej ojczyzny.

Dziękuję swojej siostrze Eunmi Park. Jesteś dla mnie wszystkim, moim największym cudem i największą radością. Jestem wdzięczna za Twoje wielkie serce, za wszystkie Twoje poświęcenia dla mnie, gdy byłyśmy dziećmi, za to, że mnie chroniłaś i pocieszałaś w czasie długich miesięcy, gdy zostałyśmy same. Byłaś dla mnie matką i najlepszą przyjaciółką. Starsza siostro, dziękuję, że wróciłaś do nas po siedmiu długich latach i że przyniosłaś nam znowu szczęście. Jestem z Ciebie bardzo dumna. Jesteś moim światłem i kocham Cię bardziej niż życie.

Dziękuję Park Jin Sikowi, swojemu ojcu. Jesteś moim bohaterem i żałuję, że nie możesz być z nami, by cieszyć się wolnością. Ale stale mi towarzyszysz, więc nie muszę nic mówić oprócz tego, że Cię kocham i bardzo za Tobą tęsknię.

Dziękuję Woo Yang Mangowi, partnerowi mojej matki, i Lee Hong-ki, cudownemu narzeczonemu mojej siostry. Jesteście błogosławieństwem dla mojej rodziny.

Czuję wielkie wyrzuty sumienia, że narażam na niebezpieczeństwo swoich krewnych ciągle mieszkających w Korei Północnej i cierpiących prześladowania, ale mam nadzieję, że kiedyś zrozumiecie, dlaczego musiałam przemówić. Obiecuję, że będę niestrudzenie walczyć, by zakończyć niesprawiedliwości, których doświadczacie każdego dnia. Mam nadzieję, że nadejdzie dzień, gdy będę mogła swobodnie odwiedzić ojczyznę i znowu was wszystkich zobaczyć.

Dziękuję ludziom z całego świata, którzy przesyłali mi zachęcające i wzruszające komunikaty za pośrednictwem serwisów społecznościowych. Nie mogę wymienić wszystkich w tym miejscu, ale wy wiecie, kim jesteście. Każdy uśmiech, każdy drobny gest, każda wylana łza dawały mi odwagę, by opowiedzieć historię, którą nigdy nie zamierzałam się z nikim dzielić. Dziękuję, że we mnie wierzyliście. Zdarzało się, że traciłam wiarę w ludzkość, ale wy usłyszeliście mój głos. Okazaliście troskę. I w ten sposób możemy razem zacząć zmieniać świat.

Rodzice Yeonmi w zoo w Pjongjangu, stolicy Korei Północnej

U GÓRY: Yeonmi
w wieku stu dni

PO PRAWEJ: Yeonmi
w dniu pierwszych
urodzin

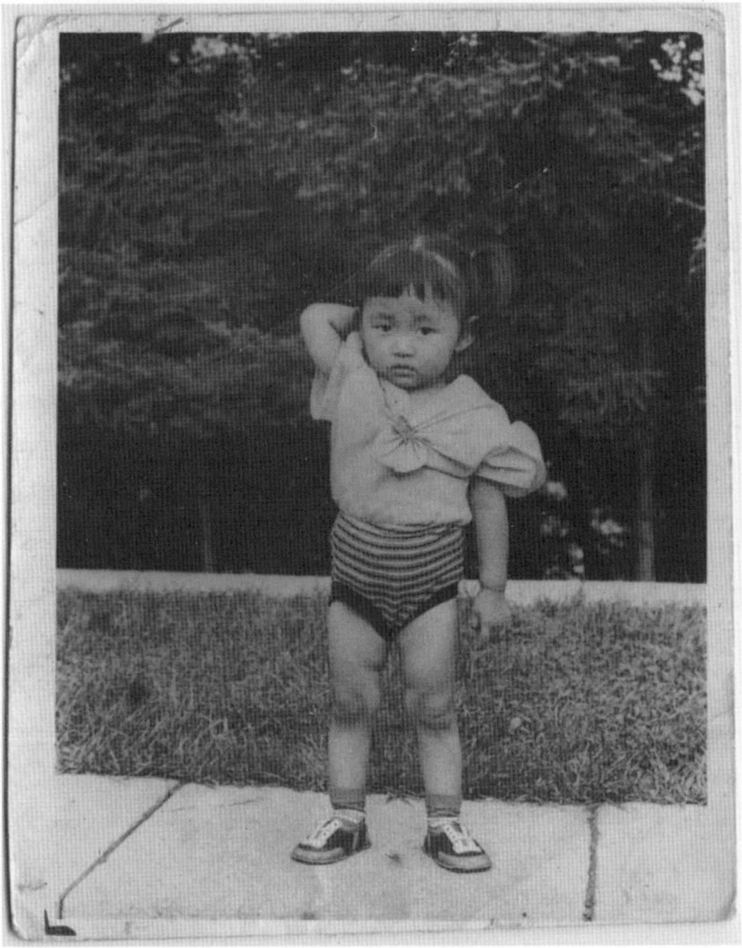

Yeonmi w wieku około dwóch lat

Yeonmi (po prawej), dziadek ze strony matki (w środku) i starsza siostra,
Eunmi (po lewej)

U GÓRY: Yeonmi i Eunmi w czasie jazdy na sankach, pierwsza w wieku około trzech lat, a druga pięciu

PO LEWEJ: Yeonmi w zimowym stroju w wieku trzech lat

Yeonmi i Eunmi w zimowych ubraniach

Yeonmi w wieku trzech lat (po prawej)
i Eunmi w wieku pięciu lat (po lewej)

PO LEWEJ: Fotografia rodzinna z 1996 roku. Yeonmi ma trzy lata, a Eunmi pięć

U DOŁU: Yeonmi i jej rodzina w Hiesan, północnokoreańskim mieście na granicy z Chinami

Yeonmi w wieku trzech lat

Yeonmi i Eunmi w zimie

U GÓRY: Zdjęcie rodziny w Hiesan

PO LEWEJ: Yeonmi i Eunmi w identycznych ubraniach

Yeonmi (druga z lewej w trzecim rzędzie) i Eunmi (pierwsza z lewej w drugim rzędzie) w czasie wesela krewnych na wsi

Yeonmi w Pjongjangu w wieku około ośmiu lat

U GÓRY: Ojciec Yeonmi w Pjongjangu przed aresztowaniem

PO LEWEJ: Yeonmi z ojcem przed jego aresztowaniem

Ostatnia fotografia ojca wykonana przez Yeonmi i matkę
przed jego śmiercią

Znowu razem: Eunmi, matka i Yeonmi, Seul 2015